管 **全華圖書**
叢書 BUSINESS MANAGEMENT

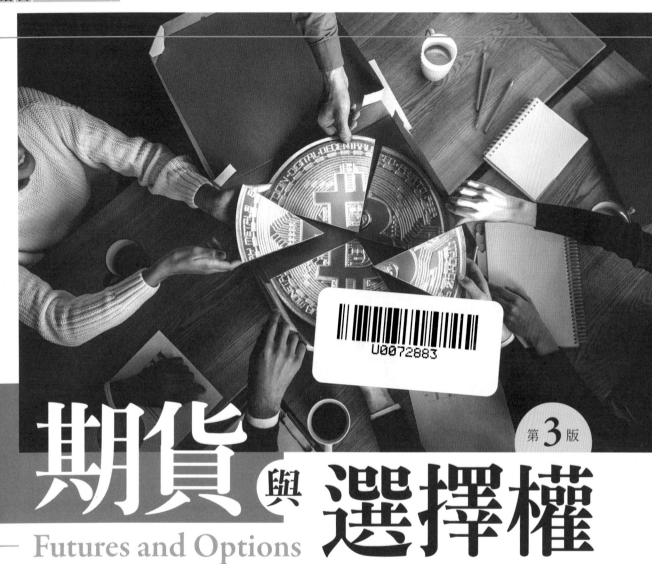

期貨與選擇權

第**3**版

— Futures and Options

李顯儀　編著

全華

三版序

　　近年來，國人利用期貨市場進行避險或投機的交易量日益成長，使得國內股票市場的劇烈波動相較以往平緩些，這也顯現期貨市場的重要性。本書亦與時俱進的進行更新改版，希望對國內的期權教育具有貢獻性。

　　本次改版，主要增補選擇權交易策略的圖例與範例，以及更新國內期貨與選擇權市場的現況，並更新實務案例、影片檔以及證照相關題目。希望改版後的內容，能更符合市場所需與教學所用。

　　此次改版，感謝全華圖書商管部編輯玲馨的用心編修、美編部優秀的排版協助，以及業務部門的推廣，才能使此書順利的再版發行。最後，感謝所有用書的師生們，有您們的鼓勵，才能使本書不斷的往前邁進。

　　本書此次的改版修訂，個人雖竭盡心力，傾全力以赴，奈因才疏學淺，謬誤疏忽之處在所難免，敬祈各界先進賢達不吝指正，以匡不逮。若有賜教之處請 email 至：k0498@gcloud.csu.edu.tw。

李顯儀 謹識

2022 年 12 月

作者序

近年來，由於中國的經濟崛起，使得中國對全球金融市場的影響性，日益增溫。尤其中國股市的劇烈波動將會使全球股市陷入失序的狀況；況且臺灣與中國的經貿往來極為頻繁，所以對國內股市的衝擊，更是莫大。因此如何利用期貨市場來進行避險，便是投資人一項重要議題。

國內自從推出股價指數期貨合約以後，金融市場便步入另一個重要的轉折階段。因為它除了提供避險管道，也提供更投機的交易需求；並使得國內股市更為安定，但卻也間接造成股市量能不足的原因之一。可見國內的期貨市場，對整個金融體系的均衡發展，扮演著一個極為重要的角色。

此外，近年來國內受到「金融科技」潮流的襲擊，首當其衝的是，銀行產業的金流系統，銀行業者也逐步調整，以因應其衝擊；但對證券期貨產業的影響，將視「區塊鏈」技術成熟化而定。或許現行證券期貨的集中交易機制，部分將由採 P2P 分散式交易的「區塊鏈」系統所取代；屆時交易所與經紀商等介質角色，可能都將被淡化，整個市場的組織生態，將面臨重大的轉變。

當然科技時代的潮流不可擋，金融領域的工作者，必須不斷自我充實，才能與時俱進。本書從早期的編撰至現在的版本，都一直依循市場的趨勢潮流，不斷的翻新修訂，才能符合實務所需。以下為本書的主要特點：

1. 章節架構循序漸進，內容敘述簡明易讀，並輔以豐富圖表，有利讀者自行研讀。

2. 每章節皆附數個「實務案例與其解說」，讓課本內容與實務相結合，以彰顯內容的重要性與應用性。

3. 章末附期貨相關「證照考題」，除讓學生能自行檢測學習，亦讓學生了解應考方向；另附各章題庫與詳解 (教學光碟)，以供教授者出考題之參考。

4. 提供每章相關實務影片連結檔與解說 (教學光碟)，讓上課內容更加貼近實務，並希望能提昇學習效果。

　　本書能順利完成，首先，感謝全華圖書對個人出版著作的支持；其次，感謝全華的奇勝、芸珊在出版上的協助；編輯斯淳的精良編修、以及美編優秀的排版協助，才得使此書順利出版。再者，感謝同事與家人，在校務與家務的協助，才讓個人能較專心的投入寫作。最後，將此書獻給具教養之恩的雙親──李德政先生與林菊英女士，個人的一切成就將歸屬於他們。

　　個人對本書之撰寫雖竭盡心力，傾全力以赴，奈因個人才疏學淺，謬誤疏忽之處在所難免，敬祈各界先進賢達不吝指正，以匡不逮。若有賜教之處請 email 至：davidlsy2@yahoo.com.tw 或 davidlsy3@gmail.com。

李顯儀 謹識
2016 年 5 月

目次

第一篇　期貨基礎篇

CH1 衍生性金融商品

CH2 期貨概論

CH3 期貨合約與交易所

CH4 期貨商品

CH5 期貨市場交易實務

CH6 臺灣期貨市場

第二篇　期貨進階篇

CH7 期貨價格分析

CH8 期貨交易策略

第三篇　選擇權基礎篇

CH9 選擇權概論

CH10 臺灣的選擇權市場

CH11 臺灣的權證市場

第四篇　選擇權進階篇

CH12 選擇權評價

CH13 選擇權交易策略

CH14 異形選擇權

附錄

Note /

第一篇 期貨基礎篇

期貨是由現貨所衍生而來，由於期貨商品的加入，讓現貨市場的交易更具穩定性與效率性。所以期貨市場，在現今金融市場中，扮演著極為重要的角色。本篇內容為期貨的基礎篇，共包含六大章，主要介紹期貨市場的商品、交易所以及交易實務等基本觀念。此內容為學習期貨課程，必須先瞭解的基本常識。

Chapter 1 衍生性金融商品

本章內容為衍生性金融商品，主要介紹衍生性金融商品的簡介、特性、功能以及交易型式等內容，其內容詳見如下。

1-1 **衍生性金融商品的簡介** 介紹衍生性金融商品的起源與種類。

1-2 **衍生性金融商品的特性與功能** 介紹衍生性金融商品的各種特性與功能。

1-3 **衍生性金融商品的交易型式** 介紹衍生性金融商品市場的兩種交易型式。

🛒 章前導讀

　　衍生性金融商品（Derivative Securities）是什麼？其實我們生活中就常常用到這個商品，或許您我並不太注意。例如：在我們的生活裡，每個成年人幾乎都有自己的交通工具，如：汽車、機車等。當我們在使用汽車或機車時，我們都怕不小心發生車禍或車子被偷走，而讓我們的生命與財產產生損失，所以我們常常會幫車子保各式各樣的「保險契約」，如：意外險、竊盜險等。其實這些「保險契約」就是衍生性金融商品。

　　所以「保險契約」就是應用衍生性金融商品中，「遠期合約」的觀念所設計出來的避險商品；「車險」是由我們開車的行為，所衍生出來的一種避險合約；當然，關於人的「壽險」、或因旅遊產生的「旅遊平安險」，都是為了規避財產以及生命損失，所衍生出的避險性金融商品。因此衍生性金融商品，在人們的日常活動是被常常使用的，它是人們生活的一部分。但衍生性金融商品，除了上述所介紹的可為人們規避生命與財產損失的保險合約外；尚有許多衍生性商品種類，可以幫人們規避其他各種商品的價格波動風險。

　　以下本章將依序介紹衍生性商品市場的簡介、特性、功能以及衍生性商品市場的交易型式。

1-1　衍生性金融商品的簡介

　　衍生性商品顧名思義就是，由原本已經存在的商品所衍生而出的「合約」。這些商品不外乎是我們生活中會常用到實體商品，例如：糧食、汽油、黃金等等；或者是投資用到的金融商品，例如：雙率、一指數（匯率、利率與股價指數）。由於這些商品的價格會因季節、氣候、政治、戰爭等等因素的干擾，使得價格會產生巨幅波動的可能，這將造成人們買賣上的風險，因此人們必須想個法子去控制這個風險，於是相關的衍生性避險商品便孕育而生。本節將首先介紹現貨商品種類、然後再介紹衍生性金融商品的種類。

一、現貨商品

　　一般而言，我們日常生活中買賣商品的交易方式，就是「現貨交易」。現貨交易的商品種類，大致可分為「實體商品」（Physical Asset）與「金融商品」（Financial Asset）兩大類，有關現貨商品的種類與特性，詳見表 1-1 之說明。

表 1-1　現貨商品的種類與特性

商品種類			特性
實體商品	農產類	小麥、稻米、玉米、黃豆、咖啡、棉花、糖	通常實體商品大都是我們日常生活中，食、衣、住、行、育、樂所需用到商品，這些商品大都是看得到、摸的到、吃的到、用的到的實體商品。
	能源類	原油、煤炭、丙烷、天然氣	
	金屬類	金、銀、銅、鋁	
金融商品	外匯類	歐元、日圓、英鎊、人民幣	通常金融商品大都是人類所創造出來，為了金錢交易或價值儲存所需用到的商品，這些商品大都是看得到、摸的到、但不能吃、不能用的金融商品。
	利率類	國庫券、可轉讓定期存單、政府債券	
	股價類	股價指數、個股價格	

二、衍生性金融商品的種類

　　通常「衍生性金融商品」是指依附於某些實體標的資產，所對應衍生發展出來的金融商品。其主要的目的乃基於「避險」的需求所產生，其主要商品型式，大致可分成「遠期合約」、「期貨合約」、「選擇權合約」及「交換合約」四種基本類型，以下針對這四種合約，作一簡單介紹：

(一) 遠期

遠期（Forward）合約是指買賣雙方約定在未來的某一特定時間，以期初約定的價格，買賣一定數量及規格的商品；當約定期限到，雙方即依期初所簽定的合約來履行交割。通常遠期合約不是標準化合約，而是可以根據交易雙方特別的需求來「量身訂作」，不像期貨侷限於標準化的合約規定，所以比期貨合約更能有效地滿足某些特定的需求。

此外，不是所有的金融資產和商品，都能符合期貨合約標的物的條件，故有很多現貨商品在期貨市場上，並沒有相對應的合約；所以期貨的避險功能就不能完全發揮，在這種情況下避險者就可以考慮遠期合約。且遠期合約比較沒有被追繳保證金的問題，可使企業免受資金調度不及的風險。

(二) 期貨

期貨（Futures）合約是指交易雙方在期貨交易所，以集中競價的交易方式，約定在將來的某一時日，以市場成交的價格，來交割某特定數量、品質與規格的交易。但上述的定義是以「實物交割」為主，但通常期貨交易大都是以「現金交割」為主；也就是通常大部分的交易方式，都是僅對期貨合約的買賣價差進行現金結算，並不會去進行合約中實物交割的行為。

通常期貨交易是採集中市場的交易方式，期貨交易人在合約未到期前，若想中止合約，只要在期貨市場將原來的部位進行反向沖銷即可；因為合約為標準化型式，所以很容易可將合約移轉給他人，不像遠期合約會有流動性不足的風險。

(三) 選擇權

選擇權（Option）是一種在未來可以用特定價格買賣商品的一種憑證，是賦予買方具有是否執行權利，而賣方需相對盡義務的一種合約。選擇權合約的買方在支付賣方一筆「權利金」（Premium）後，享有在選擇權合約期間內，以約定的「履約價格」（Exercise Price）買賣某特定數量標的物的一項權利；而賣方需被動的接受買方履約後的買賣標的物義務。

選擇權主要可分為買權（Call Option）和賣權（Put Option）兩種型式，不管是買權或賣權的買方，因享有以特定價格買賣某標的物的權利，故先付出權利金，以享有權利；反之，買權或賣權的賣方，因必須負起以特定價格買賣某標的物的義務，故先收取權利金，以盡履約義務。

(四) 交換

交換（Swap）合約是指交易雙方同意在未來的一段期間內，彼此交換一系列不同現金流量的一種合約。通常交換合約就如同，好幾個單一期的遠期合約所串連而成。通常遠期合約比較屬於短期或單期使用；交換合約則比較偏重在長期與多期連續運用。

通常交換合約其交易方式，可以由二個或二個以上的個體，在金融市場上進行各種金融工具的交換。其用來交換的金融工具包括：利率、貨幣、股權及商品等等；且通常可進行的交換場所，可以在單一的貨幣、資本或外匯市場進行，也可在好幾個市場上同時進行交易。

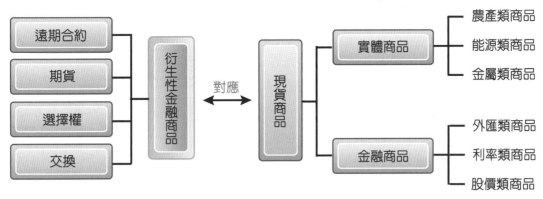

圖 1-1　現貨商品與衍生性商品的關係圖

1-2　衍生性金融商品的特性與功能

由現貨商品所衍生出來的商品，因避險的需求所創立，所以基本上大都以非具實體的金融商品存在於市場上。這些商品的特性，大都跟現貨商品具有很大的差異，且在金融市場具有重要的功能，以下將介紹衍生性金融商品的特性與功能。

一、衍生性金融商品的特性

衍生性金融商品的特性，如下幾點說明：

(一) 高槓桿高風險

衍生性商品最大的特性，也是最吸引人的特點就是以小博大，也就是所謂的槓桿操作（Leverage Trading）。槓桿操作是指交易者只要付出少量的保證金或權利金，就可以操作

數倍價值的資產。例如：只要付出 3 ～ 10% 左右的保證金，就可以操作數十倍價值的資產合約。因衍生性商品的具有高槓桿特性，所以常常可以在極短時間內賺得數倍本金的利潤，但也可能在極短時間內損失掉本金，故是一項高風險的投資工具。

(二) 產品結構複雜

基本上，衍生性商品雖然包括遠期合約、期貨、選擇權、交換四種基本商品，但是這些基本商品又可組合成更複雜的衍生性商品，所以常常有新的衍生性產品被衍生出來。且這些商品的訂價，絕大部分要靠數學計算、或電腦模擬出來，所以這些商品的結構與定價都很複雜。

(三) 交易策略繁多

衍生性商品的交易策略繁多，這點和現貨交易不同。就像選擇權的交易策略就有好幾十種，且投資人亦可在期貨與選擇權之間相互搭配下，創造出更多元的交易策略。因此一般投資者，除非深入了解投資策略，否則無法全盤清楚所承受的風險程度。

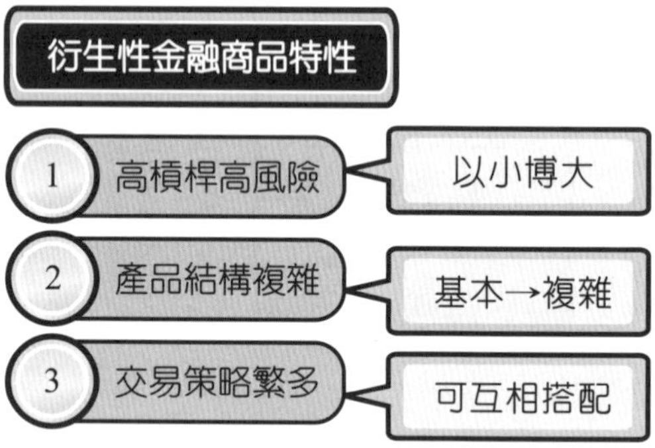

圖 1-2　衍生性金融商品特性

二、衍生性商品的功能

衍生性金融商品的功能，如下幾點說明：

(一) 提供規避風險的需求

衍生性商品最原始的功能，就是作為規避風險之用。通常人們在真實世界上買賣商品，就可能遇到一些不可預期的因素，而遭受到損失，所以發展出衍生性商品，以尋求買賣商品的價格穩定。例如：臺灣的進口商可以買入遠期美元，以規避美元升值、新台幣貶值的損失。

(二) 提供投機套利的需求

發展衍生性商品最初的動機乃在於避險。但是也有交易者，在沒有現貨的供需情形下，買賣衍生性商品以從事投機與套利的交易行為，其目的都為了賺取買賣的價差。通常避險者，可藉由衍生性商品的交易，把風險移轉給願意承擔風險的投機者或套利者。衍生性商品市場也因投機者與套利者的加入，增加市場合約的流動性，使得避險者在市場上尋求避險時，更加的便利。

(三) 具有價格預測的功能

衍生性商品的合約大都是建立在未來的一段期間內，所以其合約的價格是可以反應未來現貨商品的價格。也就是說，衍生性商品的合約的價格，可以預測未來現貨價格的走勢，所以衍生性商品具有對現貨價格預測的功能。

(四) 促進市場效率與完整

由於衍生性商品的價格和現貨商品的價格存在一定的關係，如果兩者的關係出現不合理價差，便存在套利機會。而套利的結果將會使價格快速調整到合理的價位，直到沒有套利機會為止，因此可以促進市場更有效率。另外，由於衍生性商品的種類非常多，而交易策略也相當多，因此可以提供投資者許多不同的風險與報酬的組合，適合各種不同的風險需求者，使金融市場的產品更加完整。

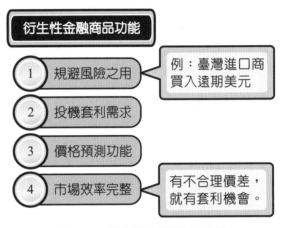

圖 1-3 衍生性金融商品功能

1-3 衍生性金融商品的交易型式

通常衍生性金融商品的交易形式，大致可分為兩種交易型式，其一為「集中市場」交易方式，採用此方式的以期貨合約、以及大部分的選擇權合約為主；另一為「店頭市場」交易方式，採用此方式的以遠期合約、以及大部分的交換合約為主。以下將介紹這兩種交易型式：

一、集中交易方式

所謂集中市場（Listed Market）是指金融商品的買賣集中於一個固定的交易場所，採取「競價」（Competitive Offer）方式交易。通常被交易的衍生性金融商品必須被標準化，以利於流通且具交易效率。所以衍生性商品中某些合約會被標準化後，合約需求者須透過「交易商」的居間仲介，集中於「交易所」進行撮合交易。

　　一般而言，此種交易方式是以「期貨」合約、以及大部分「選擇權」合約為主。通常期貨交易所會設計出適宜的標準化合約商品，提供給交易者（包括避險與投機者）買賣使用，交易者須至「期貨交易商」下單，然後再傳輸至「期貨交易所」進行競價撮合交易。此種交易方式的優點為交易較具效率性與安全性；但缺點為無法完全符合交易人的特殊需求。

二、店頭交易方式

　　所謂店頭市場（Over The Counter；OTC）是指金融商品的買賣不經集中交易所，而在不同的金融交易場所，買賣雙方以「議價」（Negotiated Offer）的方式進行交易。所以採用店頭交易方式的衍生性金融商品合約，合約的需求者須自行尋找交易對手，但通常「金融機構」會居間仲介。

　　一般而言，此種交易方式是以「遠期」合約（如：遠期匯率）、部分的「選擇權」合約（如：異型選擇權）、以及大部分的「交換」合約（如：利率交換）等為主。通常採取店頭市場交易的合約，會由「金融機構」為交易者（包括：避險與投機者），提供居間交易的買賣方，且金融機構通常會提供商品合約的買賣雙邊報價，交易者再與金融機構進行議價交易。此種交易方式的優點為交易較具彈性，可為交易人量身訂作合約；但缺點為交易可能較缺乏效率性與安全性。

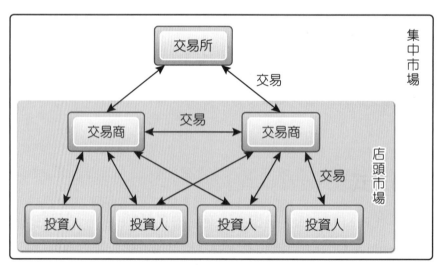

圖 1-4　集中與店頭市場示意圖

市場焦點
店頭衍生性商品結算制度暖身

臺灣期交所將自 2022 年 6 月起，提供新台幣利率交換協定（IRS）會員端集中結算服務。

自從 2008 年金融海嘯之後，全球金融改革重點為對店頭衍生性金融商品設置集中結算制度，以降低系統風險。2019 年我國修正期貨交易法，增訂店頭衍生性商品集中結算法源，指定期交所為店頭衍生性金融商品交易集中結算結算機構，並於 2019 年 6 月指示期交所務必儘速建置店頭衍生性金融商品集中結算機制。

國際上歐美店頭集中結算，多由期貨結算機構或兼有結算業務的期貨交易所處理，且期交所為專業期貨交易結算機構，在風險控管制度、財務安全防衛機制及違約處理程序等期貨結算業務已累積相當經驗，有望順利推動店頭衍生性金融商品集中結算機制上線實施。

期交所集中結算平臺具備：一、法規制度接軌國際，金融機構內部作業轉換成本低；二、費用優惠成本低；三、金融機構增修既有系統即可使用等三項優點，期望持有店頭衍生性金融商品部位的金融機構，就近於國內提交集中結算。

我國店頭衍生性商品集中結算制度規劃，建置時程採二階段：第一階段於 2022 年 6 月推出新台幣 IRS 會員自願性集中結算服務，2023 年 6 月推出新台幣 IRS 客戶端集中結算，及因應國際未清算保證金規則（UMR）施行推出新台幣 NDF（無本金交割遠期外匯）集中結算；第二階段將再規劃推出韓元 NDF 及外幣 IRS 集中結算服務。

■ 資料來源：摘錄自工商時報 2021/07/08

🔒 解說

衍生性金融商品既多元又複雜，許多商品都是店頭型商品。基於風險控管，國際上都逐採集中結算管理，我國也不例外的跟進。國內的「集中保管結算所」，將逐漸提供各種店頭衍生性金融商品的結算，可望降低風險與成本。

本章習題

一、選擇題

( ) 1. 下列何種狀況是信用衍生性商品無法達到的功能？ (A) 降低信用集中的
風險 (B) 吸引資金投資於企業放款 (C) 規避企業放款之往來客戶破產
(D) 轉化信用風險為利基。

【2013-1 期貨分析人員】

( ) 2. 下列何者屬於衍生性金融商品？Ⅰ期貨；Ⅱ認股權證；Ⅲ特別股；Ⅳ遠期契約
(A) 僅Ⅰ、Ⅱ (B) 僅Ⅱ、Ⅲ、Ⅳ (C) 僅Ⅰ、Ⅱ、Ⅳ (D) 全部皆是。

【2013-1 期貨分析人員】

( ) 3. 有關集中市場與店頭市場的比較，下列何者是錯誤的？ (A) 前者交易「標準化」
商品，而後者交易「非標準化」商品 (B) 前者流動性通常較低，而後者流動性
通常較高 (C) 前者交易價格較透明，而後者交易價格較不透明 (D) 前者規範
較為嚴格，而後者規範較為鬆散。

【2013-4 證券投資分析人員】

( ) 4. 依我國期貨交易法，由買方支付權利金，取得在特定期間內依約定條件買賣期貨
契約權利的契約，係指下列何者？ (A) 期貨契約 (B) 期貨選擇權契約 (C) 選
擇權契約 (D) 槓桿保證金契約。

【2018-4 期貨業務員】

( ) 5. 依我國期貨交易法之定義，當事人約定，於未來特定期間內，依約定方式
交換約定標的物或其所產生現金流量之契約為何種契約？ (A) 交換契約
(B) 槓桿保證金契約 (C) 期貨選擇權契約 (D) 選擇權契約。

【2022-1 期貨業務員】

Chapter 2 期貨概論

本章內容為期貨概論，主要介紹期貨的源起、意義、種類、特性、功能、以及市場的參與者等內容，其內容詳見如下。

2-1 **期貨的源起與意義** 　介紹期貨合約的源起與意義。

2-2 **期貨的種類** 　介紹商品、金融與新興期貨商品。

2-3 **期貨的特性與功能** 　介紹期貨合約的特性與功能。

2-4 **期貨市場的參與者** 　介紹期貨市場的各種參與者所扮演的角色。

章前導讀

我們日常生活中，在進行現貨商品的買賣時，有時會面臨到現貨價格的波動風險，人們為了規避風險，起初使用遠期的交易方式，來規避風險；但在使用遠期合約上，仍有「違約風險」、「流動性風險」與「交易成本過高」的問題存在，使得人們在避險上產生不便與缺乏效率。還好聰明的人類發明了期貨這個避險機制，使得人們在避險上更顯效率，且也同時創造出投機者的需求。

所以 1990 年諾貝爾經濟獎得主米勒（Miller）曾說：「期貨是人類二十世紀最偉大的金融創新」。因此期貨商品的設計，對現貨交易具有很大的助益，所以期貨是現代金融市場裡，不可或缺的金融商品。原本期貨商品的出現，僅為我們日常生活常碰到的實體或金融商品進行避險；但近年來，出現一些無形或有形的物質變動也會影響我們生計的新興商品（如：氣候）。這也讓整個期貨市場的多元商品，更為能滿足各種參與者的需求。

以下本章將依序介紹期貨的源起與意義、各種貨商品簡介、以及期貨的特性、功能與市場的參與者。

2-1　期貨的源起與意義

　　期貨是衍生性金融商品的一種,它並不是一種有形的商品,而是人們最早基於避險需求,所被創造出來的一種無形的商品。它是如何被創造出來的?以及它的意義為何?以下本節將分別介紹之。

一、期貨的源起

　　在一般的日常生活當中,人們買賣商品最常使用的交易方式為「現貨交易」(Cash Trading)。所謂現貨交易就是買賣雙方於商品成交當時,一手交錢一手交貨的交易方式,例如:日常生活中,我們去超級市場買日常生活用品或食物;或者至證券市場買賣股票等商品,均屬此種交易方式。

　　在自由的經濟制度下,現貨商品的價格常隨著市場供需的變化而產生漲跌。所以當商品生產過剩時,造成供給過多,使商品價格下跌,甚至會發生價格暴跌或賣不掉的情況,這樣對供給者會造成相當大的損失;反之,若商品供給不足,造成商品價格上揚,甚至會發生價格暴漲或買不到的情況,這樣對需求者會產生不利的影響。所以現貨交易的方式,常因商品價格暴漲暴跌、以及買不到或賣不掉的情形,而對現貨商品供給者或需求者,造成價格波動的風險。於是聰明的人類就想出在商品買賣前,事先約定交易價格及數量的「遠期交易」(Forward Trading)方式,來克服現貨交易所產生的問題,因而有「遠期契約」(Forward Contract)的產生。

　　所謂「遠期交易」即買賣雙方約定在未來的某一特定時間,以期初約定的價格,買賣一定數量及規格的商品,當約定期限一到,雙方即依期初所簽定的合約來履行交割。此種交易方式,因為價格及數量已事先約定好了,可以避免價格暴漲或暴跌、或者商品賣不出去或買不到的風險。

　　例如:種植小麥的農夫,從播種後到收成,需歷時幾個月,當收成時的市場狀況,常常已經與播種當時完全不同,可能因為小麥大豐收,造成供給過剩,使得小麥的價格大跌,此時農夫收入不敷成本,而蒙受很大的損失;亦有可能因為氣候不佳,造成小麥歉收,造成供給不足,使得小麥的價格大漲,此時對小麥有需求的麵粉製造商,其小麥進貨成本大增,而使獲利減少。因此農夫及麵粉製造商,若能從事小麥的遠期交易,在事前就約定好買賣小麥的價格及數量,就可以避免小麥價格波動的風險。

　　以下以圖 2-1 說明遠期交易的損益情形。假設現在小麥現貨價格為每公斤 100 元，若農夫與麵粉製造商都預期將來小麥價格會大漲，雙方約定三個月後，以每公斤 120 元進行遠期交易買賣。結果三個月後，若小麥價格漲至 150 元，則此時農夫將少賺 30 元，麵粉商則可節省 30 元的購買成本；若小麥價格跌至 90 元，則此時農夫將多賺 30 元，麵粉商須多付出 30 元的購買成本。

圖 2-1　遠期交易的損益

　　雖然遠期交易可以解決現貨商品價格的波動風險，但是遠期交易的契約內容，是由交易雙方私下依個別需求而訂定。所以有遠期交易需求的人，必須自己去尋找有意願的交易對手，雙方還必須同時對商品的價格、數量及規格談妥後，才可能訂下契約。因此交易期間雙方所耗費尋找對方的資訊成本、以及議定合約內容的時間成本，所以遠期合約的避險**「交易成本」**費用頗高。

　　此外，遠期契約是由交易雙方以議定的方式產生，屬於店頭市場交易方式，不同的遠期契約，其約定的價格、數量、品質均不相同。若在合約未到期前，有一方擬中止合約，則須付出違約金，因為遠期契約通常是不可移轉的，而即使可以移轉給他人，因為合約內容的獨特性或個別性，要尋找願意接受當初雙方所議定的價格、數量及品質的承接人，並不容易。因此遠期交易方式，存在著契約**「流動性風險」**的問題。

　　再者，因遠期交易為店頭市場交易，交易並沒有公正的第三者居間處理，所以遠期交易須面對交易雙方的信用風險。在遠期交易中，若合約到期前，標的物價格的變化，對某一方非常不利時，則不利方有可能不執行履約的義務，這時會有**「違約風險」**的問題產生。

　　所以為了解決上述遠期交易的「交易成本」、「流動性風險」與「違約風險」等問題，人們就成立專門為遠期合約交易的「集中交易所」，就可同時解決「交易成本」與「違約風險」之問題，並將遠期合約的簽訂內容「標準化」，就可使合約流動性增加，於

是將這種新合約更名為期貨合約，而交易所就是期貨交易所，於是「期貨交易」（Future Trading）方式便孕育而生。

二、期貨的意義

所謂的期貨（Futures）是指交易雙方在期貨交易所，以「集中競價」的交易方式，約定在將來的某一時日內，以市場成交的價格，交割某特定數量及品質規格的金融資產合約之交易。但上述的定義是以「實物交割」為主，但通常期貨交易大都是以「現金交割」為主；也就是通常大部分的交易方式，都是僅對期貨合約的買賣價差進行現金結算，並不會去進行合約中的實物交割之行為。

通常期貨交易，除了交易價格由市場供需決定外，其餘的如：數量、品質規格及交割的日期，均由期貨交易所統一制定標準，屬於標準化（Standardized）的合約。通常有期貨交易需求的人，在繳交交易所需的保證金（Margin）後，可至期貨市場下單買賣，只要價格為市場所接受即可成交。此種集中市場交易方式，交易雙方不需耗費太多的時間去尋找交易對手、及協調合約中的交易內容，可以解決遠期交易需耗費許多「交易成本的問題」。

通常期貨交易是採集中市場的交易方式，期貨交易人在合約未到期前，若想中止合約，只要去期貨市場將原來的部位反向沖銷掉，因為合約為標準化型式，所以合約內容，具有一般性及普遍性，很容易可將合約移轉給他人。因此期貨交易，就可解決遠期交易中合約「流動性不足的風險」。

此外，通常期貨交易制度，會有結算所（Clearing House）的設置。所以當市場某一筆交易成交確認後，結算所便取代交易雙方，成為買方的賣方、賣方的買方，負起將來在結算時一切的信用風險問題、及履約交割的義務。通常結算所內的所有結算會員，須負無限連帶責任，所以將來若有一方發生違約時，結算所須先替違約的一方，進行履行交割的義務，以避免合約「違約的信用問題」，而影響期貨市場的正常運作。

2-2 期貨的種類

　　一般而言，期貨的商品種類的設計，是基於現貨交易的需求而來。人們在進行現貨交易時，會因哪些商品的價格變動過大而產生風險，那就會針對這些商品設計出期貨合約來進行避險。通常較常見的期貨商品可分為「商品期貨」及「金融期貨」兩大類。其中「商品期貨」又可分農畜產品、金屬、能源以及軟性商品期貨等類型；「金融期貨」又可分外匯、利率及股價指數期貨等類型。

　　除了上述商品與金融期貨兩大類型外，近年來，期貨市場還發展出「新興期貨」商品，例如：與天氣變化相關的「氣候期貨」商品、與某些物質指數波動相關的「特殊指數期貨」商品，還有某些會影響人們生計的「其他類型期貨」商品。以下將分別介紹之。

表 2-1　期貨的種類

種類	項目
商品期貨	1. 農畜產品期貨 2. 金屬期貨 3. 能源期貨 4. 軟性商品期貨
金融期貨	1. 外匯期貨 2. 利率期貨 3. 股價指數期貨
新興商品期貨	1. 氣候期貨 2. 特殊指數期貨 3. 其他類型期貨

一、商品期貨

　　一般而言，商品期貨（Commodity Futures）大致又可分為「農畜產品」、「金屬」、「能源」以及「軟性商品」期貨等。

(一) 農畜產品期貨

農畜產品期貨（Agricultural Futures），包括：農產品（如：小麥、黃豆、玉米、黃豆油與黃豆粉等穀物）、家畜產品（如：牛、幼牛、豬腩及活豬等）以及相關的農林加工產品（如：黃豆油、黃豆粉、雞蛋及木材等）商品。

(二) 金屬期貨

金屬期貨（Metallic Futures），包括：貴金屬期貨（如：黃金、白銀等）、以及基本金屬期貨（如：銅、鋁、鎳、錫、鋅、鉛與鉑等）。

(三) 能源期貨

能源期貨（Energy Futures），包括：原油及其附屬產品的燃油、汽油等、以及其他能源類產品（如：丙烷、天然氣等）。

(四) 軟性商品期貨

軟性商品期貨（Soft Commodity Futures），包括：咖啡、可可、蔗糖、棉花、柳橙汁、棕櫚油和菜籽等商品。

二、金融期貨

一般而言，金融期貨（Financial Futures）大致又可分為「外匯」、「利率」以及「股價指數」期貨等。

(一) 外匯期貨

外匯期貨（Foreign Currency Futures）就是以各國貨幣與美元相互交換的匯率為標的，所衍生出來的商品。通常國際金融市場的外匯期貨交易，以歐元（Euro）、日圓（JPY）、瑞士法郎（SF）、加幣（CD）、澳幣（AD）、英鎊（BP）與人民幣（CNY）等與美元相互交叉的貨幣為主。

(二) 利率期貨

利率期貨（Interest Rate Futures）可分為「短期利率期貨」及「長期利率期貨」兩種。

1. 短期利率期貨：標的物主要有二大類，其一為「政府短期票券」，例如：美國國庫券（T-Bills）；另一為「銀行定期存單」，例如：三個月期的歐洲美元（3-Month ED）。

2. 長期利率期貨：標的物主要以中長期債券為主，例如：「美國政府長期公債」（T-Bonds）、「美國政府中期公債」（T-Notes）等。

(三) 股價指數期貨

股價指數期貨（Stock Index Futures）是由一組被特別被挑選出的股票價格，所組合而成的商品。全球專為期貨交易之目的，而開發出來之股票市場指數有很多種，例如：美國主要有史坦普 500 指數（S&P 500）、價值線綜合指數（Value Line Composite Index）、紐約股票交易所綜合指數（NYSE Composite Index）與主要市場指數（Major Market Index；MMI）。此外，除了美國市場以外，其他國家中較著名的股價指數期貨，有日本的日經 225 指數（Nikkei 225 Index）、英國的金融時報 100 種指數（FTSE 100 Index）、法國的巴黎證商公會 40 種股價指數（CAC 40 Index）、香港的恆生指數（Hang Seng Index）以及中國上海證券指數（SSE Composite Index）等。

三、新興期貨商品

我們日常生活中，除了上述的實體與金融現貨商品的波動，會影響人們的生計外，尚有一些有形或無形的物質指數波動，也會影響著我們的生活，所以也可設計相關的新興期貨合約，提供避險所需。這些新興期貨合約，大致上有以下幾種形式：

(一) 氣候期貨

氣候期貨（Weather Futures），包括：雨量、溫度、雪量等氣候期貨商品。

(二) 特殊指數期貨

特殊指數期貨，包括：運費費率指數、波動率指數[1]（Volatility Index；VIX）等商品。

(三) 其他類型期貨

其他類型期貨，包括：電力、碳排放權、比特幣（Bitcoin）與以太幣（Ether）期貨等商品。

---

1. 波動率指數（VIX）通常是在衡量投資人，對未來股票市場波動率的預期。該波動指數可以代表投資人在進行投資時，所面臨的不可預期的心理恐懼變化情形，故又稱為「投資人恐慌性指標（The Investor Fear Gauge）」。

2-3　期貨的特性與功能

期貨商品是由遠期合約所演變而來，但合約的性質與功能，仍有其獨特性。以下將分別介紹之。

一、期貨的特性

期貨合約與遠期合約，都是由某些實體的現貨商品，所對應衍生出來的金融商品。雖然它們兩者的執行日期都是在未來，但此兩種合約在特性上，仍有許多不同點，以下我們將針對期貨交易的某些重要特性加以說明。

(一) 集中市場交易

期貨合約是採集中市場交易制度，因設置期貨交易所，使期貨交易人在合約未到期前，若想中止合約，只要去期貨市場將原來的部位反向沖銷掉即可。因期貨為標準化合約，所以合約內容具有一般性及普遍性，很容易便可將合約移轉給他人，因此期貨交易可解決遠期交易中，合約流動性不足的問題。

(二) 合約標準化

期貨合約為了有效解決，遠期合約的流動性風險問題，所以期貨交易將每種商品合約，都予以標準化，以利於合約的流通，此乃與遠期合約最大的不同點。通常期貨合約會對商品交易的交貨時間、數量品質、地點、最低價格變動以及漲、跌幅限制等均予以標準化，並建立一套審查商品等級及倉儲之標準，以確保期貨合約能多履行交割品質，並對合約買賣雙方均提供保障。

(三) 保證金制度

一般而言，現貨與遠期交易，大多是採總額的交易方式，即商品交割時依合約規定的總價值進行買賣。但期貨交易則採「保證金」的交易方式，即期貨交易人在買賣合約時，不須付出合約總價值的金額，僅需投入合約總值 3 ～ 10% 的交易保證金，一般稱為「原始保證金」（Initial Margin），以作為將來合約到期時，履行買賣交割義務的保證。由於財務槓桿倍數高達數 10 倍以上，使得期貨保證金交易比一般金融商品，具有更高的財務槓桿。所以期貨交易一直被視為高報酬、高風險的金融投資工具。

(四) 結算制度

通常遠期交易的買賣雙方，必須自行承擔對方的信用風險。但期貨交易因有「結算所」的設置，使期貨交易人在交易所從事任何交易時，結算所會對每筆交易進行風險控管，且控管方式是採取逐日結算，並要求合約每日的保證金餘額，必須高於「維持保證金」（Maintenance Margin）之上，以維持交易人對合約履約的誠意。此外，若保證金餘額低於維持保證金，須補足至原始保證金的水準，其補足的差額，稱為「差異保證金」（Variation Margin）。

由於透過結算所的居間服務，使得期貨合約的買賣雙方不必直接接觸，其合約的信用風險及履約的交割義務，均由結算所來承擔。所以結算所的成立，不僅可確保期貨合約能夠確實履行，亦提供買賣雙方的信用保障，使期貨市場更能有效率的穩定發展。

二、期貨的功能

期貨交易之主要功能如下：

(一) 避險功能

期貨交易的最原始的動機，就是為了解決現貨價格波動的風險。投資人可在期貨市場買進或賣出期貨，預先鎖住現貨未來買賣的價格，以規避現貨價格的波動風險。此舉使得避險者不必擔心商品未來價格的變動，讓避險者可專心地從事本業的生產活動，以提升經營效率。

(二) 投機功能

期貨市場的最主要的功能，就是提供投機的交易方式。因期貨合約採取保證金交易，所以期貨交易人只要提供些許的保證金，就可以從事以小搏大的財務槓桿操作。也因為有投機者的存在，將避險者不願承擔的價格波動風險移轉給投機者，且使得合約的流動更為頻繁，避險活動才能順利進行。

(三) 價格發現功能

因為期貨合約的實際交割行為在未來，因此期貨的交易價格，通常隱含著現貨價格未來的走勢。期貨市場的交易方式，是由客戶透過經紀商下單至交易所集中競價後，再將成交價格迅速傳輸至全球世界各地，因此能夠隨時反應最新期貨商品的價格，以作為現貨商品買賣的參考。因此期貨交易價格可作為現貨價格的參考指標，由於期貨價格資訊充分的揭露，會使得整個經濟資源配置更有效率。

市場焦點
碳排放配額亦有期貨合約

　　碳排放配額是由國家或國際政府組織根據排放「限額與交易」監管計劃發出的碳排放權。每個配額允許持有人（如工業製造商、能源生產商、航空業等公司）產生一公噸二氧化碳或碳當量的溫室氣體。配額可以拍賣，或發放予排放者（稱為免費分配）。

　　根據「限額與交易」原則，排放交易體系中所涵蓋的公司可以排放的若干溫室氣體的總量設有上限。該上限會隨著時間而逐漸減少，令總排放量下降。在上限範圍內，有些公司產生的碳排放量可能少於其獲分配的碳排放配額，因而會有剩餘的配額。而另一些公司所產生的碳排放量則超過其每年分配到的配額。為避免被重罰，這些公司需要購買碳排放配額以完全抵消其排放量，從而形成一個碳交易市場。

　　碳排放配額的價格會受到每年的上限水平以及需求水平所影響，而需求水平可能受到能源使用效益、經濟增長、相關商品價格及季節性天氣等因素影響。碳排放配額價格可能會隨碳排放配額需求增加而上升，反之亦然。

　　世界各地都有碳市場及排放交易體系。除了歐盟排放交易體系，加拿大、中國、日本、新西蘭、南韓、瑞士及美國等國家都有全國性或地區性的排放交易體系。碳排放配額亦有期貨合約，例如：在 ICE Endex 能源交易所、歐洲能源交易所（EEX）和納斯達克奧斯陸（Nasdaq Oslo）等不同交易所交易的歐盟配額期貨合約。

■ 資料來源：摘錄自現代電視 2022/04/22

🔒 **解說**

　　地球暖化日益嚴重，國際組織發起「碳排放配額」的規範。由於每個國家（公司）有定量的配額，若有排放額度出現供需不平衡時，可進行買賣而形成碳交易市場。有交易就需避險，因此也有「碳排放配額期貨」的生成。國際上，已有多個期貨交易所，上市碳權期貨供交易使用。

2-4 期貨市場的參與者

期貨市場的參與者，是由各種不同的法人機構與交易人所共同組合而成。由於臺灣的期貨市場因起步較歐美國家晚，所以許多的交易制度與法令都是學習美國而來；且在國內期貨市場也較股票市場成立得慢，且期貨市場的商品種類不夠多，所以國內的本土期貨商品都是藉由「證券經紀商」來進行交易，除非投資人要下單去買賣國外的期貨商品，才會藉由真正的「期貨經紀商」來媒介交易。所以以下要介紹的期貨市場參與者所扮演的角色與功能，是以美國的期貨市場架構為主體，並輔以與臺灣期貨市場差異之說明。（圖 2-2 為期貨市場組織架構圖）。

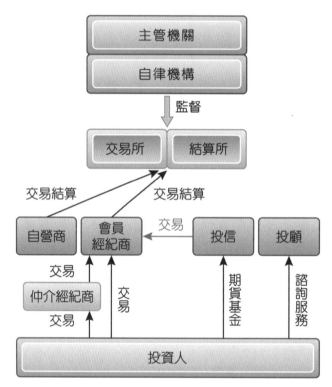

圖 2-2 期貨市場組織架構圖

一、主管機關

通常期貨主管機關，主要負責維護整個期貨市場的秩序與健全市場的發展。以美國為例：其主管機關為「商品期貨管理委員會」（Commodity Futures Trading Commission；CFTC）。CFTC 由美國政府於 1975 年成立，共有 5 位委員，由總統提名，參議院任命之。

我國的期貨交易主管機關為「行政院金融監督管理委員會」，其主要功能健全發展期貨市場，維護期貨交易秩序。

二、期貨的自律機構

除了政府主管機構外，期貨市場有所謂的業者自律組織，其設立目的在發揮市場的自律功能、以及配合期貨市場之發展。在美國稱為「美國期貨自律組織」（National Futures Association；NFA），該組織亦有政府機關充分授權，以達到監督市場的目的，並負責登錄美國期貨從業人員。我國的期貨自律組織為「全國期貨商業同業公會聯合會」，目前為「期貨業商業同業公會」。

三、期貨交易所

期貨交易所（Future Exchange）本身不從事期貨買賣，其主要的功能在提供交易場所及設備、訂定交易規則及擬訂期貨商品合約等事項；並期使期貨契約能夠公開有效率的交易，且監督期貨交易過程與執行法規。通常期貨交易所的組織可分為「會員制」及「公司制」兩種。

通常採會員制的期交所，是以非營利為目的，當期交所發生財務危機，各會員彼此之間需負起連帶無限清償責任；採公司制的期交所，以營利為目的，當期交所發生財務危機，股東無須負起連帶無限清償責任。以往美國許多的期貨交易所是由眾多會員所組成的非營利性組織，屬於會員制[2]；但現在大部分均改成公司制居多。通常採會員制的交易所會發給會員會員證，亦稱為「席位」（Seats），只能以個人名義持有，交易所只接受擁有席位的會員下單。

臺灣的期貨交易所為「臺灣期貨交易所股份有限公司」（Taiwan International Mercantile Exchange；TAIMAX）於 1996 年 12 月成立，並於 1998 年首次推出股價指數期貨。該交易所是採公司制，該公司的股東是由期貨業、證券業、銀行業及期貨暨證券等相關機構共同出資所組成的，且限股東才可下單至交易所，所以是具「會員制精神之公司制」的期貨交易所。

---

2. 近年來由於資訊產業發達與網際網路的普及，期貨交易所在環境競爭的趨使下，為了保有在期貨市場的一席之地，已經有部分的交易所開始將會員制改為公司制，以追求更高的績效。如：美國芝加哥期貨交易所（CBOT）與芝加哥商品交易所（CME），都已於 2000 年改為公司制。

　　通常交易所本身不從事期貨買賣，其主要的功能在提供交易場所及設備、訂定交易規則及擬訂期貨商品合約等事項。並使期貨契約能夠公開地交易，且監督期貨交易過程與執行法規。此外，國外某些期貨交易所，會設三個委員會，以處理期貨交易所產生的爭端與違規。分述如下：

1. 商業行為委員會（Business Conduct Committee）：此委員會乃處理交易所會員「炒作」（Churning）客戶委託單以賺取超額手續費、並不法操控價格以違反營業倫理。

2. 交易廳委員會（Floor Committee）：此委員會負責調查會員私下交易、假交易、客戶不滿意執行價格之委託與強制保證金追繳等。

3. 仲裁委員會（Arbitrage Committee）：此委員會負責會員之間或會員與客戶之間的爭端，如：無法撮合或錯帳（Out Trade）等之爭端。

四、期貨結算所

　　期貨結算所（Clearing House）和交易所一樣是非營利性機構，主要的功能為負責期貨交易契約的結算、訂定與調整保證金金額、訂定結算與交割程序、辦理結算與到期交割作業、管理結算保證金與交割結算基金、結算會員風險管理、確保期貨交易契約之履行、監督管理結算會員、以及對市場整體之財務完整性提供保障。全球有的結算所是隸屬於交易所，有的則是獨立的組織。我國的期貨結算所，目前由臺灣期貨交易所兼營。

　　此外，臺灣期貨交易所規定經紀商結算會員，除特別結算會員外，應具期貨商資格，且將結算會員之種類分為以下三種：

1. 個別結算會員：僅能為自己期貨經紀或自營業務之交易辦理結算交割。

2. 一般結算會員：除為自己期貨經紀或自營業務之交易辦理結算交割外，並可受託為其他期貨商辦理結算交割業務。

3. 特別結算會員：為目的事業主管機關許可之金融機構，其僅能受託為期貨商辦理結算交割業務。

五、期貨經紀商

期貨經紀商（Futures Commission Merchant；FCM）是接受客戶委託買賣期貨契約，並可接受客戶開設交易帳戶的個人或公司。經紀商又可分為「結算會員」（FCM Clearing Member）及「非結算會員」（FCM Non-Clearing Member），其中結算會員須在交易所擁有席位，可直接接受客戶保證金，並自行進行期貨交易之結算；而非結算會員不可直接接受客戶保證金，須透過結算會員進行期貨交易之結算。在我國只要是臺灣期交所的股東，即為會員經紀商。

此外，期貨營業員（Associate Person；AP）就是期貨經紀商的業務代表。AP 的主要功能在招攬客戶，並提供客戶一切期貨交易相關資料及開戶手續的服務；使客戶對期貨交易的相關法規及程序有所了解，且提供客戶所需要的市場價格資訊，並接受客戶的下單買賣、以及負責期貨交易之內部稽核、全權委託、風險管理、法令遵循與結算交割等手續。

六、期貨自營商

期貨自營商（Futures Trader）是指自行在期貨市場內買賣期貨契約，以賺取差價的個人或機構，並不接受客戶下單。在美國亦稱「場內自營商」（Floor Trader），俗稱搶帽客（Scalper）或稱場內代表（Local）。通常在臺灣的期貨商，包含經紀商與自營商兩大部分。

七、仲介經紀商

仲介經紀商（Introducing Broker；IB）或稱「期貨交易輔助人」，主要功能在招攬期貨投資人從事期貨交易、代理會員期貨商接受期貨交易人開戶及接受期貨投資人交易之委託單，並把交易轉給期貨經紀商來執行。因為仲介經紀並非期貨交易所的會員，不能直接收受客戶的保證金。

通常在國內只要是非臺灣期貨交易所的股東，所成立的證券經紀商，通常就是此處所稱的仲介經紀商（IB）；它們通常必須下單至臺灣期交所股東所成立的證券商，在由這些經紀商幫忙將其委託單轉單至期交所。此外，國內的證券商若要幫客戶下單至國外的期交所，通常須經過國內的期貨商，所以國內的證券商，其實也算是國外期交所的仲介經紀商（IB）。

此外，在臺灣期貨市場中，期交所對期貨交易輔助人，可經營的業務範圍規範如下：

1. 招攬期貨交易人從事期貨交易。

2. 代理期貨商接受期貨交易人開戶。

3. 接受期貨交易人期貨交易之委託單並交付期貨商執行。

4. 通知期貨交易人繳交追加保證金及代為沖銷交易。

八、期貨投資信託公司

　　期貨投資信託公司成立期貨基金後，向普羅大眾吸收投資資金，交由期貨基金經理人（Commodity Pool Operator；CPO）代客戶下單買賣期貨，並定期向委託人報告基金營運狀況。

九、期貨投資顧問公司

　　期貨投資顧問（Commodity Trading Advisor；CTA）公司乃提供投資人進行期貨投資時，相關的投資建議與交易諮詢服務，並向投資人收取佣金。有時可以承做代客操作的業務。

十、期貨交易人

　　期貨交易人大致可分為投機者、避險者、套利者。一般而言，投機者、套利者與避險者在期貨市場是相輔相成互相依賴。

(一) 投機者

　　投機者（Speculator）買賣期貨的動機不在於規避現貨的價格風險，投機者對未來市場動向加以預測，希望藉由價格變動獲取投機的利潤。

(二) 避險者

　　避險者（Hedger）買賣期貨的動機是為了規避現貨的價格風險，避險者經由期貨交易，將未來現貨價格波動的不確定風險移轉給願意承擔風險者，且藉由期貨買賣價差來對沖現貨的盈虧。

(三) 套利者

　　套利者（Arbitrageur）通常在市場上，尋找期貨價格與現貨價格失衡的契機，套利交易人會立刻進行買低賣高的套利行為，而由於套利者的存在，市場的價格可以透過其套利的行為獲得均衡。通常套利者也是屬於投機交易。

市場焦點

證券 IB 提前上路，期貨市場迎來 20 年重大突破

　　期貨交易輔助人（IB）承作國外期貨交易業務即日起全面開放，較業界原先預期提前一季，期貨公會理事長表示，此舉為我國期貨市場 20 年來的重大突破，在主管機關與期交所的支持下，進一步開放了 IB 承作國外期貨，對於臺灣整體金融市場、交易人以及業者均有正面的效益。

　　期交所年初規劃與歐洲期貨交易所合作掛牌的歐臺期、歐臺選上市之際，期貨公會就積極爭取 IB 承作國外期貨，主要考量的是讓證券商廣大通路交易人進行證券交易或台股指數期貨交易時能有適當的避險管道。

　　國外期貨商品範圍涵蓋指數、外匯、利率、債券、能源、貴金屬、民生金屬和農產品等八大類，隨著主管機關開放 IB 接受客戶國外期貨業務，藉由觀察全球行情輪動下影響總體經濟變化，培養臺灣年輕人拓展全球金融新視野，同時亦可運用更多元跨市場、跨商品相關避險或套利策略，可望促進國內外期貨及選擇權交易量成長。

■ 資料來源：摘錄自 ETtoday 財經新聞 2014/11/26
▶ 影片來源：https://www.youtube.com/watch?v=fN57HsuvxTM

🔒 解說

　　國內的證券商，若要幫客戶下單至國外的期交所，通常須透過國內的期貨商，所以國內的證券商，其實也算是國外期交所的仲介經紀商（IB）。政府開放國內的證券商，亦可幫客戶下期貨單至國外，此舉為我國期貨市場 20 年來的重大突破。

本章習題

一、選擇題

（　　）1. 美國商品交易法（Commodity Exchange Act）主管機關爲下列何者？ (A) 證券暨期貨交易管理委員會 (B) 證券交易委員會 (C) 商品期貨交易委員會 (D) 選項 (A)(B)(C) 皆非。

【2014-3 期貨業務員】

（　　）2. 下列有關「期貨顧問」（CTA）之敘述，何者正確？ (A) 可以收取專業顧問之費用 (B) 不可以向期貨經紀商收取退佣 (C) 選項 (A)(B) 皆是 (D) 選項 (A)(B) 皆非。

【2014-3 期貨業務員】

（　　）3. 臺灣期貨交易之結算工作係由何者負責？ (A) 臺灣期貨結算所 (B) 臺灣期貨交易所之結算部 (C) 委託國外期貨結算所負責 (D) 選項 (A)(B)(C) 皆對。

【2014-3 期貨業務員】

（　　）4. 參與期貨交易無需擔憂何種風險？ (A) 交易所信用風險 (B) 國家風險 (C) 交易對手信用風險 (D) 價格風險。

【2014-4 期貨業務員】

（　　）5. 下列何者爲期貨契約與遠期契約的相同點？ (A) 均可對沖交易 (B) 均已標準化 (C) 均在集中市場交易 (D) 執行日期均在未來。

【2015-1 期貨業務員】

（　　）6. 關於公司制期貨交易所組織，下列何者正確？ (A) 應爲無限公司 (B) 應爲股份有限公司 (C) 應爲非營利性之財團法人 (D) 選項 (A)(B)(C) 皆非。

【2015-1 期貨業務員】

（　　）7. 期貨交易比遠期交易具有「安全與效率」之優勢主要因哪一單位之建立？ (A) 主管機關 (B) 公會 (C) 期貨交易所 (D) 結算所。

【2016-4 期貨業務員】

（　）8. 有關期貨的敘述，下列何者為非？　(A) 有固定的交易場所　(B) 有固定的交割日期　(C) 合約由買賣雙方議定　(D) 集中競價。

【2018-1 期貨業務員】

（　）9. 提供客戶期貨交易諮詢服務且收取費用之專業投資顧問之英文簡稱為：
(A) FCM　(B) CPO　(C) IB　(D) CTA。

【2018-2 期貨業務員】

（　）10. 下列何者為期貨合約（Futures Contract）之特性？甲．集中競價；乙．每日結算保證金盈虧；丙．買賣雙方直接交易；丁．標準化合約
(A) 僅乙、丁　(B) 僅丙、丁　(C) 僅甲、乙、丁　(D) 僅甲、丙。

【2018-2 期貨業務員】

（　）11. 所謂「Churning」是指：　(A) 過量交易以獲得不當交易佣金　(B) 故意拉抬價格以獲取利益　(C) 當日沖銷賺取價差　(D) 未進入期交所交易之對作行為。

【2018-2 期貨業務員】

（　）12. 臺灣期貨交易所的組織是：
(A) 會員制　(B) 公司制　(C) 混合制　(D) 無限公司制。

【2018-4 期貨業務員】

（　）13. 期貨可用來規避何種風險？　(A) 銷售價格之風險　(B) 銷售量之風險　(C) 商品之品質風險　(D) 現貨交易雙方之交割風險。

【2019-1 期貨業務員】

（　）14. 期貨經紀商（FCM）不得從事下列何種行為？　(A) 代收保證金　(B) 代客戶下單至交易所　(C) 代買賣雙方直接撮合　(D) 代客戶進行實物交割。

【2021-2 期貨業務員】

（　）15. 有關 CFTC 委員組成之敘述，下列何者正確？　(A) CFTC 設有 7 名委員，來自同一政黨的委員不得超過 5 位　(B) 設有 5 名委員，來自同一政黨的委員不得超過 3　(C) CFTC 設有 5 名委員，來自同一政黨的委員不得超過 2 位　(D) CFTC 設有 3 名委員，來自同一政黨的委員不得超過 2 位。

【2021-2 期貨業務員】

( )16. 臺灣期貨交易所結算會員,依其業務範圍分為:甲.個別結算會員;乙.一般結算會員;丙.全席結算會員;丁.特別結算會員 (A) 甲、乙、丙、丁 (B) 僅甲、乙 (C) 僅乙、丙、丁 (D) 僅甲、乙、丁。

【2021-3 期貨業務員】

( )17. 結算制度主要功能是:
(A) 權責區分 (B) 確保交易公正 (C) 履約保證 (D) 選項 (A)(B)(C) 皆非。

【2021-3 期貨業務員】

( )18. 期貨營業員在為初次開戶之期貨客戶開戶前,應使客戶了解之最重要一點為:
(A) 期貨市場架構 (B) 期貨交易之風險 (C) 期貨下單方式 (D) 期貨之交易成本。

【2021-3 期貨業務員】

( )19. 依我國期貨交易法之規定,結算會員之資格,由以下何者決定? (A) 期貨業商業同業公會訂定,報請目的事業主管機關核定 (B) 期貨結算機構會同期貨交易所共同訂定 (C) 主管機關訂定 (D) 期貨結算機構訂定,報請主管機關核定。

【2021-3 期貨業務員】

( )20. 下列有關「期貨營業員」之敘述,何者有誤? (A) 為期貨經紀商之業務代表 (B) 因期貨操作難度高,故可代客操作 (C) 提供客戶所需市場價格資訊 (D) 接受客戶的委託單轉給發單人員並回報交易結果。

【2022-1 期貨業務員】

( )21. 期貨基金經理之英文簡稱為:
(A) FCM (B) CTA (C) CPO (D) IB。

【2022-1 期貨業務員】

( )22. 期貨交易的特色為何? (A) 集中市場交易 (B) 標準化契約 (C) 以沖銷交易了結部位 (D) 選項 (A)(B)(C) 皆是。

【2022-1 期貨業務員】

( )23. 下列描述「期貨經紀商」何者正確? (A) 可接受客戶委託買賣期貨契約 (B) 若為期貨交易所會員,則不受交易所的監管 (C) 不需最低資本額限制 (D) 選項 (A)(B)(C) 皆非。

【2022-1 期貨業務員】

（　　）24. 下列何者通常又稱為 Local？　(A) 場內經紀人（Floor Broker）　(B) 場內自營商（Floor Trader）　(C) 期貨自營商　(D) 結算會員。

【2022-1 期貨業務員】

（　　）25. 下列何事項屬於期貨交易所交易廳委員會（Floor Committee）處理之範圍？

(A) 調查場內會員私下之交易　(B) 調查客戶不滿意執行價格之委託　(C) 強制保證金追繳　(D) 選項 (A)(B)(C) 皆是。

【2022-1 期貨業務員】

Note /

Chapter **3** 期貨合約與交易所

本章內容為期貨合約與交易所，主要介紹期貨合約的規格、以及期貨交易所等內容，其內容詳見如下。

3-1 **期貨合約的規格**　介紹期貨合約的各種標準化規定。

3-2 **期貨交易所**　介紹世界各國的主要期貨交易所。

章前導讀

當今全世界拿奧運金牌最多（23面）的選手，乃美國飛魚－費爾普斯（Fred Phelps），他的泳技過人，除了靠天份與努力外，他還擁有可以游很快的特殊的身材（手特別長，腳比較短）。所以像他這種人的襯衫必須「量身訂作」，不然市面上找不到合乎他身材的襯衫。倘若他去訂做了襯衫後，沒有去拿，那裁縫師會找不到跟他身材一模一樣的人轉賣出去，此件衣服根本就沒有流通性。因此我們市面上的衣服為了流通方便，都會採「標準化」規格，如：S、M、L、XL等，雖然買的人穿起來不一定很合身，但至少被退貨的規格，廠商還可賣給其他人，衣服的流通性就大為提高。所以商品「標準化」後，才能提高它的流動性。

此外，金融商品中的股票也為便利交易流通，通常也會採取「標準化」規格，例如：國內的股票一張為 1,000 股。所以期貨合約為了解決遠期合約的流動性問題，「期貨交易所」會將期貨合約設計出「標準化規格」，以便於在「集中市場」交易流通。

以下本章首先介紹期貨合約的各種被標準化規格，其次再介紹世界各國的期貨交易所。

3-1　期貨合約的規格

　　通常期貨契約最主要的特色是標準化（Standardized），舉凡標的物的種類、數量、交割品質、時間與地點等等期貨交易所都有嚴格的規定，有別於遠期契約其契約內容，均由交易雙方互相議定，沒有一定的標準格式；而期貨契約唯一可以由買賣雙方互相議定的交易價格，則是由期貨市場供給與需求的力量所決定。

　　全球每個期貨交易所，所推出的期貨商品，其契約設計常有所不同。但除了考慮標準化的特性外，亦要考慮避險者對期貨契約內容的需求，因畢竟期貨最原始的需求是用來避險的，所以期貨契約在設計時會盡量符合一般性與普遍性，以使得市場的流動性增加，否則將使交易人喪失對期貨契約的興趣，造成交易不順暢，甚至可能會被有心人士操控行情。因此一個成功的標準化期貨契約，通常包含以下各項：

一、交易標的物

　　一般而言，期貨契約中所規定的標的物（Underlying Asset），通常為現貨市場中常見的商品，例如：黃金、原油、外匯及股價指數等。當契約到期時，持有期貨部位的交易雙方，須對交易標的物進行交割。一般交割的方式大致可分為現金交割（Cash Delivery）及實物交割（Physical Delivery）兩種；大部分採現金交割，僅少部分以實物交割。若採實物交割，交割的實體商品在品質上自然會有所些差異，所以交易所必須對契約規定的交割商品品質須有明確記載。如果契約允許交割品質相近，但等級不同的商品，則該近似商品與合約規定的標準商品，其等級之間折、溢價問題，亦須有明確的規定。

　　通常以上情形常發生「商品期貨」交割時，尤其在農產品期貨。例如：芝加哥交易所（CBOT）的玉米期貨合約，其合約規定的標準品質為「2號黃色」，但亦可使用其他等級的玉米替代，但價格會有折、溢價情形。

　　至於「金融期貨」方面，交易標的物在規格的界定上較為單純。如：股價指數與外匯期貨在定義上應毫無疑義，因股價指數期貨是採現金交割；而外匯期貨除非交割的貨幣有偽造，也無品質差異的問題；但利率期貨則與商品期貨一樣，可能會有類別不同的問題產生，但像債券會有不同到期年限交割問題。例如：CBOT的美國長期公債期貨，合約中雖然載明必需離到期日或贖回日15年以上、且年息為6%的債券才可交割；但實務上，只要公債的到期日超過15年，至於票面利率是否為6%則不予強制要求，而交易所會針對不同的到期年限、票面利率的債券，制定轉換價格的公式，作為實際交割的依據。

二、單位合約的大小

通常每種期貨合約其單位合約數量大小（Contract Size）的設計，必須顧及市場參與者的需求性與接受度。若單位合約數量太大，會使小額的投資人無法投資較多的期貨數量，使投資策略無法靈活運用，造成合約流動性不足；若單位合約數量太小，交易筆數必需增加，徒增交易成本，投資人因而為之卻步。

事實上，每單位合約數量大小的與該期貨商品標的物的「**價格變動率**」（Price Volatility）息息相關，通常價格變動率較大的合約其契約規格較小；反之則較大。例如：在其它條件不變下，當市場利率變動時，長期債券的價格變動率會大於短期債券的價格變動率，所以美國 T-Bond 期貨的單位最小跳動值為 1/32%（＝ 0.03125%），單位契約規格為 10 萬美元；而 T-Bill 期貨的單位最小跳動值為 0.01%，單位契約規格為 100 萬美元。故由實務上期貨合約的設計，亦可看出單位合約數量大小與標的物價格變動率成反比。這樣才會使得不同的期貨商品，每次跳動一檔時，投資人的損益波動情形，不至於相差太大。

三、交割月份

通常期貨交易是買賣雙方，在未來才會有實際交割的行為發生，至於未來的那一個時間，期交所會依各種商品的特性分別訂定，一般都以「月份」為基礎。理論上，任何月份都可以充當交割月份（Delivery Month），不同月份即代表不同的期貨契約；至於交割月的哪一天進行交割，依各種不同商品分別訂定。通常交割月份的設計應考慮到市場的需求及流動性，若交割月份太多，會使每個交割月份的交易量太多分散，造成單一合約的流動性不足；相反地，若交割的月份太少，則可能不能滿足投資人的實際需求，缺乏實用性。

一般而言，農產品期貨的交割月份，通常最長都在一年之內，因為農產品的收割為一年一循環，基本上大概會有四個契約同時存在，為每年的 3、6、9、12 月不斷的循環，但有時也會配合該種農產品的生產季節，而增加一年之內的交割月份數。例如：CBOT 的玉米期貨其交割月份固定為 3、5、7、9、12 月；而 NYBOT 的糖期貨的交割月份為 3、5、7、10 月。

通常金融期貨可供交易的月份較長，但大部份的交易，都集中在少數幾個較近的月份上。如：股價指數期貨及利率期貨的交易量，大部份都集中在最近月的契約（Nearby Contracts）。例如：臺灣的加權股價指數期貨合約，可供交易月份為最近兩個連續月份加上最近三個季月；如果目前為 5 月初，則臺灣的加權股價指數期貨合約就有 5、6、9、12 以及隔年 3 月在市場流通，但交易量大部份會集中在 5、6 月份，這兩個近月合約上。

　　此外，一般國外期貨交易所，為了便於交易，會對於期貨商品的交易月份，給予不同的英文代碼。如下表所示：

表 3-1　實務上期貨委託單中月份英文代碼表

F	一月（January）
G	二月（February）
H	三月（March）
J	四月（April）
K	五月（May）
M	六月（June）
N	七月（July）
Q	八月（August）
U	九月（September）
V	十月（October）
X	十一月（November）
Z	十二月（December）

四、交割方式

　　通常期貨商品的交割方式（Delivery Arrangements）可分為兩種：實物交割與現金交割。「實物交割」是指買賣雙方在合約到期時，以實物交付的方式來完成交割的義務。「現金交割」是指買賣雙方在合約到期時，以現金結算的方式來完成交割的義務。通常會採現金結算的是指有些期貨契約因無實體商品的存在，例如：股價指數期貨；或商品在交割過程中相當不方便，而無法進行實物交割，宜採現金交割較為合適，例如：短期利率期貨、幼牛期貨等。

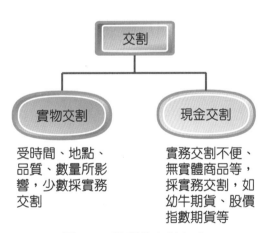

圖 3-1　期貨的交割方式

　　在實務上，期貨市場絕大部份都採現金交割，僅少部份以實物交割。因為就投機者而言，買賣期貨的目的在賺取差價，根本不會想要持有現貨，常常在到期交割前就平倉出場，

即使持有到到期日也盡量採現金交割方式，避免持有現貨。就避險者而言，即使他們有現貨部位的需求或供給，採實物交割會因為交割日期、品質、地點及數量等因素，不符合避險者的實際需求，故常常在到期日前，即反向沖銷持有的期貨部位，將沖銷所得的價差利益，彌補現貨市場的損失。因此在期貨市場交易的投資人，常常在未到期前，即現金結算後平倉出場。（有關實物交割的詳細程序，請參閱本書第五章）。

五、報價方式

在現貨商品中，每種商品的報價單位，都有每個地區人們長久以來的交易習慣，因此不同的商品，有其不同的報價單位。所以在期貨合約中，各種期貨商品，也會有不同的報價方式（Price Quotation）。例如：國際上：糖（磅）、玉米（蒲式爾）、原油（桶）、黃金（盎斯）、外匯（美元）、股價指數（點數）。

但有些相同的商品的，也會因地區交易人的習慣，而有不同的報價單位。例如：國際上，黃金（盎斯）；但在臺灣，黃金（台兩）。

六、最小跳動基本單位

通常每種期貨合約都會設計出，每次最小跳動基本單位（Minimum Tick），以供投資人交易參考。通常最小跳動基本單位與「合約單位」成反比，因為期交所希望每種期貨商品，每次最小跳動基本單位所造成的價值變動，每種商品都差不多，且也必須符合投資人的交易需求。通常最小跳動單位所造成的損益以價格變動的基準，其損益計算為「合約單位」×「最小跳動單位」。有關期貨各種商品的報價方式與最小跳動單位，請參閱第四章表 4-1 ～ 4-7。

表 3-2　最小跳動單位實例

期貨商品	最小跳動基本單位	損益
糖	0.0001 美元 / 磅	112,000×0.0001 ＝ 11.20 美元
玉米	1/4 美分 / 蒲式爾	5,000×0.0025 ＝ 12.5 美元
原油	0.01 美元 / 桶	1,000×0.01 ＝ 10 美元
黃金	0.1 美元 / 盎斯	100×0.1 ＝ 10 美元
英鎊	0.0002 美元 / 英磅	62,500×0.0002 ＝ 12.5 美元
摩根台股指數	0.1 美元 / 點數	100×0.1 ＝ 10 美元
臺灣加權股價指數	1 新台幣 / 點數	200×1 ＝ 200 新台幣

七、價格限制

由於風險的考量，各交易所對於大部份的期貨合約，都會有漲跌幅的價格限制（Price Limits），其限制的目的在防止市場投資人過度的投機，或因突發狀況所引起的價格劇烈波動。一般而言，當交易價格漲（跌）至上限（下限）時，交易即中斷，除非價格又回復到限制的範圍之內，才恢復交易。但在某些特殊的情況下，交易所有權利可以改變上下限的範圍。

例如：SGX 的富時台股指數期貨，每日的漲跌幅為 15%，但分為二段，第一段漲跌 10%，鎖住 10 分鐘後，漲跌幅的限制放大為 15%。又如：CBOT 規定，如果某一期貨合約在三個契約月份上連續三天漲停，則新的價格限制為前一日價格漲跌幅的 150%。

八、部位限制

通常期貨交易所為防止單一的交易者，對某一種商品的交易量太大，而影響市場行情，通常會限制單一交易者持有部位的數量。例如：CBOT 的木材合約，每一位交易者交易的部位限制為 1,000 口，且同一個月份不得超過 300 口。又如：目前臺灣本土的加權股價指數期貨（大台指），對自然人的部位限制（Position Limits）為 10,000 口，法人為 22,000 口。

九、最後交易日

通常期貨交易與現貨交易有一很大不同點，就是期貨合約有到期日，現貨交易則無。通常合約的最後交易日（Last Trading Day）須將期貨部位清倉，所有期貨交易人須按照最後結算價，結算期貨部位損益。例如：臺灣期貨交易所的股價指數期貨合約，其最後交易日為每交割月份第三個星期的星期三，最後結算價為臺灣證券交易所當日交易時間收盤前三十分鐘內，所提供標的指數之簡單算術平均價訂之。

市場焦點

**臺灣期貨市場自然
人比重過半期交所
加速推小型化商品**

期交所表示，小型期貨契約近年來成為國際交易所商品發展新趨勢，期交所上市 20 年的小型台指期貨，在 2020 年已超過旗艦商品台股期貨，成為交易量最大的指數期貨商品。加上臺灣期貨市場自然人參與比重達五成，期交所 2021 年加速推出小型化商品，除了於 1 月降低個股期貨小型契約加掛門檻外，6 月上市小型電子期貨，今日再推出小型金融期貨，提供交易人於類股輪動時多樣化的交易選擇及產業風險管理工具。

以芝加哥交易所 CME 為例，CME 近期致力於提出商品小型化，顯見期貨商品小型化是國際期貨市場趨勢脈動。期交所 2021 年繼推出小型電子期貨後，再推出小型金融期貨，持續接軌國際。CME 在推動小型契約的同時，也很強調對投資人風險的認知教育，期許期交所及期貨業界亦能在交易人投資教育持續努力，讓臺灣的金融市場永續發展。

■ 資料來源：摘錄自鉅聚亨網 2021/12/06

🔒 **解說**

近年來，全球期貨市場紛紛推出小型期貨契約商品，以因應小額投資人的需求。由於國內期貨市場自然人參與比重已達五成以上，期交所也加速推出小型化商品，以提供交易人多樣化的交易選擇與風險管理工具。

3-2　期貨交易所

　　期貨交易所是期貨市場中，主要提供交易場所及設備、訂定交易規則及擬訂期貨商品合約；並監督期貨交易過程與執行法規。早期，全球知名與重要的期貨交易所，以歐美地區居多；但近期，亞洲地區的期貨交易量，亦逐漸成長，所以該地區的期貨交易所，已在全球占有重要的地位。此外，近年來，眾多的國際期貨交易所，為了經營效率與新業務的擴展，紛紛採取合縱連橫政策，以合作互補的方式在經營期貨市場的業務，所以產生了幾個大型的集團性交易所。以下將分別介紹美國、歐洲與亞洲地區，幾個重要及知名的期貨交易所、以及集團性的交易所。表 3-3 為世界較著名的期貨交易所一覽表。

表 3-3　世界較著名的期貨交易所與集團一覽表

中文	英文	英文縮寫
美國芝加哥期貨交易所	Chicago Board of Trade	CBOT
美國芝加哥商業交易所	Chicago Mercantile Exchange	CME
美國芝加哥期權交易所	Chicago Board Options Exchange	CBOE
美國商品交易所	Commodity Exchange, Inc	COMEX
美國咖啡、糖及可可交易所	Coffee ,Sugar & Cocoa Exchange	CSCE
美國紐約交易所	New York Board of Trade	NYBOT
美國紐約棉花交易所	New York Cotton Exchange	NYCE
美國紐約商業交易所	New York Mercantile Exchange	NYMEX
美國紐約期貨交易所	New York Futures Exchange	NYFE
美國堪薩斯期貨交易所	Kansas City Board of Trade	KCBT
美國洲際交易所集團	Intercontinental Exchange Group	ICE
德意志交易所集團	Deutsche Borse Group	DBAG
歐洲期貨交易所	The Eurex Deutschland	EUREX
紐約 - 泛歐交易所	New York Stock Exchange-Euronext	NYSE-Euronext
中歐國際交易所	China Europe International Exchange	CEINEX
英國倫敦國際金融期貨及選擇權交易所	London International Financial Futures & Option Exchange	LIFFE
英國國際石油交易所	International Petroleum Exchange	IPE
英國倫敦金屬交易所	London Metal Exchange	LME

中文	英文	英文縮寫
法國期貨交易所	Marche'a Terme International de France	MATIF
德國期貨交易所	Deutsche Borse	DTB
日本東京商品交易所	Tokyo Commodity Exchange	TCE；TOCOM
日本東京國際金融期貨交易所	Tokyo International Financial Futures Exchange	TIFFE
日本東京穀物交易所	Tokyo Grain Exchange	TGE
日本東京證券交易所	Tokyo Stock Exchange	TSE
日本大阪證券交易所	Osaka Stock Exchange	OSE
日本交易所集團	Japan Exchange Group	JPX
韓國證券交易所	Korea Stock Exchange	KSE
香港交易所	Hong Kong Stock Exchange	HKEx
香港期貨交易所	Hong Kong Future Exchange	HKFE
新加坡國際金融交易所	Singapore International Mercantile Exchange	SIMEX
新加坡商品交易所	Singapore Mercantile Exchange	SMX
新加坡交易所	Singapore Exchange Limited	SGX
韓國交易所	Korea Exchange	KRX
韓國期貨交易所	Korea Futures Exchange	KOFEX
中國鄭州商品交易所	Zhengzhou Commodity Exchange	ZCE
中國大連商品交易所	Dalian Commodity Exchange	DCE
中國上海期貨交易所	Shanghai Futures Exchange	SFE
中國金融期貨交易所	China Financial Futures Exchange	CFFE
印度國家證券交易所	National Stock Exchange of India	NSE
印度全國多種商品交易所	National Multi Commodity Exchange	NMCE
印度多種商品交易所	Multi Commodity Exchange of India	MCX
印度國家商品及衍生商品交易所	National Commodity and Derivatives Exchange	NCDEX
臺灣期貨交易所	Taiwan International Mercantile Exchange	TAIMEX

一、美國

美國是目前全世界最大的期貨市場，也是最早成立期貨交易所的國家。目前在美國交易的期貨商品有上百種，包括外匯、利率、股價指數、農畜產品、金屬、能源及軟性等多項期貨商品，其中不少商品皆由美國期貨市場最早推出。早年美國商品期貨交易委員會共核准 13 所交易所，這 13 所交易所在法律上及財務上皆為互相獨立個體，各自擁有其交易廳、交易設備及結算所等。近年來全球期貨業吹起整併風潮，雖多家交易所整併為同一集團，但雖然保留原有的交易廳。以下我們將介紹幾個美國較重要與知名的期貨交易所。

(一) 芝加哥商業交易所集團

芝加哥商業交易所集團（CME Group）旗下有芝加哥商業交易所（CME）、芝加哥期貨交易所（CBOT）、紐約商業交易所（NYMEX）、美國商品交易所（COMEX）、堪薩斯期貨交易所（KCBT）等 5 家交易所。現該集團為全球最大的交易所集團。

原本這 4 家交易所是各自獨立競爭，但基於商業利益考量；首先 1994 年，紐約商業交易所（NYMEX）將美國商品交易所（COMEX）納為旗下，成為全球最具規模的商品交易所；爾後，2007 年美國芝加哥商業交易所（CME）與芝加哥期貨交易所（CBOT）進行合併為芝加哥商業交易所集團，此集團為全球最大的衍生品交易所；最終，2008 年芝加哥商業交易所集團，再收購紐約商業交易所（NYMEX），將該交易所納入旗下。所以芝加哥商業交易所集團旗下共有 4 家美國重要的期貨交易所，以下將分別介紹這 4 家交易所。

1. 芝加哥商業交易所

芝加哥商業交易所（CME）為全世界最大的金融期貨交易所，該交易所的契約商品以金融期貨及農畜產品為主。CME 的前身為芝加哥農產品交易所，成立於 1874 年，最早交易的商品為奶油、蛋類、家禽及其他易腐壞的農產品；1898 年奶油及蛋類交易者退出該交易所，另成立奶油及蛋類交易所；此外該交易所於 1919 年引進其他交易商品並改組為芝加哥商業交易所，並於 1961 年起陸續開始豬腩、活牛、活豬等期貨的交易。

由於 CME 是以「金融期貨」交易為主，所以基於業務考量，CME 將交易又區分成兩部門處理之。其一為 1972 年成立的「國際貨幣市場部門」（International Monetary Market；IMM），該部門從事各種外幣及利率期貨的交易，其中該交易所推出的外匯期貨為全世界最早的金融期貨；另一為 1982 年成立「指數與選擇權市場部門」（Index and Option Market；IOM），該部門專門從事股價指數及選擇權的交易，其中以 S&P500 股價指數期貨，曾為全世界交易量最大的股價指數期貨。

此外，1984 年 CME 與新加坡國際金融交易所（SIMEX）互相簽訂共同沖銷協定，投資者可在兩交易所對歐洲美元、英鎊、日圓及德國馬克期貨得以相互轉移或沖銷其部位，以實質延長交易時間、減低交易成本。1992 年 CME 更推出革命性的全球 24 小時電腦化交易，即在正常交易時段之外，由電腦撮合交易，使得期貨市場更能發揮避險的功能。

雖然 2007 年 CME 與 CBOT，進行合併為芝加哥商業交易所集團。但 CME 仍繼續以負責金融期貨的交易事務為主，並提供少數的商品期貨合約，供投資人交易。

2. 芝加哥期貨交易所

芝加哥期貨交易所（CBOT）設立於 1848 年，是現在全世界最早成立的交易所，其成交量亦曾經稱霸於全世界。該交易所的契約商品，主要包括各種穀物（黃豆、大豆、小麥、玉米…等）、美國國庫券、美國中長期政府債券、股價指數、黃金、白銀及選擇權等。其中以「穀物類」的交易量，為該交易所的主力商品，其眾多穀物的交易價格，為全球主要現貨報價的參考依據。此外，該交易所近年來，金融期貨交易量已超過傳統的商品期貨交易量；其中，美國政府長期公債期貨曾是全世界交易最活絡的商品之一；且 CBOT 於 1975 年推出聯邦擔保抵押貸款憑證期貨契約（Ginnie Mae Government Mortgage；GNMA）是全世界第一個推出的利率期貨商品。

此外，CBOT 基於選擇權的交易需求，於 1973 年成立芝加哥期權交易所（CBOE），CBOE 是世界第一家以期權產品為主的交易所，對於期權類產品的開發不遺餘力。另外，全球新興的特殊期貨商品，例如：氣候期貨（如：雨量、溫度）、特殊指數期貨（如：運費費率指數、波動率指數），CBOT 都有提供交易合約，以供避險者使用。

近年來，金融科技所興起的虛擬貨幣交易熱潮，也讓 CBOE 順勢的推出全球第一個虛擬貨幣期貨商品－比特幣（Bitcoin）期貨，之後又推出另一個－以太幣（Ether）期貨，以因應虛擬貨幣的投機與避險所需。

3. 紐約商業交易所

紐約商業交易所（NYMEX）成立於 1872 年，該交易所的主要負責原油、汽油、燃油、天然氣、電力、煤、丙烷等能源類為主。NYMEX 曾是全世界能源類期貨的交易霸主，目前仍是全球重要的能源期貨交易所之一。

4. 美國商品交易所

美國商品交易所（COMEX）成立於 1933 年，COMEX 交易的期貨商品以黃金、白銀及銅等貴金屬期貨為主，亦有基本金屬期貨（如：銅、鋁與鉑等）的交易。COMEX 是目前全球最大「貴金屬」期貨交易所。

5. 堪薩斯期貨交易所

堪薩斯期貨交易所（KCBT）成立於 1856 年，是全世界硬紅冬小麥交易最活絡的交易所。該交易所於 1982 年推出價值線綜合指數（Value Line Composite Index）期貨契約，為全世最早推出股價指數期貨的交易所。

(二) 美國洲際交易所集團

美國洲際交易所集團（ICEGroup），成立於 2000 年，主要經營網路的期貨交易平臺，該集團以能源衍生性商品市場起家，現為全球最大的「能源類」期貨交易所，也是推出與能源排放相關的「碳權」期貨。該集團經過這幾年的整併擴大發展，現擁有多間跨國的證券交易所、期貨交易所與結算機構，且提供超過萬種上市證券及衍生性商品的交易，現為全球第三大交易所集團。

ICE 其旗下主要知名的交易所，包括：美國地區－紐約證券交易所（NYSE）、紐約交易所（NYBOT）；歐洲地區－紐約泛歐交易所（NYSE Euronext）、倫敦國際金融期貨交易所（LIFFE）、倫敦國際石油交易所（IPE）、以及亞洲地區－新加坡商品交易所（SMX）。

其中，紐約交易所（NYBOT）成立於 1998 年，其交易所是有兩家具歷史之交易所合併而來，分別為「紐約棉花交易所」（NYCE）與「咖啡、糖及可可交易所」（CSCE）。

NYCE 成立於 1870 年，主要契約內容包括棉花期貨與冷凍濃縮橘子汁期貨為主。NYCE 之另一分支機構紐約期貨交易所（NYFE）則專門從事股價指數期貨的買賣，其交易契約中最著名為紐約證券交易所綜合股價指數（NYSE Composite Stock Index）。CSCE 成立於 1882 年，乃是咖啡商人為了規避咖啡現貨價格波動所成立，並於 1979 年與紐約可可交易所合併，正式稱為 CSCE，交易契約以咖啡、糖及可可等熱帶經濟作物為主，為全世界最大的「軟性商品」期貨交易所。

二、歐洲市場

歐洲主要國家的期貨交易以英國最為發達，其次為歐盟整合歐洲各國所成立的期交所。以下將分別介紹之。

(一) 德意志交易所集團

德意志交易所集團（DBAG）成立於 1993 年，旗下包括：歐洲期貨交易所（EUREX）、法蘭克福證券交易所（Börse Frankfurt）、國際證券交易所（International Securities Exchange；ISE）、倫敦證券交易所（London Stock Exchange；LSE）等重要的期貨與證券

交易所。此集團現為世界第二大交易所集團，集團內最重要的期貨交易所，為歐洲期貨交易所（EUREX）是全球重要的期貨市場。

歐洲期貨交易所（EUREX）為德國期貨交易所（DTB）於 1998 年瑞士期貨期權交易所（SOFFEX）共同合併而來，總部設於瑞士蘇黎世。該交易所乃為了應對歐洲貨幣聯盟的形成及歐元（Euro）交易的需求所產生；所以其主要交易合約，都以歐元為設計基礎，包括：德國、法國與義大利的公債期貨（如：歐元德國、法國、義大利的 10 年公債）、歐元區的股價指數期貨 { 如：歐元藍籌 50 指數（Euro STOXX 50）、德國指數（DAX）} 為主。

此外，近年來德意志交易所集團（DBAG）積極地與亞洲地區交易所合作，所以 EUREX 於 2010 年與韓國交易所（KRX）開始合作，推出韓國綜合股價指數 KOSPI 200 選擇權合約；於 2014 年與臺灣期交所（TAIFEX），推出台股指數 1 天的期貨與選擇權合約，開啟臺歐合作的里程碑。此外，2015 年 DBAG 又與上海證交所、中國金融期貨交易所（CFFE），合資成立中歐國際交易所（CEINEX），共同啟動交易離岸人民幣產品嶄新的交易平臺。

(二) 紐約泛歐交易所

紐約泛歐交易所（NYSE-Euronext）乃由美國紐約證券交易所（NYSE）和泛歐交易所（Euronext）於 2007 年合併而成。該交易所又於 2013 年被納入成為美國洲際交易所集團（ICE）的一員。

原先的泛歐交易所（Euronext），是 2000 年由荷蘭阿姆斯特丹證券交易所、法國巴黎證券交易所、比利時布魯塞爾證券交易所與葡萄牙里斯本證券交易所合併而成立的。泛歐交易所（Euronext）是歐洲首家跨國交易所、歐洲第一大證券交易所，其主要交易商品為歐元區的短期利率期貨、股價指數期貨與部分的軟性商品（如：咖啡、糖、可可）。

此外，法國最重要的期貨交易所，法國期貨交易所（MATIF），早於 1999 年已於法國巴黎證券交易所合併，爾後再併入泛歐交易所（Euronext）。原先法國期貨交易所（MATIF）成立於 1986 年，其主要的期貨契約為證券商公會 40 種股價指數期貨（CAC 40）、歐元長期公債期貨、五年歐元債券期貨、巴黎銀行同業間三個月拆款利率期貨（PIBOR）以及油菜籽、白糖等農產品期貨。

(三) 英國

英國最早的期貨交易歷史可追溯自 1570 年的皇家交易所，最初交易商品為咖啡及可可等經濟作物，隨後商品內容逐漸擴大，英國國內的交易所也隨之增加，目前已成為世界

重要的金屬、能源及金融期貨的交易中心之一，英國現有重要的期貨交易所都集中在倫敦。以下介紹幾個較出名的期貨交易所。

1. 倫敦國際金融期貨交易所

倫敦國際金融期貨交易（LIFFE）所於 1982 年成立，是歐洲最早從事金融期貨交易的交易所，該交易所於 1996 年將倫敦商品交易所併入，該交易所的契約商品以各國的外匯、利率、股價指數期貨及其選擇權為主。該交易所於 1984 年後推出金融時報 100 種股價指數期貨（FT-100），為一重要的指標商品。此外，該交易所已於 2002 年被泛歐交易所（Euronext）被收購，現均納入成為美國洲際交易所集團（ICE）的一員。

2. 倫敦金屬交易所

倫敦金屬交易所（LME）成立於 1877 年，目前為全世界最重要的「基本金屬期貨」交易中心，該交易所的金屬期貨交易價格，為世界金屬買賣交易者的重要參考依據，其主要的契約商品為鋁、銅、鉛、鋅、錫和鎳。LME 雖然與其他交易所一樣，採公開喊價制度，但是其交易方式卻最為奇特，採「圓桌交易」（Ring Trading）。每日交易分成上下午兩盤，每盤則各有兩場圓桌交易，交易時並非是所有期貨同時進行，而是每項商品集中各喊價五分鐘，然後再有一段時間所有商品同時公開喊價交易，並以上午盤的第二場成交價格為當日公告之價格。

此外，LME 已於 2012 年被香港交易所（HKEx）收購，LME 想藉由中國龐大的一般金屬的現貨交易量，積極的擴展亞洲地區的一般金屬的交易契機，並持續在全球一般金屬期貨交易居於領先的地位。

3. 倫敦國際石油交易所

倫敦國際石油交易所（IPE）成立於 1980 年，是除了紐約商業交易所（NYMEX）之外，為全球第二大的能源期貨交易所，主要的合約有布蘭特原油、天然氣、無鉛汽油、天然瓦斯、煤炭與電力等期貨商品；其中以布蘭特原油期貨最著名。此外，該交易所已於 2001 年被納入成為美國洲際交易所集團（ICE）的一員。

三、亞洲市場

亞洲地區的期貨市場發展較歐美國家晚，其主要的市場以日本、中國（包含香港）、新加坡、韓國、印度以及臺灣。以下的期貨交易所除我國外，將分別介紹之：

(一) 日本

日本的期貨市場規模雖然無法與歐美期貨市場相比擬，但其期貨交易歷史悠久，早在17世紀就有交易的記載，當時是以堂島的稻米期貨為主。日本的期貨市場經過多年的發展，目前已經成立多家商品交易所，每一個交易所的交易商品幾乎都不相同，這是與歐美期貨市場不同之處。例如：股價指數期貨和公債利率期貨，在東京證券交易所（TSE）與大阪證券交易所（OSE）交易；與外匯相關的利率期貨，如：歐洲美元、歐洲日圓在東京國際金融交易所（TIFFE）交易；傳統的商品期貨，則在東京商品交易所（TCE）交易。

日本期貨市場與其他國家期貨市場另一不同處為，期貨主管機關並不集中於一個單位，而是依商品種類分散權責於各單位。如：股價指數與長期公債期貨的主管機關為「大藏省」證券局；短期利率與外匯期貨的主管機關為「國際金融局」；黃金、白銀等金屬商品期貨的主管機關為「通產省」；而穀物與其他農產品期貨的主管機關為「農林水產省」。

此外，日本某些交易所的部份商品交易方式是採取定盤交易，這是與其他國家的期貨市場另一不同之處。定盤交易亦稱拍板交易，將每個商品交易日分成若干的交易「時段」（或稱為節），每一節交易所會依市場之買賣單數量產生一個定盤價，買賣雙方皆以這個定盤價作為買賣價格。目前採取定盤交易的合約有 TCE 的生膠、棉紗以及原本 TGE 的黃豆、玉米、紅豆與粗糖期貨。以下我們介紹日本幾個較出名的期貨交易所。

1. 東京國際金融期貨交易所

東京國際金融期貨交易所（TIFFE）成立於 1989 年，主要契約內容為短期利率、外匯期貨及其選擇權，目前最成功的契約為三個月期的歐洲日圓利率期貨。

2. 東京商品交易所

東京商品交易所（TCE）成立於 1988 年，主要契約內容為黃金、白金、白銀、鋁、生膠、棉紗、橡膠等。目前是日本最大貴金屬交易所，尤其白金與橡膠期貨的交易量曾領先全球。

此外，原本負責日本穀物交易的東京穀物商品交易所（TGE），於 2013 年被解散，所以將旗下的大豆、玉米、紅小豆、粗糖等期貨交易都轉移至東京商品交易所（TCE）。

3. 日本交易所集團

日本交易所集團（JPX）已於 2013 年將日本的證券市場，主要有兩個交易所分別為「東京證券交易所」（TSE）與「大阪證券交易所」（OSE）合併。

日本交易所（JPX）集團將原本兩家交易所的股票現貨市場，現由東京證券交易（TSE）所負責經營；而兩家的原本的金融衍生性商品市場，現由大阪證券交易所（OSE）負責經營。

該交易所集團主要上市日本政府或當地公司所發行的股票與債券，且其所編製的日經 225 指數（Nikkei 225）、東京證券指數期貨（TOPIX）為全世界知名的股價指數。臺灣期交所所上市的東證指數期貨，就是與日本交易所集團（JPX）合作推出的股價指數期貨。

(二) 中國

中國期貨市場發展較晚，初始階段是從 1990 年鄭州糧食批發市場成立開始。鄭州糧食批發市場從成立起就以期貨市場為目標，引入了交易會員制等期貨市場機制。中國自 1990 年後，各地紛紛成立具有期貨交易性質的市場。1991 年成立的深圳有色金屬交易所，是中國最早以期貨的形式進行期貨交易的場所，同年推出中國第一個商品期貨標準合約為特級鋁期貨合約。

中國期貨市場經過 1996 至 2000 年的整頓清理之後，現在以鄭州、大連與上海三個商品交易所為主。2000 年以來，中國的經濟快速崛起，對於金融證券的投資與避險，日趨重要，於是於 2006 年於上海成立中國金融期貨交易所（CFFE），為中國的第四家期貨交易所。以下將介紹中國的這四大交易所。

1. 鄭州商品交易所

鄭州商品交易所（ZCE）源起於鄭州糧食批發市場，成立於 1993 年，是中國第一個從事糧食交易的期貨交易所，目前交易標的物以小麥、綠豆、棉花、白糖油菜籽油與油菜籽粉為主。其中，油菜籽粉的交易量，已居全世界最大的農產品期貨之一。近期，亦推出全球首件見純鹼期貨。

2. 大連商品交易所

大連商品交易所（DCE）則成立於 1993 年，目前交易標的物以玉米、黃豆、黃豆油、黃豆粉、棕櫚油、蛋、生豬等為主。其中，黃豆類的相關商品的交易量，在全球已具有領先地位。近期，亦積極推展糧食外的期貨商品，如：鐵礦石、液化石油氣與貨櫃運力等期貨。

3. 上海期貨交易所

上海期貨交易所（SHFE）則於 1999 年由上海金屬交易所、上海商品交易所與上海糧油商品交易所合併成立，現在以銅、鋁、氧化鋁、鉻鐵、天然橡膠、燃料油與有色金屬指數等期貨為交易對象。

4. 中國金融期貨交易所

中國金融期貨交易所（CFFE），為中國的第四家期貨交易所，也是中國第一家金融衍生品交易所，主要交易商品為股價指數期貨與中國政府公債為主。其中較知名的股價指數

期貨如：滬深 300 指數期貨、上證 50 指數期貨等。近年來與德意志交易所集團（DBAG）成立中歐國際交易所（CEINEX），積極將人民幣產品推出於海外交易。

(三) 香港

香港交易所（HKEx）乃由香港聯合交易所、香港期貨交易所、香港中央結算有限公司於 2000 年合併而成。其中，香港期貨交易所（HKFE）為負責期貨交易部分，該交易所前身為 1976 年成立的香港商品交易所，初期交易的期貨商品為棉花、糖、黃豆及黃金等，1985 年改名為香港期貨交易所。

HKFE 於 1986 年推出恆生指數期貨，交易十分熱絡，為此交易所最受歡迎的合約。1990 年推出三個月香港銀行同業拆款利率（HIBOR）期貨，1991 年推出香港工商指數期貨，並於 1993 年推出恆生指數期貨選擇權。1998 年推出台股 60 支成份股股價指數期貨，可惜未受到投資人的青睞；但 2020 年接續由原先新加坡期貨交易所的摩根台股指數期貨，仍延續此商品的交易活絡。

此外，該交易所於 2012 年成功收購英國倫敦金屬交易所（LME），引起國際期貨市場的關注；港交所希望透過 LME 在全球基本金屬期貨的領先地位，以擴展對全球定價的影響性。2013 年該交易所推出中華 120 期貨，為全球首檔涵蓋中國及香港兩地主要中國股票的期貨商品，可提供兩地交易者投機套利使用。

(四) 新加坡

新加坡交易所（SGX）是亞太地區，首家集證券及金融衍生產品交易於一體的企業股份制交易所。新加坡交易所的前身為新加坡證券交易所（SES）與新加坡國際金融交易所（SIMEX）兩家於 1999 年合併成立了現在的新加坡交易所。原先新加坡國際金融交易所（SIMEX）成立於 1984 年，是亞洲地區第一個金融期貨交易所。SIMEX 與 CME 於 1984 年互相簽訂共同沖銷協定，投資者可在兩交易所間轉移或沖銷其部位。且 2013 年 SGX 已獲得美國商品期貨交易委員會（CFTC）的授權，成為亞洲地區第一家衍生性商品清算機構，將來可為美國地區的衍生性商品進行結算。

目前該交易所的主要交易商品有外匯、利率、股價指數、能源與黃金期貨等，其中交易較熱絡的契約為日經 225 指數（Nikkei 225）、三個月歐洲美元、歐洲日圓等。此外，此交易所也分別比日本與我國還早推出當地的指數期貨－日經 225 指數期貨與摩根台股指數期貨[1]，由於投資人的交易習慣且交易成本較低廉，因此成交量一直有不錯的表現。該交易

---

1. 由於 MSCI 出現變革，已於 2020 年 10 年底，將原先掛牌於新加坡期貨交易所的「摩根台股指數期貨」轉至香港期貨交易所。但 SGX 在失去摩台指後，立即改與富時羅素合作，另推出富時臺灣指數期貨（富臺期）。

所 1989 年推出燃油期貨合約，為亞洲第一個上市的能源期貨。也於 2014 年底推出電力期貨，為亞洲的一個上市的新興期貨商品。

此外，新加坡的另一個重要期貨交易所，乃為新加坡政府於 1994 年所成立的新加坡商品交易所（SMX），此交易所為之前的新加坡樹膠總會土產交易所改制而來，此交易所為東南亞地區最大的天然膠期貨交易場所。但該交易所已於 2013 年被納入成為美國洲際交易所集團（ICE）的一員，並以更名為 ICE 新加坡交易所。

(五) 韓國

韓國交易所（KRX）是由韓國證券交易所（KSE）、韓國期貨交易所（KOFEX）和韓國證券業協會行情自動傳報系統（Kosdaq）三家交易所整併而成，全國證券及期貨市場的交流都由三個以上業務部門管理。

韓國證券交易所（KSE）於 1956 年正式成立，並在 1996 年發行第一個股價指數期貨合約（KOSPI 200），故第一個期貨合約是在證券交易所掛牌交易。韓國期貨交易所（KOFEX）是直到 1999 年正式成立，主要交易的商品以股價指數以外的期貨商品（如：黃金、美元匯率、可轉換定存單利率及國庫券利率）及選擇權商品（如：美元匯率），而股價指數期貨與選擇權之商品，則集中於證券交易所交易。

此外，KRX 所推出的 KOSPI200 指數期貨與選擇權合約交易相當活絡，使得韓國證券交易所，近年來的交易量名列世界前茅，其中 KOSPI 200 指數選擇權該合約交易量高居全球之冠。韓國儘管期貨交易歷史較短，但由於適當的合約設計與完善交易機制，使期貨交易市場能持續的蓬勃發展，值得各國借鏡。

(六) 印度

印度的期貨交易最早追朔於 1875 年孟買棉花交易協會，已推出棉花期貨；其後印度於 1990 年推出油籽期貨與 1920 年推出黃金期貨，後因印度政府改變商品交易的政策與二次大戰關係遂停止交易。現代的主要期貨交易所分別為印度國家證券交易所（NSE）、印度多種商品交易所（MCX）、印度全國多種商品交易所（NMCE）、印度國家商品及衍生品交易所（NCDEX）。

NSE 該交易所於 1992 年於孟買成立，其交易範圍包括三大部分為權益、期貨與選擇權、債務。該交易所於 2000 年推出第一個印度股價指數期貨，其他標的物包含股價指數、個股、利率與外匯類等期貨與選擇權商品，該交易所其個股期貨交易量於 2009 年曾稱霸全球期貨市場。

MCX 於 2003 年成立，其商品期貨交易量目前佔印度市場 80% 以上，主要商品包括黃金期貨、有色金屬、非有色金屬及農產品期貨等；MCX 子公司 MCX 證券交易所（MCX-SX）於 2008 年開始營運，總公司亦設於孟買，MCX-SX 主要商品為匯率期貨商品；該交易所與臺灣期交所已簽屬互惠合作關係。

NMCE 於 2002 年成立，為印度第一家商品期貨所，該交易所交易的種類主要以商品期貨為主。NCDEX 於 2003 年成立，該交易所交易的種類，主要以各式各樣的商品期貨為主等。

表 3-4　世界著名交易所集團內旗下重要的成員

交易所集團	旗下重要的成員
芝加哥商業交易所集團（CME Group）	芝加哥商業交易所（CME）
	芝加哥期貨交易所（CBOT）
	紐約商業交易所（NYMEX）
	美國商品交易所（COMEX）
	堪薩斯期貨交易所（KCBT）
美國洲際交易所集團（ICE Group）	紐約證券交易所（NYSE）
	紐約交易所（NYBOT）
	紐約泛歐交易所（NYSE Euronext）
	倫敦國際金融期貨交易所（LIFFE）
	倫敦國際石油交易所（IPE）
	新加坡商品交易所（SMX）
德意志交易所集團（DBAG）	歐洲期貨交易所（EUREX）
	法蘭克福證券交易所（Börse Frankfurt）
	國際證券交易所（ISE）
	倫敦證券交易所（LSE）
日本交易所集團（JPX）	東京證券交易所（TSE）
	大阪證券交易所（OSE）

市場焦點

港交所與廣州碳交所簽署 MOU 推出首檔碳期貨 ETF

據報導,香港交易所宣布與廣州碳排放權交易中心(廣州碳交所)簽署合作備忘錄,探索碳金融領域的合作機遇。據合作備忘錄,未來雙方將共同探索區域碳市場的深化發展、創建適用大灣區的自願減排機制,助力實現碳達峰、碳中和的目標。

據瞭解,廣州碳交所成立於 2012 年,隸屬廣州交易集團,是廣東省唯一指定的碳排放配額有償發放及市場交易平臺,也是中國核證自願減排量(CCER)的指定交易機構。

此外,中金香港資產管理推出中金碳期貨 ETF 在香港主板掛牌。港交所表示,歡迎首檔碳期貨 ETF 上市,將香港上市的商品 ETF 涵蓋範圍擴展至碳信用產品,碳信用產品亦是推動全球達至碳中和的重要資產類別之一。

香港交易所買賣產品主管表示,氣候變化及減碳是全球投資者越來越重視的議題。碳期貨 ETF 在香港市場的推出,不但為投資者提供嶄新機遇,讓他們以更便捷及具成本效益的方式參與碳排放市場,也為香港的 ETF 產品生態圈增添活力。

■ 資料來源:摘錄自旺報 2022/03/24

🔒 解說

近年來,交易所走向大型化,各國紛紛將證交所與期交所進行整合,亦與其他交易所進行整併與策略聯盟,希望能讓經營更具效率。近期,香港交易所與廣州碳交所簽署推出首檔碳期貨 ETF,讓市場商品更具多元性。

本章習題

一、選擇題

( ) 1. 下列對於價格限制之敘述，何者不正確？ (A) 價格限制不適用於真正避險者 (B) 價格限制適用於價差交易者 (C) 歐洲美元期貨沒有價格限制 (D) S&P 500 期貨有價格限制。

【2013-1 期貨業務員】

( ) 2. CME Group 旗下的 NYMEX 係以交易下列何種期貨著名？
(A) 原油　(B) 外匯　(C) 農產品　(D) 股價指數。

【2013-1 期貨業務員】

( ) 3. S&P 500 股價指數期貨是在那一個交易所進行交易？
(A) CME　(B) EUREX　(C) TSE　(D) SGX-DT。

【2013-3 期貨業務員】

( ) 4. 美國國庫券（T-Bill）期貨在下列何交易所交易？
(A) CBOE　(B) CME　(C) NYMEX　(D) COMEX。

【2014-1 期貨業務員】

( ) 5. 下列何者是不需要在期貨契約中規定？Ⅰ.商品品質；Ⅱ.保證金；Ⅲ.價格；Ⅳ.交割月份；Ⅴ.契約大小；Ⅵ.最小價格變動單位；Ⅶ.最後交割方式；Ⅷ.每日漲跌停限制 (A) 僅Ⅱ、Ⅲ　(B) 僅Ⅱ、Ⅲ、Ⅵ　(C) 僅Ⅲ、Ⅵ　(D) 僅Ⅲ、Ⅵ、Ⅷ。

【2014-3 期貨業務員】

( ) 6. 下列何者不是期貨契約所規範的項目？
(A) 品質等級　(B) 數量　(C) 下單方式　(D) 交割方式。

【2015-1 期貨業務員】

( ) 7. 下列何者非期交所考量調整期貨合約保證金之因素？ (A) 期貨合約價格波動性大小　(B) 期貨合約總值大小　(C) 期貨合約交易量大小　(D) 現貨價格波動性大小。

【2016-4 期貨業務員】

( ) 8. 日本境內交易黃金期貨的交易所為下列何者？ (A) 東京金融交易所 (B) 東京穀物商品交易所 (C) 東京證券交易所 (D) 東京商品交易所。

【2018-4 期貨業務員】

( ) 9. 期貨交易所關於台股期貨交易人之部位限制數為自然人_____個契約，法人_____個契約。 (A) 10,000；10,000 (B) 10,000；22,000 (C) 50,000；100,000 (D) 8,000；16,000。

【2018-4 期貨分析人員】

( )10. 期貨商品的品質是否必須由客戶填寫在期貨委託單中？ (A) 委託單中無此內容，客戶不用填寫 (B) 客戶必須標明此項內容 (C) 依期貨商的需要而定 (D) 由期貨營業員決定。

【2021-2 期貨業務員】

( )11. 下列何種期貨契約無法以實物交割，必須採現金交割？
(A) 石油 (B) 股價指數 (C) 外匯 (D) 黃金。

【2021-3 期貨業務員】

( )12. 首先推出 Nikkei 225 日經指數期貨之交易所為： (A) 新加坡交易所（SGX） (B) 大阪交易所（OSE） (C) 芝加哥商業交易所（CME） (D) 東京金融交易所（TFX）。

【2022-1 期貨業務員】

Note /

Chapter 4 期貨商品

本章內容為期貨商品，主要介紹商品期貨、金融期貨、新興期貨等內容，其內容詳見如下。

4-1 **商品期貨**　介紹四種主要的商品期貨。

4-2 **金融期貨**　介紹三種主要的金融期貨。

4-3 **新興期貨**　介紹三種新興期貨商品。

章前導讀

　　一般而言，期貨合約設立的原始動機，就是以規避現貨商品的價格波動為目的。因此期貨合約的設計，會依據現貨商品的種類相對應衍生出相關的期貨商品。所以常見的期貨商品的種類，大致可分為「商品期貨」及「金融期貨」兩大類。「商品期貨」又可分農產品、金屬、能源及軟性商品期貨；「金融期貨」又可分外匯、利率及股價指數期貨。

　　現今的期貨市場，除了上述商品與金融期貨兩大類型外，近年來，期貨市場還發展出「新興期貨」商品，例如：與天氣變化相關的「氣候期貨」商品（如：溫度）、與某些物質指數波動相關的「特殊指數期貨」商品（如：電力、碳權與虛擬貨幣）。這些新興期貨商品的出現也滿足某些投資人的特殊需求。

　　以下本章將依序說明「商品期貨」、「金融期貨」與「新興期貨」各類期貨商品的特性、規格及實務上交易的損益計算方式。

4-1　商品期貨

　　一般而言，「商品期貨」（Commodity Futures）又可分農產品、金屬、能源及軟性商品期貨。以下將分別介紹之。

一、農畜產品期貨

　　農產品期貨（Agricultural Futures）的種類很廣泛，包括：穀物類產品，如：小麥、燕麥、黃豆、大豆與玉米等；家畜類產品，如：活牛、幼牛、豬腩及活豬等；農畜加工類產品，如：黃豆油、黃豆粉、油菜籽粉、雞蛋等商品；以及森林業類產品，如：木材、棕櫚油、天然橡膠等商品。

圖 4-1　天然橡膠屬於農畜產品期貨

　　一般穀物產品期貨受到季節性及天氣氣候的影響較大，因此交割月份不像金融期貨可以規律的固定在 3、6、9、12 等月份，每種穀物商品依生產及收成季節的不同，而有其適合交易月份的合約。家畜產品期貨不僅受到國內外肉品市場直接影響，亦受到飼料、政府政策及國際貿易的影響。農畜加工產品易受到上游原料價格波動的影響。森林業產品則受生產國天候變化以及政府政策的影響。所以每種農產品期貨合約都易受到天氣、季節及供需情形等因素的影響。

　　目前全世界重要的農畜產品期貨交易所以及交易活絡的合約，分別為中國鄭州商品交易所（ZCE）的油菜籽粉期貨、大連商品交易所（DCE）的黃豆粉期貨、上海期貨交易所

（SHFE）的橡膠期貨、以及美國芝加哥期貨交易所（CBOT）的玉米期貨。有關主要農產品期貨合約規格說明，如表 4-1。以下舉一例 4-1，說明投資人投資農產品期貨時的交易損益情形。

✏ 例題 4-1

≫ 農畜產品期貨

某投資人預期半年後小麥將上漲，於是先在期貨市場購買小麥期貨 10 口，成交價格 5.9525 美元／英斗，半年後小麥價格上漲為 6.0375 美元／英斗，於是將小麥期貨的多頭部位平倉賣出，請問投資人在期貨交易之結果為何？（小麥期貨每一口合約單位為 5,000 英斗，最小跳動值為 0.25 美分／英斗）

〔解答〕

$(6.0375 - 5.9525) \times 5,000 \times 10 = 4,250$ 美元（獲利）

表 4-1 農畜產品種類與規格表

交易所	商品名稱	合約單位	最小跳動值	交易月份
CBOT	小麥 Wheat	5,000 英斗	0.25 美分／英斗＝ 12.50 美元	3,5,7,9,12
	黃豆 Soybeans	5,000 英斗	0.25 美分／英斗＝ 12.50 美元	1,3,5,7,8,9,11
	玉米 Corn	5,000 英斗	0.25 美分／英斗＝ 12.50 美元	3,5,7,9,12
	燕麥 Oats	5,000 英斗	0.25 美分／英斗＝ 12.50 美元	3,5,7,9,12
CBOT	黃豆油 SoybeansOil	60,000 磅	0.01 美分／磅＝ 6 美元	1,3,5,7,8,9,10,12
	黃豆粉 SoybeansMeal	100 噸	0.1 美元／噸＝ 10 美元	1,3,5,7,8,9,10,12
KCBT	硬紅冬小麥 Hard Red Winter Wheat	5,000 英斗	0.25 美分／英斗＝ 12.50 美元	3,5,6,9,12
CME	活牛 Live Cattle	40,000 磅	0.00025 美元／磅＝ 10 美元	2,4,6,8,10,12
	幼牛 Feeder Cattle	50,000 磅	0.00025 美元／磅＝ 12.5 美元	1,3,4,5,8,9,10,11
	活豬 Live Hogs	40,000 磅	0.00025 美元／磅＝ 10 美元	2,4,5,6,7,8,10,12
	豬腩 Pork Bellies	40,000 磅	0.00025 美元／磅＝ 10 美元	2,3,5,7,8

交易所	商品名稱	合約單位	最小跳動值	交易月份
ZCE	油菜籽粉 Rapeseed Meal	10 噸	1 人民幣／噸＝ 10 人民幣	1,3,5,7,8,9,11
DCE	黃豆粉 Soy Meal	10 噸	1 人民幣／噸＝ 10 人民幣	1,3,5,7,8,9,11,12
DCE	棕櫚油 Palm Oil	10 噸	2 人民幣／噸＝ 20 人民幣	連續 12 個月
SHFE	橡膠 Rubber	10 噸	5 人民幣／噸＝ 50 人民幣	1,3,4,5,6,7,8,9,10,11

二、金屬期貨

金屬期貨（Metallic Futures）包括貴金屬期貨的黃金、白銀及白金等，以及基本金屬期貨的銅、鋁、錫、鎳、鋅、鉛等。所有金屬期貨大概只有黃金與工業用途無關外，其餘皆都有其工業上的用途。貴金屬期貨中黃金一直被視為具有投資保值的理財工具；白金被大量使用在汽車的觸煤轉換器；白銀可使用電器的導電原料。此外，貴金屬長期以來被視為對付通貨膨脹的最佳工具，所以當全球有通貨膨脹的隱憂時，例如：戰爭、油價高漲、利率走高等因素，都會使貴金屬價格蠢蠢欲動。至於基本金屬，大多與冶金工業有關，其價格波動完全取決於經濟景氣的影響，基本金屬中以「銅」走勢最具指標功能。

圖 4-2　貴金屬黃金

目前全球貴金屬期貨交易量，大多集中在美國商品交易所（COMEX）；基本金屬期貨是以英國倫敦金屬交易所（LME）、與上海期貨交易所（SHFE）的交易量為最大。有關金屬期貨合約規格說明，如表 4-2。以下舉一例 4-2，說明投資人投資金屬期貨時的交易損益情形。

✏ 例題 4-2

》金屬期貨

　　某投資人預期三個月後黃金將上漲，於是先在期貨市場購買黃金期貨 5 口，成交價格 1,150.3 美元／盎斯，三個月後黃金價格上漲為 1,160.5 美元／盎斯，於是將黃金期貨的多頭部位平倉賣出，請問投資人在期貨交易之結果為何？（黃金期貨每一口合約單位為 100 盎斯，最小跳動值為 0.1 美元／盎斯）

〔解答〕

$(1,160.5 - 1,150.3) \times 100 \times 5 = 5,100$ 美元（獲利）

表 4-2　金屬產品種類與規格表

交易所	商品名稱	合約單位	最小跳動值	交易月份
COMEX	Gold 黃金	100 盎斯	0.1 美元／盎斯＝ 10 美元	2,4,6,8,10,12
	Silver 白銀	5,000 盎斯	0.5 美分／盎斯＝ 25 美元	1,3,5,7,9,12
	Copper 銅	25,000 磅	0.05 美分／磅＝ 12.50 美元	1,3,5,7,9,12
	Platinum 白金	50 盎斯	0.01 美元／盎斯＝ 5 美元	1,4,7,10
LME	Copper 銅	25 噸	0.5 美元／噸＝ 12.5 美元	3 個月後到期
	Aluminum 鋁	25 噸	0.5 美元／噸＝ 12.5 美元	3 個月後到期
	Nickel 鎳	6 噸	1 美元／噸＝ 6 美元	3 個月後到期
	Tin 錫	5 噸	1 美元／噸＝ 5 美元	3 個月後到期
	Zinc 鋅	25 噸	0.5 美元／噸＝ 12.5 美元	3 個月後到期
	Plumbum 鉛	25 噸	0.5 美元／噸＝ 12.5 美元	3 個月後到期
SHFE	Copper 銅	5 噸	10 人民幣／噸＝ 50 人民幣	連續 12 個月
	Aluminum 鋁	5 噸	5 人民幣／噸＝ 25 人民幣	連續 12 個月
	Nickel 鎳	1 噸	10 人民幣／噸＝ 10 人民幣	連續 12 個月
	Tin 錫	1 噸	10 人民幣／噸＝ 10 人民幣	連續 12 個月
	Zinc 鋅	5 噸	5 人民幣／噸＝ 25 人民幣	連續 12 個月
	Plumbum 鉛	5 噸	5 人民幣／噸＝ 25 人民幣	連續 12 個月

三、能源期貨

能源期貨（Energy Futures）包括原油及其附屬產品的燃油、汽油等，以及其他能源如丙烷、天燃氣等期貨。原油是全世界使用率最高的能源，至少短期之內尚無任何能源可取代其地位。一般原油大部分的產量都集中在中東地區，所以原油價格波動易受到石油輸出國組織（OPEC），對於石油產量決議的影響；但美國與中國都為原油的使用大國，故對原油價格波動仍具相當大的影響力。此外，近年來頁岩油的崛起，其開採量的多寡也衝擊著原油的價格。

目前全世界二個重要的能源期貨交易所為美國紐約商業交易所（NYMEX），以及倫敦國際石油交易所（IPE）。有關能源期貨合約規格說明，如表 4-3。以下舉一例 4-3，說明投資人投資能源期貨時的交易損益情形。

 例題 4-3

》 能源期貨

某投資人預期二個月後 2 號燃油將下跌，於是先在期貨市場賣出 2 號燃油期貨 5 口，成交價格 2.9852 美元／加侖，二個月後 2 號燃油價格下跌為 2.9814 美元／加侖，於是將 2 號燃油期貨的空頭部位買入平倉，請問投資人在期貨交易之結果為何？（2 號燃油期貨每一口合約單位為 42,000 加侖，最小跳動值為 0.0001 美元／加侖）

〔解答〕

$(2.9852 - 2.9814) \times 42,000 \times 5 = 798$ 美元（獲利）

表 4-3　能源產品種類與規格表

交易所	商品名稱	合約單位	最小跳動值	交易月份
NYMEX	Light Sweet WTI Crude Oil 西德州輕原油	1,000 桶	0.01 美元／桶＝ 10 美元	連續 72 月份
	Heating Oil 燃油	42,000 加侖	0.0001 美元／加侖＝ 4.2 美元	連續 36 月份
	Unleaded Gasoline 無鉛汽油	42,000 加侖	0.0001 美元／加侖＝ 4.2 美元	連續 36 月份
	Propane 丙烷	42,000 加侖	0.0001 美元／加侖＝ 4.2 美元	連續 36 月份
	Natural Gas 天然氣	10,000MM B.T.U	0.0001 美元／ MM B.T.U ＝ 10 美元	連續 72 月份
IPE	Unleaded Gasoline 無鉛汽油	100 公噸	0.25 美元／公噸＝ 25 美元	連續 6 月份
	Gas Oil 天然氣	100 公噸	0.25 美元／公噸＝ 25 美元	連續 9 月份
	Maptha 石油腦	100 公噸	0.25 美元／公噸＝ 25 美元	連續 6 月份
	Brent Crude Oil 布侖特原油	1,000 桶	0.01 美元／桶＝ 10 美元	連續 6 月份

四、軟性商品期貨

　　軟性商品期貨（Soft Commodity Futures）主要是以非主食類的農作物為標的物的，包括：咖啡、可可、蔗糖、棉花及柳橙汁等。一般軟性商品期貨和穀物商品期貨一樣，容易受到季節性及天氣氣候的影響較大，每種穀物商品依生產及收成季節的不同，而有其適合交易的合約月份。

　　咖啡主要產地為巴西，巴西咖啡收成期，為南半球的冬天在每年的 3 ～ 9 月之間，天氣氣候是決定全世界咖啡供給量的主要因素，若巴西發生霜害，將影響咖啡豆的收成，所以咖啡合約的交易月份會集中在收成期之間。可可用途主要在飲品及巧克力上，生產地集中在開發中國家，供給穩定，每年 5 月是主要的收成季節。糖的原料主要是甘蔗與甜菜，由於甘蔗糖的生產成本較低，程序也較簡便，所以全球的糖是以甘蔗糖為主；甘蔗糖最初的成品是粗糖，再經過精鍊後成為精糖，國際糖期貨大都以粗糖為其期貨標的。棉花全球

主要生產地為中國與美國，氣候是影響其產量的重要因素，其次是政府的保護政策，對價格亦有極大的影響。

　　目前全世界的軟性商品期貨交易都集中在原本的美國咖啡、糖及可可交易所（CSCE）及美國紐約棉花交易所（NYCE），但此兩交易所已合併為紐約期貨交易所（NYBOT）。有關軟性商品期貨合約規格說明，如表 4-4。以下舉一例 4-4，說明投資人投資軟性商品期貨時的交易損益情形。

》軟性商品期貨

　　某投資人預期咖啡二個月後將上漲，於是先在期貨市場購買咖啡期貨 2 口，成交價格 1.9735 美元／磅，二個月後咖啡價格上漲為 1.9865 美元／磅，於是將咖啡期貨的多頭部位平倉賣出，請問投資人在期貨交易之結果為何？（咖啡期貨每一口合約單位為 37,500 磅，最小跳動值為 0.0005 美元／磅）

〔解答〕

$(1.9865 - 1.9735) \times 37,500 \times 2 = 975$ 美元（獲利）

表 4-4　軟性產品種類與規格表

交易所	商品名稱	合約單位	最小跳動值	交易月份
NYBOT	Coffee 咖啡	37,500 磅	0.0005 美元／磅＝ 18.75 美元	3,5,7,9,12
	Cocoa 可可	10 公噸	1 美元／公噸＝ 10 美元	3,5,7,9,12
	Sugar No11 糖 11 號	112,000 磅	0.0001 美元／磅＝ 11.2 美元	3,5,7,10
	Cotton 棉花	50,000 磅	0.0001 美元／磅＝ 5 美元	3,5,7,10,12
	Orange Juice 橘子汁	15,000 磅	0.0005 美元／磅＝ 7.5 美元	1,3,5,7,9,11

市場焦點

（俄烏戰爭）俄油面臨禁運油金、大宗物資飆漲

美國務卿受訪表示，美國正與歐洲夥伴討論是否對俄國實施石油禁運，以對俄國進一步制裁，市場擔憂俄國的供應中斷，導致國際原油價格每桶逼近 140 美元，創 2008 年以來最高，金價突破 2,000 美元，鈀、銅、鎳、鋁價則創下最高紀錄。

布蘭特原油 5 月期貨價格亞洲盤一度飆漲 17.8%，每桶報 139.1 美元；西德州原油 4 月期貨價格一度大漲 12.8%，每桶報 130.5 美元。布蘭特原油及西德州原油分別在 2008 年 7 月創下每桶 147.5 美元、147.27 美元的歷史最高價。

國際金價突破 2,000 美元

黃金四月期貨價格一度大漲 2%，美英兩報 2,005.2 美元，創下 2020 年 8 月以來最高，因投資人擔憂俄烏衝突擴大將對全球經濟造成衝擊，因此買進避險資產；鈀現貨價格一度大漲 5.3%，美英兩報 3,169.46 美元，打破 2021 年 5 月創下的紀錄，俄國佔全球鈀供應量 40%。

在工業金屬部分，銅價一度上漲 1.5%，每噸報 10,835 美元，突破 2021 年 5 月創下的紀錄，俄國銅出口佔全球的 3.3%；鎳價猛漲 40%，每噸報 40,000 美元，是開始有期貨合約 35 年來單日最大漲幅；鋁價也創下歷史新高紀錄，每噸報 4,000 美元。

小麥連 6 交易日攻漲停

小麥價格大漲 7% 至每英斗 12.94 美元，創 2008 年以來最高，連續第 6 個交易日攻上漲停，上週漲幅已達 41%，是 60 年來最高。

■ 資料來源：摘錄自自由時報 2022/03/08

🔒 **解說**

近期，全世界紛擾不斷，先有 Covid-19 的疫情，再來俄烏戰爭，搞得全球各種大宗物資、金屬與能源的現貨價格都齊升飆漲，這也顯示需利用相關期貨商品來避險的必要性。

4-2　金融期貨

一般而言，「金融期貨」（Financial Futures）又可分外匯、利率及股價指數期貨。以下將分別介紹之。

一、外匯期貨

外匯期貨（Foreign Currency Futures）就是以各國的貨幣交換匯率為標的所衍生出來的金融商品，國際金融市場的外匯期貨交易以歐元（European Currency；Euro）、日圓（Japanese Yen；JPY）、瑞士法郎（Swiss Franc；SF）、加幣（Canadian Dollar；CD）、澳幣（Australian Dollar；AD）、英鎊（British Pound；BP）以及人民幣（Chinese Yuan；CNY）等七種貨幣為主。全球從事外匯期貨交易，是以美國芝加哥商品交易所（CME）中的國際貨幣市場（IMM）最著名。

一般外匯期貨報價方式是採「**間接報價**」（Indirect Quotations）方式，即每單位外幣能換取多少美元，而有別於部分的外匯現貨交易是採直接報價（Direct Quotations）方式。影響外匯期貨的價格的最大因素為該貨幣國的經濟景氣變化、以及政府的貨幣政策的影響。有關外匯期貨合約規格說明，如表 4-5。以下舉一例 4-5，說明投資人投資外匯期貨時的交易損益情形。

✎ 例題 4-5

》 外匯期貨

某投資人預期英鎊二個月後將貶值，於是先在期貨市場賣出英鎊期貨 6 口，成交價格 1.6876 美元／英鎊，二個月後英鎊價格貶值為 1.6798 美元／英鎊，於是將英鎊期貨的空頭部位買入平倉，請問投資人在期貨交易之結果為何？（英鎊期貨每一口合約單位為 62,500 英鎊，最小跳動值為 0.0001 美元／英磅）

〔解答〕

$(1.6876 - 1.6798) \times 62,500 \times 6 = 2,925$ 美元（獲利）

表 4-5　外匯期貨種類規格表

交易所	商品名稱	合約單位	最小跳動值	交易月份
CME	歐元 Euro	125,000 歐元	0.00005 美元／歐元＝ 6.25 美元	近 3 月＋連 20 季月
	瑞士法郎 Swiss Franc	125,000 瑞士法郎	0.0001 美元／瑞郎＝ 12.50 美元	連 20 季月
	日圓 Japanese Yen	12,500,000 日圓	0.0000005 美元／日圓＝ 6.25 美元	近 3 月＋連 20 季月
	英鎊 British Pound	62,500 英鎊	0.0001 美元／英磅＝ 6.25 美元	近 3 ＋連 20 季月
	加幣 Canadian Dollar	100,000 加幣	0.00005 美元／加幣＝ 5 美元	近 3 月＋連 20 季月
	澳幣 Australian Dollar	100,000 澳幣	0.00005 美元／澳幣＝ 5 美元	近 4 月＋連 20 季月
SGX	歐元 Euro	125,000 歐元	0.0001 美元／歐元＝ 12.50 美元	3,6,9,12
	日圓 Japanese Yen	12,500,000 日圓	0.000001 美元／日圓＝ 12.50 美元	3,6,9,12
	英鎊 British Pound	62,500 英鎊	0.0002 美元／英鎊＝ 12.50 美元	3,6,9,12
TAIMEX	人民幣 Chinese Yuan	100,000 美元	0.0001 元／美元＝ 10 人民幣	3,6,9,12

二、利率期貨

　　利率期貨（Interest Rate Futures）商品，其主要是依附固定收益證券上，其中短期利率主要以「票券」為主；長期利率主要以「債券」為主。因此期貨合約可分為「短期利率期貨」及「長期利率期貨」兩種。目前全球這兩類的期貨合約的交易量，短期與長期利率期貨，分別以芝加哥商業交易所（CME）、芝加哥期貨交易所（CBOT）為主。以下有關利率期貨合約規格說明如表 4-6。

(一) 短期利率期貨

　　短期利率期貨的標的物，主要以短期的政府債券、以及銀行定期存單為主。全球知名的短期利率期貨的標的物，如：美國國庫券（Treasury Bills）、三個月期的歐洲美元（3-Month Eurodollar）等。除了上述那兩種較出名的商品外，尚有三個月歐洲日圓、三個月英鎊利率、三個月巴黎銀行間拆款利率（PIBOR）、一個月英國倫敦銀行同業拆款利率（LIBOR）等期貨商品。

　　通常短期利率期貨亦受到貨幣政策的影響，政府採取寬鬆的貨幣政策，則短期利率下跌，短期利率期貨價格上漲；反之，政府採取緊縮的貨幣政策，則短期利率上揚，短期利率期貨價格下跌。以下將介紹美國國庫券與三個月期的歐洲美元的交易情形。

1. 美國國庫券期貨

　　美國國庫券期貨是由 CME 的 IMM 於 1976 年所推出的，其契約標的物為美國國庫券，是由美國政府所發行的短期政府公債，面額 100 萬美元，發行天期為 13 週（可為 90 天、91 天、92 天），採貼現方式發行，票面不附載利息，到期時按面額清償。期貨合約報價方式是採 IMM 指數方式，指數的定義為 IMM ＝（100 －折現年報酬率），例如：折現年報酬率等於 5.60%，則國庫券的報價格報價為 94.40（%）（100-5.60），其期貨價格最小跳動單位為 0.01%。換言之，此面額 100 萬美元的國庫券價格為 985,844.44 美元，計算式如下：

$$P = 1,000,000 \times \left(1 - \frac{100-94.4}{100} \times \frac{91}{360}\right) = 985,844.44 \tag{4-1}$$

　　以下舉一例 4-6，說明投資人投資美國國庫券期貨時的交易損益情形。

✎ 例題 4-6

》 短期利率期貨－美國國庫券

　　某投資人預期美國聯邦理事會（Fed）將調降利率，於是先在期貨市場買進美國國庫券期貨 2 口，成交價格 95.465（%），一個月後美國國庫券上漲為 96.285（%），於是將美國國庫券期貨的多頭部位賣出平倉，請問投資人在期貨交易之結果為何？（美國國庫券每口合約為 1,000,000 美元，最小跳動值為為 0.005 美元／點）

〔解答〕

$$(96.285 - 95.465)\% \times 1,000,000 \times \frac{91}{360} \times 2$$

$$= (0.96285 - 0.95465) \times 1,000,000 \times \frac{91}{360} \times 2 = 4,145.56 \text{ 美元（獲利）}$$

2. 歐洲美元期貨

　　三個月期的歐洲美元期貨是由 CME 的 IMM 於 1981 年所推出的，採現金交割。歐洲美元存款（Eurodollar Deposit）是指美國境內銀行的國外分行或外國的銀行在美國境外所吸收的美元存款，因為起源於歐洲，故稱歐洲美元。

　　歐洲美元的存款利率，通常是根據英國倫敦銀行同業間拆款利率（LIBOR）三個月期的定存單為報價基礎。歐洲美元期貨其契約標的物是三個月期的定期存單，定期存單利率以 LIBOR 為報價基礎，定期存單面額 100 萬美元，發行天期為 3 個月，採附載利息方式發行。報價方式與美國國庫券相同，是採 IMM 指數方式，指數的定義為 IMM ＝（100 － 折現年報酬率（LIBOR）），例如：LIBOR 等於 5.6%，則歐洲美元定期存單的報價格報價為 94.4（%）（100 － 5.6），其合約最小跳動單位為 0.01%。換言之，此面額 100 萬美元的歐洲美元定存單價格為 986,000 美元，計算式如下：

$$P = 1,000,000 \times \left(1 - \frac{100 - 94.4}{100} \times \frac{3}{12}\right) = 986,000 \tag{4-2}$$

　　有關短期利率期貨合約規格說明，如表 4-6。以下舉一例 4-7，說明投資人投資歐洲美元期貨時的交易損益情形。

📝 例題 4-7

》短期利率期貨－歐洲美元

　　某投資人預期一個月後利率將走高，於是先在期貨市場賣出歐洲美元期貨 3 口，成交價格 96.345（%），一個月後歐洲美元下跌為 95.885（%），於是將歐洲美元期貨的空頭部位買入平倉，請問投資人在期貨交易之結果為何？（歐洲美元每口合約為 1,000,000 美元，最小跳動值為為 0.005 美元／點）

〔解答〕

$(96.345 - 95.885)\% \times 1,000,000 \times \dfrac{3}{12} \times 3$

$= (0.96345 - 0.95885) \times 1,000,000 \times \dfrac{3}{12} \times 3 = 3,450$ 美元（獲利）

(二) 長期利率期貨

　　長期利率期貨的標的物，主要是以政府中長期債券為主。全球最知名的長期利率期貨的標的物，以「美國政府長期公債」（Treasury Bonds）、「美國政府中期公債」（Treasury Notes）為主。除了美國中長期債券外，尚有美國市政公債（Municipal Bond）、聯邦擔保抵押貸款憑證期貨契約（GNMA）、英國政府公債、法國政府公債、德國政府公債、義大利政府公債及日本政府公債等期貨商品。

　　一般而言，長期利率期貨價格易受該國的經濟景氣影響，經濟景氣狀況好轉，債券殖利率會彈升，使長期利率期貨價格下跌；反之，經濟景氣狀況衰退，債券殖利率會下跌，使長期利率期貨價格上漲。以下將介紹美國政府長期公債期貨的交易情形。

　　美國政府長期公債期貨，由 CBOT 於 1977 年所推出的，其契約標的物為美國政府長期公債，面額 10 萬美元，發行期限為 15 年以上，票載利率為 6%。報價方式以面額的百分比為基準，其最小跳動單位為 1/32%，例如：美國政府長期公債的價格報價為 101-08（%）。換言之，此面額 10 萬美元的美國政府長期公債價格為 101,250 美元，計算式如下：

$$P = 100,000 \times 101\frac{8}{32}\% = 100,000 \times 1.0125 = 101,250 \qquad (4\text{-}3)$$

通常長期公債期貨都採現金結算，但若美國政府長期公債欲採實物交割時，CBOT 是同意可以用不同的票面利率與期限的長期債券，作為交割的標的物。因此，當交割的標的物與標準合約所規定不相同時，兩者之間會有一定的轉換調整依據，此轉換調整依據稱為「**轉換因子**」（Conversion Factor）。通常兩條件不同的債券其轉換因子是由債券的評價模式計算而來的。例如：若交割標的債券，票面利率為 10%，且距到期日 18 年，則此債券與合約標準債券的轉換因子，計算如下：（美國長期公債期貨標準合約，其交割債券到期年限規定為 15 年，票面利率為 6% 的債券，且採半年付息一次。）

$$P = \sum_{t=1}^{36} \frac{0.05}{\left(1+\dfrac{0.06}{2}\right)^t} + \frac{1}{\left(1+\dfrac{0.06}{2}\right)^{36}} = 1.4366 \qquad (4\text{-}4)$$

所以根據上述說明，若此時美國政府長期公債期貨報價為 104-12，則交割債券的轉換因子為 1.4366，則採實物交割時買方應付出 149,406.4 美元。計算如下：

$$P = 100,000 \times 104\frac{12}{32}\% \times 1.4366 = 100,000 \times 1.04375 \times 1.4366 = 149,406.6 \qquad (4\text{-}5)$$

有關長期利率期貨合約規格說明，如表 4-6。以下舉一例 4-8，說明投資人投資美國長期公債期貨時的交易損益情形。

✏️ 例題 4-8

≫ 美國長期公債

某投資人預期三個月後利率將走低，於是先在期貨市場購買美國長期公債（T-Bond）期貨 5 口，成交價格 100-08（％），三個月後美國長期公債上漲為 102-16（％），於是將美國長期公債期貨的多頭部位平倉賣出，請問投資人在期貨交易之結果為何？（美國長期公債每口合約為 100,000 美元，最小跳動值為為 1/32 美元／點）

〔解答〕

$$\left(102\frac{16}{32}-100\frac{8}{32}\right)\%\times100,000\times5$$
$$=(1.0250-1.0025)\times100,000\times5=11,250\,美元（獲利）$$

表 4-6　利率期貨種類規格表

交易所	商品名稱	合約單位	最小跳動值	交易月份
CBOT	美國長期公債 US Treasury Bond	100,000 美元	1／32 美元／點＝ 31.25 美元	3,6,9,12
	美國十年中期公債 US 10-Years Treasury Notes	100,000 美元	1／64 美元／點＝ 16.625 美元	3,6,9,12
	美國五年中期公債 US 5-Years Treasury Notes	100,000 美元	1／128 美元／點＝ 7.8125 美元	3,6,9,12
	美國二年中期公債 US 2-Years Treasury Notes	200,000 美元	1／256 美元／點＝ 7.8125 美元	3,6,9,12
	美國三十天期利率 US 30 Days InterestRate	5,000,000 美元	0.005 美元／點＝ 20.835 美元	近 36 月份
CME	美國三個月期國庫券 US 3-Month Treasury Bills	1,000,000 美元	0.005 美元／點＝ 12.5 美元	3,6,9,12
	三個月期歐洲美元定存 3-Month Eurodollar	1,000,000 美元	0.005 美元／點＝ 12.5 美元	3,6,9,12
LIFFE	三個月歐洲美元 3-Month Eurodollar	1,000,000 美元	0.005 美元／點＝ 12.5 美元	3,6,9,12
	英國長期公債 Long Gilt	50,000 英鎊	1／32 英鎊／點＝ 15.625 英鎊	3,6,9,12
SGX	三個月歐洲美元 3-Month Eurodollar	1,000,000 美元	0.005 美元／點＝ 12.5 美元	3,6,9,12

三、股價指數期貨

股價指數是由一組被特別挑選出的股票價格所組合而成。美國股票市場中常被運用當期貨標的的股票指數的種類很多，最常見且最有名，如：道瓊指數（Dow Jones Average Index）、史坦普 500 指數（Standard & Poor's 500 Index）、NASDAQ 櫃檯指數（NASDAQ OTC Index）等。

除了美國市場以外，其他國家亦有股票市場指數作為期貨交易之標的，其中較著名的，如：英國金融時報 100 種指數（FTSE 100 Index）、歐元藍籌 50 指數（Euro STOXX 50）、德國指數（DAX）、法國巴黎證商 40 種股價指數（CAC 40 Index）、日經 225 指數（Nikkei 225 Index）、東京證券股價指數（Tokyo Stock Price Index；TOPIX）、香港恆生指數（Hang Seng Index）、滬深 300 指數（CSI 300 Index）、上證 50 指數（SSE 50 Index）等。影響股價指數期貨的價格的最大因素，為該股價指數標的國內的經濟景氣變化、以及國際經濟情勢。

有關股價指數期貨合約規格說明，如表 4-7。以下舉一例 4-9，說明投資人投資股價指數期貨時的交易損益情形。

📝 例題 4-9

》 股價指數期貨

某投資人預期一個月後台股將走高，於是先在期貨市場買入摩根台股指數期貨 2 口，成交價格 321.5，一個月後摩根台股指數期貨果真上漲為 328.8，於是將摩根台股指數期貨的多頭部位賣出平倉，請問投資人在期貨交易之結果為何？（摩根台股指數期貨每口合約 100 美元 × 摩根臺灣股價指數總值，最小跳動值為為 0.1 美元 / 點）

〔解答〕

$(328.8 - 321.5) \times 100 \times 2 = 1,460$ 美元（獲利）

表 4-7　股價指數期貨種類規格表

交易所	商品名稱	合約單位	最小跳動值	交易月份
CME	S & P500 股價指數 S & P500	250 美元 ×S & P500 指數	0.1 美元／點＝ 25 美元	3,6,9,12
	小 S & P500 股價指數 Mini S & P500	50 美元 ×S & P500 指數	0.25 美元／點＝ 12.5 美元	3,6,9,12
	小道瓊股價指數 Mini DJI	5 美元 × 道瓊股價指數	1 美元／點＝ 5 美元	3,6,9,12
	小那斯達克指數 Mini NASDAQ	20 美元 × 那斯達克指數	0.25 美元／點＝ 5 美元	3,6,9,12
EUREX	藍籌 50 指數 Euro STOXX 50	10 歐元 ×ESX 指數	1 歐元／點＝ 10 歐元	連 3 季月
	德國指數 DAX	25 歐元 ×DAX 指數	1 歐元／點＝ 25 歐元	連 3 季月
LIFFE	金融時報 100 指數 FTSE 100 Index	10 英鎊 × 時報指數	0.5 英鎊／點＝ 5 英鎊	3,6,9,12
MATIF	巴黎證商 40 種股價指數 CAC-40	10 歐元 × 指數總值	0.5 歐元／點＝ 5 歐元	連 3 近月、3 季月及 8 個半年月份
JPX	東京證券股價指數 TOPIX	10,000 日圓 ×TOPIX 指數	0.5 日圓／點＝ 5,000 日圓	連 5 季月份
SGX	日經 225 指數 Nikkei 225 Stock Average	500 日圓 × 日經指數	5 日圓／點＝ 2,500 日圓	連 3 近月及近 12 季月
HKFE	摩根臺灣股價指數 MSLI Taiwan Stock Index	100 美元 × 摩根臺灣股價指數	0.1 美元／點＝ 10 美元	連 2 近月及 4 季月
	恆生指數 Hang Seng Inde	50 港幣 × 指數	1 港幣／點＝ 50 港幣	連 2 近月及近 12 季月
TAIMEX	臺灣加權股價指數 TAIEX	200 新台幣 × 臺灣股價加權指數	1 新台幣／點＝ 200 新台幣	連 3 近月及近 3 季月
CFFE	滬深 300 指數 CSI 300 Index	300 人民幣 × 滬深指數	0.2 人民幣／點＝ 60 人民幣	連 2 近月及近 2 季月
	上證 50 指數 SSE 50 Index	300 人民幣 × 上證指數	0.2 人民幣／點＝ 60 人民幣	連 2 近月及近 2 季月

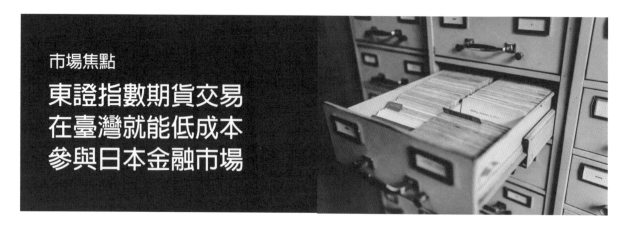

市場焦點

東證指數期貨交易
在臺灣就能低成本
參與日本金融市場

　　日本一直是我國重要之經濟夥伴，臺灣每年與日本的貿易額將近 50 億美元，占臺灣貿易排名第 3，兩國已分別於 2011 年 9 月簽訂投資保障協議及 2013 年簽署金融監理合作備忘錄，未來還可能討論參與 CPTPP，以及台積電赴日本設廠之後，兩邊的科技連結將更深。

臺灣上市東證期貨，保證金在全亞洲相對低

　　東京證券交易所上市一部所有股票為成分股，採公眾流通市值加權法所編製之指數，不同於 Nikkei 225 指數屬部份採樣，TOPIX 指數是日本股市全集合之代表指數，更能完整代表日本證券市場。

交易時間連動日本股市，漲跌幅也跟著標的

　　東證期貨（TJF）交易時間為交易日上午 8 時至下午 4 時 15 分，因為日本現貨市場交易時間較我國提早 1 小時，為避免不同開盤時間，發生日本開盤大幅震盪，我國期貨市場交易人無法及時因應，開盤時間與日本場同步，為臺灣時間上午 08：00，較臺灣期貨交易所現行其他商品開盤時間（上午 8：45）提早，以利期貨交易人及時因應市場變化。

　　幾年內，對日本經濟最重要的進程是「跨太平洋全面進步協定」（CPTPP）的形成，根據協議，成員國將取消 95% 之間的關稅，英國也在 2022 年 2 月遞件申請加入，還有台積電日本廠將使得日本半導體供應鏈更完備，這些對日本經濟長期而言有龐大的利益，日本的資本市場也將匯聚更多國際資本，在臺灣，可以透過東證期貨獲取的參加「日本成長」門票。

■ 資料來源：摘錄自信傳媒 2022/04/06

🔒 **解說**

　　長久以來，日本一直是我國重要之經濟夥伴，若想要參與日本金融市場，但又不想面對匯率風險，現在臺灣期貨市場發行以「東證指數」為標的的期貨商品，提供投資與避險管道。

4-3 新興期貨

　　一般而言，期貨是為了規避實體與金融現貨的價格波動風險，所規劃設計出來的。但我們日常生活中，除了上述現貨商品的價格波動，會影響人們的生計外，尚有一些有形或無形的物質指數變動，也會影響著我們的生活，因此也可設計出相關的期貨合約，以提供避險需求。由於這些有形或無形的物質指數，大都沒有實體的現貨可供交割，因此在期貨合約的設計，大都是採現金結算為主；且合約規格較為特殊，所以全球大概只有少數幾個期貨交易所，有提供這些特殊新興期貨商品的交易。以下本節將介紹幾種較常見的新興期貨商品合約與交易案例：

一、氣候期貨

　　俗語說：「天有不測風雲」，既使現代科技如此的進步發達，但要防患天氣異常所帶來的損害，至今仍無法完全避免。雖然人們無法改變天氣對日常生計的影響，但至少要想辦法規避氣候異常所帶來的風險。早期，「天氣保險」是大多數企業用來規避氣候風險的主要工具，並在市場上行之多年，但由於保險合約，採店頭市場交易，在避險的運作上，仍有其不便性。

　　近年來，期貨市場便針對各種不同的氣候因素（例如：雪量、風速、氣溫等），設計出以這些因素為標的物的「氣候期貨」（Weather Futures）。氣候期貨商品，除了讓某些對氣候敏感行業（例如：農業、電力、觀光、交通等），能夠規避天氣異常所帶來的商業損失外，也提供投機交易的需求。

　　全球最早推出氣候期貨的交易所，乃是美國芝加哥商品交易所（CME）於 1999 年所推出的「溫度」指數相關期貨商品，隨後該交易所再推出降雪指數、霜凍指數、颶風指數等期貨。由於全球各地的氣候條件不同，因此其他各地，例如：英國倫敦國際金融期貨交易所（LIFFE）、美國際交易所（ICE）、日本東京國際金融期貨交易所（TIFFE），也都推出符合當地氣候變化的期貨商品。

　　本單元所介紹的「氣候期貨」商品，將以 CME 所推出的「溫度指數期貨」為代表，以下將介紹兩種溫度指數與其相關的期貨合約規格，並舉一案例說明投資人交易損益情形。

　　目前芝加哥商業交易所（CME）所推出之溫度指數有兩種，分別為「暖氣日溫度指數」（Heating Degree Day Indices；HDD）與「冷氣日溫度指數」（Cooling Degree Day Indices；CDD）。以下分別說明這兩種指數的衡量：

(一) 暖氣日溫度指數（HDD）

暖氣日溫度指數（HDD）乃是在衡量日平均溫度高於標準度數的天數。該 HDD 指數是以華氏 65 度為基準度數，則該日的 HDD 值即為（華氏 65 度減當日平均氣溫）。例如：某天的平均氣溫為華氏 55 度，則當日的 HDD 值為 10（65 － 55 ＝ 10），若日平均氣溫高或等於華氏 65 度，則當日的 HDD 值為 0；當月的 HDD 指數值，則為該月所有日 HDD 值之總合。

(二) 冷氣日溫度指數（CDD）

冷氣日溫度指數（CDD）乃是在衡量日平均溫度低於標準度數的天數。該 CDD 指數是以華氏 65 度為基準度數，則該日的 CDD 值即為（當日平均氣溫減華氏 65 度）。例如：某天的平均氣溫為華氏 70 度，則當日的 CDD 值為 10（75 － 65 ＝ 10），若日平均氣溫低或等於華氏 65 度，則當日的 CDD 值為 0；當月的 CDD 指數值，則為該月所有日 CDD 值之總合。

目前芝加哥商業交易所（CME）所推出的 HDD 與 CDD 相關的溫度指數期貨商品，共分為季與月兩種規格。以下表 4-8 僅介紹暖氣與冷氣「月」的溫度指數期貨合約規格。

表 4-8　溫度指數期貨合約規格表

交易所	商品名稱	合約單位	最小跳動值	交易月份
CME	HDD 暖氣月指數	20×HDD 指數	1HDD ＝ 20 美元	10、11、12、1、2、3、4
	CDD 冷氣月指數	20×CDD 指數	1CDD ＝ 20 美元	5、6、7、8、9

✏ 例題 4-10

≫ 氣候期貨

某投資人預期今年會有聖嬰現象，於是買入 5 口 11 月份的 HDD 期貨，價格為 180，過一陣子之後，該期貨價格漲至 200，則投資人獲利如何？（HDD 期貨每口合約單位為 20×HDD 指數，最小跳動值為 20 美元 /HDD）

〔解答〕

(200 － 180)×20×5 ＝ 2,000 美元（獲利）

二、特殊指數期貨

在商業交易活動中，某些特定的指數變動（例如：運費費率指數），可能會影響商業利潤的損益。業主除了可藉由保險商品，來提供保障外，亦可尋求期貨市場推出的相關運費費率指數商品，以尋求避險。此外，在詭譎多變的金融市場中，偶而會出現未被預期的系統風險，進而造成金融資產價格的大幅波動，並使得市場在衡量投資人心理恐慌的相關指數高漲。為了降低投資人的心理不安，市場可推出衡量投資人心理恐慌指數的期貨商品（例如：波動率指數（Volatility Index，VIX）），讓期貨商品可發揮穩定投資信心的作用。

本單元對「特殊指數期貨」商品的介紹，將以芝加哥選擇權交易所（CBOE）推出的「波動率指數」期貨為代表，以下將介紹 VIX 指數與其期貨合約規格，並舉一案例說明投資人交易損益情形。

所謂的「波動率指數」（VIX）乃由美國 S&P500 股價指數選擇權的價格，去反推現在該股價指數的波動率（稱為：隱含波動率），該指數是用來衡量投資人預期未來 30 天 S&P500 股價指數的波動情形。若市場遇到系統性風險時，VIX 指數會大幅飆升，代表投資人心理恐慌驟增；若 VIX 指數逐步走跌時，代表投資人心理恐慌趨緩。所以 VIX 指數的波動，隱含著投資人對未來股市變動的心理恐慌情形；因此 VIX 指數，又被稱為「投資人恐慌指數」。

由於近年來，全球金融市場發生異常或重大事件日益頻繁，因此美國芝加哥選擇權交易所（CBOE），於 2004 年推出 VIX 指數期貨，以供投資人避險與投機使用。以下表 4-9 為 VIX 指數期貨合約規格。

表 4-9　VIX 指數期貨合約規格表

交易所	商品名稱	合約單位	最小跳動值	交易月份
CBOE	VIX 指數 波動率指數	1,000 美元 × VIX 指數	0.05 點＝ 50 美元	連續 9 個月

✎ 例題 4-11

≫ VIX 期貨

某投資人預期金融市場將遇到黑天鵝事件，於是買入 1 口 12 月份的 VIX 期貨，價格為 17.65，過一陣子之後，市場果真發生重大系統風險，該期貨價格漲至 22.15，則投資人獲利如何？（VIX 期貨每口合約單位為 1,000 美元 × VIX 指數，最小跳動值為 50 美元／ VIX）

〔解答〕

(22.15 － 17.65)×1,000×1 ＝ 4,500 美元（獲利）

三、其他類型期貨

除了，上述兩類新興期貨商品外，市場上尚有些其他特殊類型的期貨商品，如：電力、碳權與虛擬貨幣期貨等商品。以下簡單介紹這幾種期貨商品：

1. **「電力期貨」**（Electricity Futures）：乃是電力批發市場中，發電商提供電力給零售商時，其銷售電力價格彼此競爭波動，於是期貨市場就成立電力相關商品，以供避險。

2. **「碳權期貨」**（Carbon Emission Futures）：乃基於溫室效應會對地球生態造成傷害，於是各國排碳量較大的企業，須被限制二氧化碳的排放量，因此每家企業的排碳額度會有剩餘或不足，市場就有排碳權的供需價格及交易，基於避險的需求，期貨市場就成立碳權期貨商品。

3. **「虛擬貨幣[1] 期貨」**（Virtual Currency Futures）：乃存在於網路世界的加密虛擬貨幣，在網路市場的交易價格常常發生暴漲暴跌，於是成立相關期貨商品，以供避險。

本單元「其他特殊類型」商品的介紹，將以 CME 推出的「比特幣」期貨為代表，以下將介紹比特幣與其期貨合約規格，並舉一案例說明投資人交易損益情形。

由於全球知名的虛擬貨幣－「比特幣」，於 2009 年由一位化名為中本聰（Satoshi Nakamoto）的工程師，在網路上所創造的一種加密虛擬貨幣，其發展所運用的「區塊鏈」

---

1. 所謂的「虛擬貨幣」是指存在於網路世界的數位化貨幣（Digital Currency），由開發者發行與管控，供特定虛擬社群成員使用。通常電商公司創設虛擬貨幣，並也設立交易平臺，以服務網路社群成員。

（Blockchain）技術，因具去中心化、交易過程加密且可追縱、也具不可造假的特性，所以一直被視為發展金融科技所須的利器，因此也連帶的捧紅了虛擬貨幣的重要性。

近年來，由於比特幣暴紅，使得其交易價格水漲船高，也常常出現暴漲暴跌現象，於是 2017 年 12 月芝加哥選擇權交易所（CBOE）率先推出比特幣期貨，以供避險與投機需求。爾後，該年 12 月芝加哥商業交易所（CME）也推出比特幣期貨。目前 CME 交易量領先競爭對手 CBOE，甚至超過美國最大比特幣現貨交易所。此外，CME 於 2021 年 2 月也推出另一知名虛擬貨幣－以太幣（Ether）期貨，並於 5 月與 12 月再分別推出微型的比特幣與以太幣期貨。以下表 4-10 為虛擬貨幣期貨合約規格。

表 4-10　虛擬貨幣期貨合約規格表

交易所	商品名稱	合約單位	最小跳動值	交易月份
CME	比特幣 Bitcoin	5 美元 × 比特幣指數	5 美元／比特幣＝ 25 美元	最近 2 個季月，以及連同不在季月週期的 2 個近月
	以太幣 Ether	50 美元 × 以太幣指數	0.25 美元／以太幣＝ 12.5 美元	6 個連續月，包括 2 個最近的 12 月合約

✏ 例題 **4-12**

》比特幣期貨

某投資人預期比特幣將大幅下跌，於是賣出 1 口 12 月份的比特幣期貨，價格為 4,525，過一陣子之後，該期貨價格跌至 3,755，則投資人獲利如何？（比特幣期貨每口合約單位為 5 美元 × 比特幣指數，最小跳動值為 25 美元 / 比特幣）

〔解答〕

$(4,525 - 3,755) \times 5 \times 1 = 3,850$ 美元（獲利）

市場焦點

芝商所「微型以太幣期貨」開放交易

隨著以太幣今年表現強勢，芝加哥商品交易所（CME）集團宣布推出「微型以太幣期貨」（Micro Ether futures）。這是繼 CME 於 2021 年 2 月推出標準以太幣期貨交易產品之後，再次為以太幣步入主流參與市場而敞開大門。

CME 表示，「微型以太幣期貨」每口合約僅為 0.1 枚以太幣，遠低於芝商所「標準以太幣期貨」每口合約等同於 50 枚以太幣的規模。目前，「微型以太幣期貨」已正式開放交易，而其價格結算將根據芝商所現有的 CF 以太幣參考匯率，並透過現金結算。

CME 另類投資產品負責人指出，「微型以太幣期貨」既保留了「標準以太幣期貨」的特點和優勢，又能提高靈活性、成本效益，且還可供投資者對沖現貨以太幣的價格風險，以優化交易策略。

■ 資料來源：摘錄自區塊客 2021/12/07

🔒 **解說**

近年來，虛擬貨幣交易熱絡，價格常出現暴漲暴跌，於是也衍生了虛擬貨幣期貨的誕生。近期，交易所又推出微型化的商品，以滿足投資人的交易需求。

本章習題

一、選擇題

( ) 1. 晴晴賣 2 口瑞郎期貨，價格為 1.0255，後來價格下跌至 1.0135 時回補，則其損益為： (A) 賺 1,500 (B) 賺 2,500 (C) 賺 3,000 (D) 賠 3,000。

【2013-2 期貨業務員】

( ) 2. 若美國長期公債期貨的報價為 95-02，則其價格為：
(A) $952,000 (B) $950,000 (C) $95,063 (D) $95,624。

【2013-3 期貨業務員】

( ) 3. 下列何者屬於利率期貨？Ⅰ.指數期貨；Ⅱ.國庫券期貨；Ⅲ.歐洲美元期貨；Ⅳ.日圓期貨
(A) 僅Ⅱ、Ⅲ (B) 僅Ⅲ、Ⅳ (C) 僅Ⅰ、Ⅱ、Ⅳ (D) Ⅰ、Ⅱ、Ⅲ、Ⅳ。

【2013-4 期貨業務員】

( ) 4. 買入 2 口 CBOT 之 6 月 T-Bond 期貨，價格為 102-02，於價格 102-22 時平倉，若不計手續費，則：
(A) 獲利 $1,250 (B) 損失 $1,250 (C) 獲利 $625 (D) 損失 $625。

【2014-3 期貨業務員】

( ) 5. 目前美國長期公債期貨之標的，其假設性公債的票面利率為何？
(A) 6% (B) 7% (C) 8% (D) 9%。

【2014-3 期貨業務員】

( ) 6. 下列哪一種指數期貨是代表大型股（Blue Chips）走勢？
(A) S&P 500 (B) NASDAQ (C) NYSE (D) 道瓊工業指數。

【2014-4 期貨業務員】

( ) 7. 小華以 96.40 買進 1 口 3 月的 CME 美國國庫券期貨，若其以 97.00 平倉，則：
(A) 獲利 6,000 (B) 獲利 1,500 (C) 損失 6,000 (D) 損失 1,500。

【2014-4 期貨業務員】

(　　) 8. 美國最早推出的股價指數期貨是： (A) 道瓊指數 (B) S&P 500 指數 (C) 價值線 Value Line 指數 (D) NASDAQ 指數。

【2014-4 期貨業務員】

(　　) 9. 在 CME 交易之外匯期貨，何者之最小變動值不為 $12.5 ？
(A) 日圓 (B) 瑞士法郎 (C) 歐元 (D) 加幣。

【2015-2 期貨業務員】

(　　)10. T-Bond 期貨結算交割時，若以票息率（Coupon Rate）10% 的可交割現貨公債來履行交割，依 CBOT 規定，必須以下列何者來調整期貨價格？ (A) 折價方式 (B) 溢價方式 (C) 轉換因子（Coversion Factor） (D) 不必調整。

【2015-3 期貨業務員】

(　　)11. 下列何者不是 CBOT 的 T-Bond 期貨正確報價？
(A) 120 － 16.5／32 (B) 121 (C) 122 － 18／32 (D) 120 － 6／20。

【2015-3 期貨業務員】

(　　)12. 下列何者不屬於利率期貨？
(A) Euroyen (B) Eurodollar (C) Deutsch Bond (D) Swiss Franc。

【2015-3 期貨業務員】

(　　)13. CME 的歐洲美元（Eurodollar）期貨契約規格為：
(A) 10 萬美元 (B) 50 萬美元 (C) 100 萬美元 (D) 1,000 萬美元。

【2016-2 期貨業務員】

(　　)14. CME 之外匯期貨交割方式為： (A) 賣方支付外幣換取美元 (B) 買方支付外幣換取美元 (C) 現金結算 (D) 由賣方決定交割之方式。

【2016-3 期貨業務員】

(　　)15. 美國長期公債期貨之標的物為：
(A) 國庫券 (B) 20 年美國公債 (C) 30 年美國公債 (D) 假設性公債。

【2016-3 期貨業務員】

(　　)16. 歐洲美元期貨係採取何種交割方式？ (A) 現金交割 (B) 實物交割 (C) 由賣方決定現金或實物交割 (D) 由買方決定現金或實物交割。

【2016-4 期貨業務員】

( )17. 下列何者可能是美國長期公債期貨之報價？

(A) 96 － 2　(B) 101 － 3　(C) 98 － 3　(D) 選項 (A)(B)(C) 皆有可能。

【2018-2 期貨業務員】

( )18. CBOT 所推出的美國政府長期公債期貨，其契約標的物爲美國政府長期公債，面額 10 萬美元，發行期限爲 15 年以上，票面利率爲 8%。報價方式以面額的百分比爲基準，其最小跳動單位爲 1 ／ 32%。請問假如某一美國政府長期公債的價格報價爲 112 － 16（%）。換言之，此面額 10 萬美元的美國政府長期公債市場價格約爲：

(A) 10,800,000 元　(B) 11,216,000 元　(C) 11,250,000 元　(D) 10,416,667 元。

【2018-2 期貨分析人員】

( )19. CME 因推出哪一商品期貨而首先創下現金結算方式？

(A) S&P 500　(B) 歐洲美元　(C) T-Bond　(D) T-Bill。

【2018-4 期貨業務員】

( )20. 下列何者不屬外匯期貨？

(A) 瑞士法郎　(B) 歐元　(C) 歐洲美元　(D) 日圓。

【2019-1 期貨業務員】

( )21. 美國 CBOT 公債期貨之交割選擇（Delivery Option）不包括哪一項？　(A) 現金結算　(B) 任選交割公債　(C) 任選交割日　(D) 選項 (A)(B)(C) 皆是。

【2019-1 期貨業務員】

( )22. 下列何者非屬金融期貨？

(A) 歐元期貨　(B) 日經指數期貨　(C) 美國國庫券期貨　(D) 黃金期貨。

【2021-2 期貨業務員】

( )23. 可可期貨是屬於哪一類別的商品期貨？

(A) 農業期貨　(B) 金屬期貨　(C) 能源期貨　(D) 軟性期貨。

【2021-2 期貨業務員】

(　　)24. 交割者於 5 月 1 日賣出一口 7 月小麥期貨，價位為 $4.35，在 7 月 1 日時交割者通知交易所他想交貨（MakeDelivery），若前一日的結算價為 $ 4.00，交貨時買方所需支付的金額（即發票的金額）為：（一口小麥期貨契約規格為 5,000 英斗）
(A) $4.05×5,000　(B) $4.00×5,000　(C) $4.35×5,000　(D) $3.85×5,000。

【2021-3 期貨業務員】

(　　)25. 以下何種貨幣不是在 CME 之 IMM 交易？
(A) 丹麥幣　(B) 英鎊　(C) 日圓　(D) 瑞士法郎。

【2022-1 期貨業務員】

Chapter 5 期貨市場交易實務

本章內容為期貨市場交易實務，主要介紹期貨交易帳戶、交易委託單、保證金制度、交割方式、以及未平倉合約與成交量等內容，其內容詳見下表。

5-1 **期貨交易帳戶**　介紹期貨交易的帳戶種類。

5-2 **期貨交易委託單**　介紹期貨交易的委託單種類。

5-3 **期貨保證金制度**　介紹期貨交易的保證金制度。

5-4 **期貨交割方式**　介紹期貨交易的現金與實物交割方式。

5-5 **未平倉合約量與成交量**　介紹期貨的未平倉合約與成交量的關係。

章前導讀

　　期貨交易與現貨交易確實有許多差異，尤其在「保證金制度」的設計，讓期貨交易更具高槓桿性，但也讓它具高風險性。雖然，期貨合約提供了避險、投機與套利的機制，但投資人從事期貨交易時，必須先熟知期貨市場的各種交易法令規則、以及程序制度等，這樣才能使期貨交易順利進展。

　　由於我國的期貨市場發展較晚，所以有關期貨的種種制度、交易規則，我們仍須參考美國的發展，本章也將並一併介紹。此外，本章除了介紹期貨相關的交易制度與規則外，對於期貨的未平倉合約量與成交量的差異也將進行說明。尤其，期貨未平倉合約量的多寡趨勢，才是影響期貨價格未來走勢的重要關鍵，而非我們一般認為跟股票市場那般成交量的研判方式；這也是期貨與股票在交易上，較大的差異之一。

　　以下本章將依序介紹期貨交易的帳戶種類、委託單種類、保證金交易制度、交割方式、未平倉合約與成交量的關係等內容。

5-1 期貨交易帳戶

投資人從事期貨交易前，必須先至期貨經紀商處開立期貨帳戶，作為下單買賣的交割戶頭。通常期貨帳戶的種類有很多種，一般可依投資人的特性及交易需求，區分為以下幾種：

表 5-1 期貨交易帳戶

項目	種類
依客戶身份區分	自然人帳戶
	法人帳戶
依交易目的區分	避險帳戶
	投機帳戶
依授權程度區分	概括授權帳戶
	非概括授權帳戶
依揭露程度區分	綜合帳戶
	完全揭露帳戶

一、依客戶身份區分

期貨投資人，一般依交易人的身份，可簡單區分為以下兩種：

(一) 自然人帳戶

期貨交易帳戶一般是以個人的名義開立，在美國亦可開立二人或以上的聯合帳戶（Joint Account）。

(二) 法人帳戶

期貨交易帳戶以公司或合夥人的名義開立，開戶的方式與自然人完全相同，唯開戶時所填寫的客戶同意書中，須載明執行下單的人及公司代表人，同時需附上一份公司董事會同意開戶的「授權書」。

二、依交易目的區分

從事期貨交易的目的不外乎兩種，其一就是避險，另一就是投機（包含套利），所以期貨帳戶依交易目的區分，可簡單區分為以下兩種：

(一) 避險帳戶

避險帳戶（Hedge Account）是以從事移轉價格風險為目的，所開立的帳戶，依美國期貨管理委員會（CFTC）對避險帳戶的要求，客戶所交易的商品必須與其所從事的行業有密切的關係，且交易的部位須為本業所持有商品的相反部位。例如：生產小麥者，只能從事與小麥相關期貨空頭部位的操作；且避險的額度須以避的現貨市值為限。此外，避險帳戶所適用的保證金水準較投機帳戶為低，持有部位的限制亦較寬鬆。

(二) 投機帳戶

投機帳戶（Speculative Account）是以賺取商品價差為目的，所開立的帳戶。開立投機帳戶者本身並無現貨部位的供給與需求，只單純的對未來期貨價格有所預測，希望藉由價格的變動以獲取利潤。

此外，投機帳戶亦可從事期貨的「價差套利交易」，通常從事同時一買一賣的價差交易的風險，較單純只做多或空的投機交易低，所以價差交易的保證金較投機交易為低。

三、依授權程度區分

投資人從事期貨交易時，可依委託授權的程度區分為以下兩種帳戶：

(一) 概括授權帳戶

概括授權帳戶（Discretionary Account）是指開戶人授權給期貨商或第三者替其下單交易，被授權者在下單交易前不必再通知授權人，即稱為「全權委託」或稱「代客操作」的業務；一般此帳戶，又稱為「控制帳戶」（Controlled Account）。

概括授權帳戶的被授權人，在法律上為授權人的代理人，帳戶交易的盈虧屬於授權人，故實務上常因交易損益發生糾紛。目前在臺灣已經開放期貨經紀商，得以承做期貨全權委託業務。其業務簽約期間至少一年，其接受委任人委託交易時，其資金最低限額為新台幣250萬元；委任期間委託人應按月支付期貨經紀商經理費用、及保管銀行保管費用；且期貨經紀商將提供委託人交易紀錄、現況報告書之月報及年度報告書。

在美國，即使有開放期貨全權委託，但仍有許多限制。例如：帳戶內的淨值必須維持在 5,000 美元以上、從事此項業務的交易員必須經合法登記，並持有二年以上的期貨業務員經驗、被授權人必須取得授權人的書面授權書等。

(二) 非概括授權帳戶

非概括授權帳戶（Non-Discretionary Account）是指期貨業務員代客戶從事期貨交易時，必須先得到客戶的允許才可下單買賣，亦即為一般性的帳戶。

四、依揭露程度區分

期貨交易時，因仲介經紀商不得為客戶直接下單至交易所，所以必須尋找會員經紀商居間代理，因此仲介經紀商須至會員經紀商底下開立一個交易帳戶，這個交易帳戶依客戶的揭露程度，可區分為以下兩種。

(一) 綜合帳戶

綜合帳戶（Omnibus Account）是指期貨商（非結算會員）將其底下的客戶帳戶統合起來，再向另外一家期貨商（結算會員）開立一個綜合帳戶，原期貨商底下的個別客戶身份不須揭露，其帳戶內的期貨部位、保證金淨值及交易明細亦不須揭露，這樣可以防止上手的經紀商搶奪下手經紀商的客戶。

此外，一般綜合帳戶的保證金結算，必須採總額的方式計算，即多頭及空頭部份加總計算，不可採淨額的方式；所以綜合帳戶裏，不同的個別客戶的多頭及空頭部份，不能相互抵銷。

(二) 完全揭露帳戶

完全揭露帳戶（Fully Disclosed Account）是指期貨商（非結算會員）將底下客戶（兩人以上）統合起來，在另外一家期貨商（結算會員）開立帳戶，此帳戶必須完全揭露原期貨商底下的個別客戶的基本資料。

通常開立此種帳戶後，上手經紀商會知悉下手經紀商的客戶基本資料，因此雙方必須有相當程度的信賴關係，才不會造成搶奪客戶的情形。此外完全揭露帳戶的客戶信用狀況由上手的經紀商控管，故風險由上手經紀商承擔。

5-2 期貨交易委託單

當投資人實際從事下單交易時，須向期貨經紀商填寫委託單，委託單的種類依不同的功能又可區分許多種；此節所介紹部分的委託單類型，將針對美國現行期貨制度中，各種委託單的功能進行說明為主。

表 5-2 期貨交易委託單

項目	種類
依價格分類	市價單
	限價單
	停損限價單
	停損單
	觸價單
依時間分類	當日委託單
	取消前有效單
	開盤市價單
	收盤市價單
依委託單之取消或取代分類	取消單
	代換委託單
	二擇一委託單
	換月單
	現貨轉期貨單
其他委託單	價差委託單
	期貨選擇權委託單
	全數成交或作廢單
	立即成交否則取消單
	整批刪除機制

一、依價格分類

(一) 市價單

市價單（Market Order）是指委託人不限定價格，依買賣當時市場的成交價作為買賣合約的指令，其目的只為立即成交，不在乎交易價格的微幅差異。通常投資人急於買入或賣出期貨部位時，即可用市價單委託。此委託單惟在「**快市**」（Fast Market）[1]時，應避免使用。例如：買 1 口 6 月台股指數期貨 Market。

(二) 限價單

限價單（Limit Order）是指委託人買賣期貨時限定價格，買進時在其指定價格或更低價格成交；賣出時在其指定價格或更高價格成交，此單通常不一定會成交。實務上亦稱 OB 單（Or Better）亦即只有比投資人設定的價格更好的條件下才會成交。例如：買 1 口 9 月台股指數期貨，限定價格為 8,500。

(三) 停損限價單

停損限價單（Stop Limit Order）是指當委託人已擁有期貨部位時，其欲設定平倉出場的價格，以將損失或獲利限制在一定的範圍內，使用停損限價單可以限定期貨平倉的價格。當市價觸及所設定的停損價格時，該委託自動變成限價單，必須比所限定價格好或相同時才能成交。

此單的功能與限價單相同，唯一的差別是當委託人已擁有期貨部位時，才可使用停損限價單，委託人若沒有擁有部位時必須使用限價單。此單亦可設定兩個價位一個為停損價，另一為委託價，當價格觸及停損價時，以另一設定好限定委託價去執行買賣。其名稱雖為「停損」限價單，但實際運用亦可設定獲利了結點的功能。

例如：目前 9 月台股指數期貨為 8,900，投資人已有一口 9 月台股指數期貨的空頭部位，則投資人買 1 口 9 月台股指數期貨 8,800 Stop 8,820 Limit，當期貨價格跌至 8,800 後，以 8,820 的限定價格去執行，將之前的空頭部位平倉買回。

---

1. 期貨市場可能因突發性的因素，使得交易所中突然湧進大批的委託單，致使交易所容易造成委託執行困難、不易下單、無法取消原來委託、成交回報遲延、成交價位與設立差距過大等狀況時，此情形稱為「快市」。交易所為了使所有期貨參與者了解到上述狀況可能產生，會公開宣布當時為「快市」，而快市之結束亦需由交易所公布。當市場發生快市時，期貨價格對交易人所造成的損益，均由交易人概括承受，期貨交易所與期貨經紀商均不負連帶責任。

(四) 停損單

停損單（Stop Order；STP）是指市價一旦達到停損單所限定的價位時，便自動成為市價單執行，其作用可用來止蝕原有部位的損失、或確保原有部位的獲利；亦可使用在建立新部位時，設定其交易價格。一般而言，停損單可分為「停損買單」與「停損賣單」；這兩種委託單的使用時機，須依操作時機與現貨的市價來決定，其說明如下：

1. 停損買單

停損買單是以高於目前市價的價位掛單買進，當行情觸及所設價位時，立即成為市價單，執行買進。此單的操作時機為當投資人認為市場行情走勢，若向上突破壓力區後，將有一段大多頭行情，於是執行停損買單。原本持有空頭部位者，可以執行停損；原本無持有部位者，可以進場買入，以建立多頭部位。

2. 停損賣單

停損賣單以低於目前市價的價位掛單賣出，當行情觸及所設價位時，立即成為市價單，執行賣出。此單的操作時機為當投資人認為市場行情走勢，若向下突破支撐區後，將有一段大空頭行情，於是執行停損賣單。原本持有多頭部位者，可以執行停損；原本無持有部位者，可以進場放空，以建立空頭部位。

例如：若目前台股指數期貨 9 月期貨價位 8,500，則買 1 口 9 月台股指數期貨 8,550 STP，或賣 1 口 9 月臺灣台股指數期貨 8,450 STP。

(五) 觸價單

觸價單（Market If Touch Order；MIT）[2] 市價一旦觸及指定價位時，立即轉成市價單執行。觸價單與停損單都是觸及所設定的價格即轉為市價單，但其觸價單與停損單最大的不同是在於買、賣單的使用時機不同，投資人對行情走勢看法不同。以下將說明觸價買、賣單的使用時機，與停損單的不同點之比較，見圖 5-1。

1. 觸價買單

觸價買單是以低於目前市價的價位掛單買進，當行情觸及所設價位時，立即成為市價單，執行買進。此單的操作時機為當投資人認為市場行情走勢，若向下突破支撐區後，將會觸底向上反彈，於是執行觸價買單。原本持有空頭部位者，可以執行獲利了結；原本無持有部位者，可以進場買入，以建立多頭部位。

---

2. 觸價單又稱看板委託單（Board Order)。

2. 觸價賣單

觸價賣單是以高於目前市價的價位掛單賣出，當行情觸及所設價位時，立即成為市價單，執行賣出。此單的操作時機為當投資人認為市場行情走勢，若向上突破壓力區後，將會觸頂向下拉回，於是執行觸價賣單。原本持有多頭部位者，可以執行獲利了結；原本無持有部位者，可以進場放空，以建立空頭部位。

例如：若目前台股指數期貨 9 月期貨價位 8,500，則買 1 口 9 月台股指數期貨 8,450 MIT，或賣 1 口 9 月臺灣台股指數期貨 8,550 MIT。

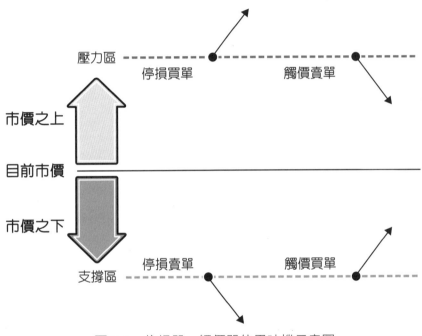

圖 5-1　停損單、觸價單使用時機示意圖

二、依時間分類

(一) 當日委託單

期貨交易中所有的委託單，若未特別聲明，皆視為當日委託（Rest of Day Order；ROD），即收盤後，未成交者便視為無效，不會延續至隔日繼續交易。

(二) 取消前有效單

取消前有效單（Good Till Cancel；GTC）是指下達後在未取消前均有效，若當日未成交，翌日亦持續有效，一直到成交為止，不受當日的限制，但仍受限於該合約到期日而非永遠有效。所以此委託單又稱長效單。

(三) 開盤市價單

開盤市價單（Market On Opening Order；MOO），此種委託單限定以開盤後一段時間之內的市價成交，成交價位自然限制在開盤區間（通常為開盤後 30 秒至 3 分鐘）的市價範圍，但不一定是當日第一筆交易。一般在人工交易方式才會有此單，電子交易方式則無。例如：在開盤前，買入 1 口 3 月摩根台股指數期貨 MOO。

(四) 收盤市價單

收盤市價單（Market On Close Order；MOC），此種委託單限定以收盤前一段時間之內的市價成交，成交價位自然限制在收盤區間（通常為收盤前 30 秒至 3 分鐘）的市價範圍，但不一定是當日最後一筆交易。與開盤市價單同適用於人工交易方式，不適用電子交易方式。例如：在收盤前，賣出 1 口 3 月摩根台股指數期貨 MOC。

三、依委託單之取消或取代分類

(一) 取消單

取消單（Straight Cancel Order）是指客戶下單後，只要未成交回報前，均可取消原來之委託單，並不用下新委託單來取代之。

(二) 代換委託單

代換委託單（Cancel Former Order；CFO）通常用來更改原先已下達的委託單的內容，其可改變代換契約內容包括價位、數量及月份等，但不能更改買賣方向或商品。

例如：買進 12 月台股指數期貨 9,000 CFO 9,050，意指原先以 9,050 限價買進，更改為 9,000 限價買進。

(三) 二擇一委託單

二擇一委託單（One Cancels the Other Order；OCO）是指投資者在一張委託書上設定兩種交易方式或價位，只要其中之一方成交，另一方即自動取消。

例如：買進 12 月台股指數期貨 7,500 or 7,550 STP，OCO；意指投資人希望以限定 7,500 價位買進，亦可以 7,550 價位停損委託買進，只要其中一方成交，另一方自動取消。

(四) 換月單

換月單（Switch Order）是指即將目前持有部位的月份，挪至下一個交割月份繼續交易。通常投資人想繼續延續交易某種期貨商品，可下此種委託單，交易所將會自動轉至下一月份。

例如：假設目前為 7 月底，若投資人持有 8 月台股指數期貨的買進部位，可下一個換月單，同時賣掉 8 月台股指數期貨，並買進 9 月台股指數期貨，將原持有台股指數期貨月份，從 8 月轉換成 9 月。

(五) 現貨轉期貨單

現貨轉期貨單（Exchange for Physical；EFP）的使用乃在於投資人於期貨交易所收盤後至下一交易日開盤前，可以透過期貨經紀商在現貨市場先進行買賣行為，並於次日將這些交易的部位報給期貨結算所，以進行結算。此委託單在交割細節上較有彈性，避險者可以選擇雙方同意的交割地點、時間與價格，可視為「實物交割」。

此委託單的主要功能為期貨部位持有者，為了規避期貨交易所收盤後現貨價格的波動風險，因為期貨交易所收盤後現貨的價格波動仍然進行，若波動過於激烈此時投資人將無法進行避險，所以投資人可先在現貨市場進行買賣，次日再將這些部位報給期貨結算所以進行結算。當投資人持有空頭期貨部位時，他必須持有現貨的多頭部位，此時可將多頭現貨部位轉成空頭期貨部位，以和期貨的多頭部位進行實物交割。目前 EFP 以「外匯商品」為主。

四、其他委託單

(一) 價差委託單

期貨市場價差委託單（Spread Order）可分為下列幾種：

1. **市場內價差（Intramarket Spread）委託單：**此委託單乃投資者在同一交易所，同時買賣不同月份但同一種期貨商品交易行為。

2. **市場間價差（Intermarket Spread）委託單：**此委託單乃投資者在不同的交易所，同時買賣相同月份、相同（或相類似）商品的交易行為。

3. **商品間價差（Intercommodity Spread）委託單：**此委託單乃投資者在同一交易所，同時買賣相同月份但商品不同的交易行為。

(二) 期貨選擇權委託單

期貨選擇權委託單（Future Option Order）較期貨委託單繁瑣，乃因為期貨選擇權委託單須註明「履約價格」，以及欲購入的是「買權」或「賣權」。

(三) 全數成交或作廢單

全數成交或作廢（Fill or Kill；FOK）是指委託交易的買賣單部位須完全成交否則取消，FOK 委託單通常是限價單。

(四) 立即成交否則取消單

立即成交否則取消（Immediate or Cancel；IOC）是指委託交易的買賣單部位須立即成交否則取消，但允許部分成交。

(五) 整批刪除機制

整批刪除機制（Kill Switch）是指當期貨商若遇系統異常、程式錯誤、或有其他為防止影響市場秩序之虞情事發生時，其所有未成交買賣申報（委託單），若無法即時刪除，此時可以實施整批刪除；以防止期貨產生鉅額虧損，進而影響期貨商之營運，甚或嚴重將影響市場交易秩序。

5-3　期貨保證金制度

期貨交易一直被視為「高風險」、「高報酬」的投資工具，最主要原因是採用「保證金」（Margin）的交易制度。所謂「保證金制度」是指期貨市場的投資人在持有期貨的多頭或空頭部位時，因所有權尚未移轉，並不須繳交相當於期貨合約總價的資金或商品，僅須繳交總契約價值的 3% ～ 10% 作為將來履約保證的資金，因此投資人可以用少量的資金來操作總價值很高的期貨契約，此即期貨合約之所以被稱為「高財務槓桿」的原因。

由於高財務槓桿的制度設計，使得多頭或空頭違約的風險增加，因此期貨交易的保證金是採「逐日結算」（Marking to Market）的方式。凡持有期貨部位，無論多頭或空頭，必須每日依照期貨的結算價格，計算出所持有部位的盈虧，並結算至保證金的帳戶。對於投資人的信用保障，透過保證金帳戶，時時嚴密的監控方式，提供結算所及投資人，一個風險控管良好的機制。

　　通常期貨結算所對於投資人的保證金結算並非直接，而是透過期貨經紀商作為中間的橋樑，所以期貨市場的保證金分為兩個層次：其一為投資人繳交保證金給期貨會員經紀商的「客戶保證金」（Customer Margin）；另一為期貨會員經紀商將底下所有客戶的保證金總結繳交給結算所的「結算保證金」（Clearing Margin）。有關客戶保證金與結算保證金的示意圖，請參閱圖 5-2。以下將分別詳述這兩種保證金：

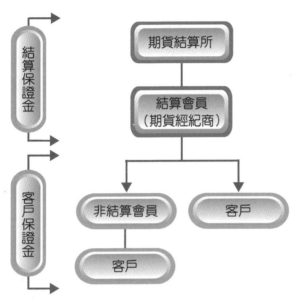

圖 5-2　客戶保證金與結算保證金示意圖

一、客戶保證金

　　客戶保證金指投資人或非結算會員經紀商在期貨市場下單時，須繳一筆保證金給結算會員經紀商，作為交易信用的保證，又稱為交易保證金。保證金的多寡由各期交所依不同的期貨合約、或目前市場價格的波動程度，來決定最低標準的保證金額度，以確保客戶履行合約的義務，此一最低標準保證金金額稱為「**原始保證金**」（Initial Margin）。此外，期貨商亦得針對不同客戶的信用狀況，調整原始保證金的水準。

　　一般而言，原始保證金大約占期貨契約價值的 3% ～ 10% 之間，交易所一年之內僅調整幾次，若遇市場價格大幅波動時，則可能在數週或數天，調整保證金的水準。在美國期貨市場中，保證金可以以現金、國庫券（依市價 9 折）、長期公債（依市價 8 折）或股票（依市價 75 折）繳交；但臺灣則以現金為主。

　　投資人在繳交原始保證金開始進行期貨交易後，若市場行情波動對投資人有利，依每日結算原則，其戶頭的保證金淨值會增加，只要淨值超過原始保證金的部份，投資人可以

隨時提領；反之，若市場行情波動對投資人不利，則其戶頭的保證金會依其損失的金額而扣減，當減少到一定程度後，將會影響客戶的信用能力，則期貨商會通知客戶補繳保證金。當客戶的保證金淨值降至須追繳保證金的水準時，此水準稱為「**維持保證金**」（Maintenance Margin），客戶收到此一追繳令時，須將戶頭保證金的金額補繳至原始保證金的額度，補繳的差額一般稱為「**差異保證金**」（Variation Margin）。實務上，維持保證金約為原始保證金的 75%。

當客戶所繳保證金淨值低於維持保證金時，期貨商會以電話或電報的方式發出追繳通知（Margin Call）。客戶須在 24 小時內以現金繳交差異保證金，否則將遭到「砍倉」（俗稱「斷頭」）的處置，即期貨商將投資人所持有部位平倉出場，顧客不得有任何異議，且若市場行情劇變，使得期貨商將客戶商位砍倉後，仍有超額的損失，客戶仍須補足此部分的損失。

原始保證金是結算所要求投資人所要繳交的最低金額，投資人亦可多存一些資金於保證金戶頭，避免因投資失誤，很快面臨追繳的情況，雖然財務槓桿較低，但風險較小。此外，若投資人從事跨國期貨交易時，原始保證金除了要承擔市場行情波動，亦須承擔匯率波動風險。另外，若投資人從事價差交易，投資人可將風險控制在一定的範圍內，因此風險會較僅從事單邊多方或空方的風險低，因此保證金通常比單邊交易要求的保證金相對低。

以下例 5-1，以台股指數為例，說明投資人保證金戶頭的金額，如何隨著市場期貨價格而變動。

✎ 例題 5-1

》保證金

若於 10 月 1 日，價格為 8,135 點時，買入 1 口台股指數期貨 10 月份合約。台股指數期貨每點價值 200 元，假設原始保證金每口為 8.3 萬，維持保證金為 6.4 萬，投資人只繳交原始保證金 8.3 萬。

(1) 請問買賣一口台股指數期貨合約價值為何？

(2) 請問投資人買賣一口期貨合約的槓桿倍數為何？

(3) 若 10 月 1 日台股指數收盤為 8,208 點，依每日結算原則，投資人當日保證金戶頭的餘額為多少錢？

(4) 若 10 月 2 日台股行情急轉直下，跌到 8,100 點，依每日結算原則，投資人當日保證金戶頭的餘額為多少錢？

(5) 若 10 月 3 日，台股指數續跌到 7,982 點，則投資人保證金戶頭的餘額為多少錢？

〔解答〕

(1) 一口台股指數期貨合約價值為＝ 8,135×200 ＝ 1,627,000 元

(2) 槓桿倍數為 1,627,000 ／ 83,000 ＝ 19.6 倍

(3) 10 月 1 日

多頭部位，指數上漲，投資人獲利。

獲利金額＝ (8,208 － 8,135)×200 ＝ 14,600

保證金餘額＝ 83,000 ＋ 14,600 ＝ 97,600

超過原始保證金的 14,600 元，可以提領出去

(4) 10 月 2 日

多頭部位，指數下跌，投資人損失。

損失金額＝ (8,100 － 8,208)×200 ＝－ 21,600

保證金餘額＝ 97,600 － 21,600 ＝ 76,000

(5) 10 月 3 日

多頭部位，損失金額＝ (7,982 － 8,100)×200 ＝－ 23,600

保證金餘額＝ 76,000 － 23,600 ＝ 52,400

低於維持保證金，投資人面臨追繳，將保證金餘額補足至原始保證金

補繳金額＝ 83,000 － 52,400 ＝ 30,600

彙整如下表：

日期	結算價格	每日結算損益	保證金餘額
購買時	8,135	－	83,000
10/1	8,208	＋ 14,600	97,600
10/2	8,100	－ 21,600	76,000
10/3	7,982	－ 23,600	52,400
補繳保證金	83,000 － 52,400 ＝ 30,600		83,600

二、結算保證金

結算保證金是結算所要求期貨會員經紀商所繳交的保證金，以確保履約的能力與誠意。結算所每日會通報結算會員經紀商，於次日繳交當日買賣所新增減部位的原始保證金、或補足原有部位損失所必須補足的變動保證金。一般原始保證金可以用現金、國庫券或公債的方式繳交，變動保證金則必須以現金為之。

結算保證金並沒有維持保證金的設置，只要會員經紀商的保證金專戶淨值低於原始保證金，結算會員就須每日補繳變動的金額。但若市場行情波動劇烈，造成保證金淨值水準太低時，結算所亦可以在盤中，根據會員前一日未平倉部位，進行市價的結算，發出日中變動保證金追繳通知書（Intraday Variation Margin Call），會員須在接到通知後一小時內補足變動保證金。

通常結算所向結算會員收取保證金的計算方式有兩種，分別為「總額保證金法」（Gross Margin）與「淨額保證金法」（Net Margin）。所謂總額保證金法，即結算所要求結算會員，其擁有的多頭部位及空頭部位相加後的總部位，來繳交保證金。淨額保證金法的結算所只要求結算會員，將其多頭與空頭部位相互抵減的淨部位，來繳交保證金。例如：甲期貨經紀商持有黃金期貨，多頭部位 100 口，空頭部位 60 口，若採總額保證金法須繳 160 口的保證金，若採淨額保證金法則只繳 40 口的保證金。通常採淨額法所須繳的保證金較少，結算會員偏愛此種方式；國際上，CBOT 結算會員期貨商就是採取淨額制。但採總額法對結算所較有保障，即使期貨商的客戶發生違約，因繳的保證金額度較多，對結算保證金的支付，亦不會有太大的影響；因此 CME 及 NYMEX 仍採用總額法，我國亦採總額法。

綜上所述，期貨交易所所採用的保證金制度，是由客戶、會員經紀商及結算所聯結起來的，即使結算會員底下的客戶發生違約，沒有支付保證金給經紀商，結算會員仍有義務向結算所，繳交該客戶所擁有的保證金。由於客戶向結算會員繳交客戶保證金、而結算會員向結算所繳交結算保證金，這種分層風險控管制度，使得結算機制更臻完美，可大幅降低期貨市場的違約風險。有關臺灣期交所所上市的期貨商品的保證金一覽表，請參閱表 5-3。

表 5-3　臺灣期交所所上市的期貨商品的保證金一覽表

商品別		結算保證金	維持保證金	原始保證金
股價指數類	台股期貨	136,000 元	141,000 元	184,000 元
	小型台指期貨	34,000 元	35,200 元	46,000 元
	電子期貨	133,000 元	138,000 元	180,000 元
	小型電子期貨	16,625 元	17,250 元	22,500 元
	金融期貨	58,000 元	61,000 元	79,000 元
	小型金融期貨	14,500 元	15,250 元	19,750 元
	臺灣 50 期貨	55,000 元	57,000 元	75,000 元
	非金電期貨	72,000 元	75,000 元	98,000 元
	櫃買期貨	35,000 元	37,000 元	48,000 元
	富櫃 200 期貨	20,000 元	21,000 元	27,000 元
	臺灣永續期貨	32,000 元	34,000 元	44,000 元
	臺灣生技期貨	11,000 元	12,000 元	15,000 元
	日本東證期貨	15,000 元	16,000 元	21,000 元
	美國道瓊期貨	34,000 元	36,000 元	46,000 元
	美國標普 500 期貨	42,000 元	44,000 元	57,000 元
	美國那斯達克 100 期貨	37,000 元	39,000 元	50,000 元
	英國富時 100 期貨	20,000 元	21,000 元	27,000 元
股票（註）	級距 1	10.00%	10.35%	13.50%
	級距 2	12.00%	12.42%	16.20%
	級距 3	15.00%	15.53%	20.25%

商品別		結算保證金	維持保證金	原始保證金
匯率類	小型美元兌人民幣期貨	2,200 人民幣	2,280 人民幣	2,970 人民幣
	美元兌人民幣期貨	10,700 人民幣	11,080 人民幣	14,450 人民幣
	歐元兌美元期貨	460 美元	480 美元	630 美元
匯率類	美元兌日圓期貨	62,000 日圓	65,000 日圓	84,000 日圓
	英鎊兌美元期貨	500 美元	520 美元	680 美元
	澳幣兌美元期貨	420 美元	440 美元	570 美元
商品類	黃金期貨	930 美元	970 美元	1,260 美元
	台幣黃金期貨	33,000 元	35,000 元	45,000 元
	布蘭特原油期貨	59,000 元	62,000 元	80,000 元

註：股票期貨中，保證金依據各股票波動幅度與價格高低，分成三個級距，但 ETF 並不包含其內，每種 ETF 期貨各自有其保證金的規定，規定詳見臺灣期交所。

資料來源：臺灣期交所（2022/04）

市場焦點

專家：備足 3 倍保證金降低期貨投資風險

　　永豐期貨指出，期貨是投資工具之一，但因屬保證金交易，因此，在進行高財務槓桿操作時，一定要注意保證金是否足夠，才能在行情大幅波動時，避免巨大投資風險。

　　永豐期貨表示，期貨是保證金交易，參與者通常只繳交 3% 到 15% 的保證金，以台指期為例，在指數 11,000 點時，每份期貨合約價值約 220 萬元，但買進一口期貨合約只需支付 83,000 元保證金，保證金只占合約價值的 3.77%，財務槓桿非常高。

　　因此，台指期日前暴跌，部分投資人便面對保證金全額虧損而遭期貨商斷頭、或追繳保證金，專家建議，投資期貨一定要備足至少 3 倍的保證金，才能在行情大幅波動時，降低財務風險。

　　如果投資人想要以小博大，但又不想遭到追繳或斷頭的命運，永豐金證券經理建議，可以透過股票權證方式，因為權證具有高價股替代工具、槓桿倍數大、損失可控制、證交稅低等優點。

■ 資料來源：摘錄自工商時報 2018/10/14

🔒 **解說**

　　期貨交易採保證金制度，所以投資人必須隨時注意帳戶內保證金的餘額。若市場面臨波動較大時，保證金常會遭受到全額虧損而被期貨商斷頭、或追繳保證金。專家建議，投資期貨一定要備足至少 3 倍的保證金，才能在行情大幅波動時，降低財務風險。

5-4 期貨交割方式

當期貨交易到期時，買賣雙方都有依合約規定履行交割的義務，但絕大部份的期貨部位都會在到期前便平倉出場，以免除交貨和付款取貨的義務，只有少數的期貨部位會留到契約到期進行實際的交割。

一般實務上，絕大部分的期貨契約都是在到期前，便採現金結算方式平倉出場，僅極少部分的交易人會持有合約至到期日，且採實物交割方式。

因為就投機者而言，買賣期貨的目的在賺取差價，根本不會想要持有現貨，常常在到期交割前就平倉出場了；即使持有到期，也盡量以現金交割，避免持有現貨。

就避險者而言，即使他們有現貨部位的需求或供給，但採實物交割會因為交割日期、交割品質、地點及數量等因素，不完全符合避險者的實際需求，亦常常在合約到期前，即反向沖銷其持有的期貨部位，將沖銷所得的價差利益，彌補現貨市場的損失。雖然期貨市場大都採取現金交割，但實務上，仍有許多金屬類的期貨商品，會採取實物交割方式。

所以以下我們對現金交割及實物交割的方式說明如下：

一、現金交割

期貨交易中，有些期貨契約因無實體商品的存在、或商品在交割過程中相當不方便，而無法進行現貨的交割，故宜採現金交割（Cash Delivery）方式。

例如：股價指數期貨便利用現金差價來結算交割；又如：短期利率期貨中的歐洲美元三個月定存，因顧慮短期票券，在領出來交割時，可能面臨天數未到，而導致利息被打折。

另外，幼牛期貨也顧慮到小牛在搬運中的不當，常易導致死亡，故亦採現金交割。實務上，現金交割以股價指數期貨、歐洲美元期貨、美國國庫券期貨及幼牛期貨為主。

圖 5-3 幼牛期貨以現金交割為主

二、實物交割

實物交割（Physical Delivery）是指合約到期時，依合約內容規定的種類、品質、時間及地點辦理現貨交割。每個交易所的實物交割規定略有不同，但一般規定都賦予賣方有要求交割內容的權利，因為採實物交割，即意味著到期時的現貨交易，現貨商品數量有限，尤其是特殊規格的商品，所以交易所賦予擁有現貨部位的「**賣方**」有主導現貨交割的權利[3]。

當然若買方所要求的現貨規格和賣方提供的不盡相同時，交易所通常有一套價格的折算方式，使得交割的價格和商品品質能趨於一致。

一般採實物交割的交割程序，不像現金交易只要對合約差價進行結算就可完成交割程序，實物交割的交割程序較為繁雜，其交割程序步驟如下：

(一) 賣方發出交割通知書

當賣方決定要採實物交割時，可以透過經紀商向結算所發出「要求交割通知書」（Notice of Intention to Delivery），交割通知書會載明契約的貨款及交割方式選擇，如：品質、時間及地點等。而賣方可發出交割通知書的日期，是自期貨契約交割月份裡的第一通知日（First Notice Day；FND）起至最後通知日（Last Notice Day；LND）為止。

---

3. 一般期貨交易，當要採實務交割時，賣方有其主導權，但唯一不同者為外匯期貨商品，是由買方有其主導交割日期與地點的權利。此外，國際上大部分商品交易所，例如：芝加哥期貨交易所（CBOT）、美國商品交易所（COMEX）等，都只有賦予賣方才有權利提出實物交割申請，買方是無權主動提出交割的。但也有少數交易所例外，例如：大連商品交易所及上海期貨交易所。

(二) 結算所尋找買方

結算所在接到賣方提出的交割通知書後，會依交易所的規定來決定由誰來履行交割，一般是由持有「**多頭部位最多及時間最長**」的會員經紀商底下的客戶，來履行交割的義務。

(三) 買方可決定是否實物交割

買方接到交割通知後，若想繼續持有部位，不想被交易所指定辦理交割，則可在最後交易日（Last Trading Day）前可以進行換倉交易（即賣出將到期的契約，並買進下一個到期月份且相同標的物之期約）。此外，亦可在接獲交割通知書後，於規定時間內（通常為半小時內），將交割通知書轉讓給其它願意接受交割的多頭部位持有者，若沒有人願意承接，就必須交割；但若該通知書為不可轉讓者，則必須接受交割，但也可如上述，在到期前平倉。

(四) 買賣雙方進行交割

當買方確定交割時，結算所會通知交割雙方彼此的身份，再由雙方自行決定交割的事宜。交割時，賣方會收到買方開出的支票，賣方再將商品或代表商品的倉庫提貨單（Warehouse Receipt）或裝船證明單（Shipping Certificate）交給買方，完成交割。

市場焦點
LME 認可臺灣高雄港設立交割倉庫

香港交易所公告稱，倫敦金屬交易所（LME）已認可臺灣高雄港 原鋁、鋁合金、銅、鉛、鎳、錫及鋅的有效交割地點。

高雄將是亞洲第 9 個獲 LME 認可的交割地點，此前先後獲認可的亞洲地點包括新加坡、日本名古屋和橫濱、韓國釜山、光陽及仁川，以及馬來西亞柔佛和巴生港。據公告，LME 在全球 36 個地點共有 700 餘家倉庫進行交割業務。

LME 實物營運主管在新聞稿中指出，亞洲是全球工業增長最迅速的地區，按淨額計算也是 LME 很重要的金屬用家大戶，相信高雄港作 交割地點，可以確保公司能繼續滿足亞洲的金屬需求。

■ 資料來源：摘錄自財新網 2020/12/18

ⓐ 解說

全球最大的有色金屬期貨交易所－ LME，將高雄港列為「實物交割」的遞交港口，並設立交割倉庫。這將使高雄港成為一般金屬供應鏈關鍵和重要據點，亦可推升高雄港成為國際物流轉運中心。

5-5 未平倉合約量與成交量

　　一般而言，在現貨市場流通的有價證券數量，其發行數量是固定的，而每日的交易量，由市場的買賣供需情形所決定。但期貨合約較特殊的是，其可供市場交易的數量並未固定，而是視市場多頭與空頭的供需情形，其成交量可無限被「創造」出來。因此實務上，對於「期貨成交量」的多寡變化，對未來行情的研判，會與現貨市場有所出入。反而在期貨市場，會比較注重「未平倉合約量」的變化。有關期貨成交量與未平倉合約量兩者之間的差別、與未平倉合約量對未來行情趨勢的研判，將在以下說明之：

　　以下本文將詳細介紹，此兩者之差別與對未來趨勢之研判

一、未平倉合約量與成交量

　　所謂的「未平倉合約量」（Open Interest；OI）是指期貨市場上尚未沖銷掉的多頭或空頭的單邊加總數量，意即目前仍存在期貨市場上的期貨合約數量＝「未平倉合約數量」＝「未沖銷掉的多頭部位數量」＝「未沖銷掉的空頭部位數量」。當一口期貨合約成交的雙方均為新增部位，則多頭及空頭部位均增加一口，未平倉合約量即增加一口；若其中有一方為新增部位，一方為平倉交易，則只是多頭或空頭部位的移轉，未產生新的合約，未平倉合約量不增不減；若雙方均為平倉交易，則多頭及空頭部位均減少一口，未平倉合約量即減少一口。

　　一般而言，因為期貨契約大部分會在交割日前平倉，因此未平倉量多寡可代表市場「潛在的動能」，因此未平倉量較近似股票市場中融資融券的觀念。「期貨成交量」是指期貨交易當天成交總數，其與未平倉合約量的計算並不一樣，其計算方式乃計算交易日當天有多少買方與賣方完成配對的口數；其數量的多寡可代表投資人願意參與市場的意願，因此亦代表市場中「現在的動能」。

　　有關「未平倉合約量」與「成交量」的計算方式，現在本文舉例 5-2 說明之。

📝 例題 **5-2**

》未平倉合約量與成交量

假設期貨市場有甲、乙、丙、丁四人從事交易，以下為 4 天的交易情形。

(1) 第一天，甲買入 2 口期貨合約（多頭部位數量），乙賣出 2 口期貨合約（空頭部位數量）。

(2) 第二天，丙買入 1 口期貨合約，甲將原先買入的黃金期貨合約其中 1 口平倉賣出。

(3) 第三天，丁賣出 1 口期貨合約，丙再買入 1 口期貨合約。

(4) 第四天，丁平倉買入 1 口期貨合約，丙平倉賣出 1 口期貨合約。

〔解答〕

(1) 第一天，產生多頭部位 2 口，及空頭部位 2 口，未平倉合約量為 2 口，而非 4 口，今日成交量為 2 口。

(2) 第二天，此時未沖銷掉的多頭部位為甲 1 口，丙 1 口；空頭部位數量為乙 2 口，未平倉合約數量仍為 2 口，今日成交量為 1 口。

(3) 第三天，兩者均為新增部位，此時未沖銷掉的多頭部位為 3 口，甲 1 口，丙 2 口；空頭部位為乙 2 口，丁 1 口，未平倉合約量為 3 口，今日成交量為 1 口。

(4) 第四天，兩者均為平倉交易，未沖銷掉的多頭部位為 2 口，甲 1 口，丙 1 口；空頭部位為乙 1 口，丁 1 口，未平倉合約量為 2 口，今日成交量為 1 口。

彙整以上交易如下表：

	甲	乙	丙	丁	未沖銷多頭部位	未沖銷空頭部位	未平倉合約數	成交量
第 1 天	＋ 2	－ 2	－	－	＋ 2	－ 2	2	2
第 2 天	＋ 2 － 1 ＝＋ 1	－ 2	＋ 1	－	＋ 2	－ 2	2	1
第 3 天	＋ 1	－ 2	＋ 1 ＋ 1 ＝＋ 2	－ 1	＋ 3	－ 3	3	1
第 4 天	＋ 1	－ 2	＋ 2 － 1 ＝＋ 1	－ 1 ＋ 1 ＝ 0	＋ 2	－ 2	2	1

"＋" 表多頭部位及買入； "－" 表空頭部位及賣出。

二、未平倉合約量與期貨價格的關係

一般在實務上，因為未平倉量多寡代表市場潛在的動能，因此要判斷某期貨商品未來期貨價格的變化，可利用該期貨商品的未平倉合約量，與現在期貨價格的變化去進行觀察。通常若未平倉合約數量增加，代表新加入的多頭及空頭部位增多，期貨市場人氣熱絡；若未平倉合約數量減少，代表持有多頭及空頭部位平倉出場者增多，期貨市場人氣有減退的情形。一般判斷期貨價格與未平倉合約數的變化情形，大致有以下有 4 種情形：

1. 當期貨價格上漲，未平倉量也增加，代表著未來漲勢仍將持續。

2. 當期貨價格上漲，未平倉量卻減少，代表市場上多方已開始獲利了結平倉出場，而空方已開始認賠回補出場。此時價格上漲的幅度遲緩，且一股向下反轉的力量正在逐漸醞釀增溫中。

3. 當期貨價格下跌，未平倉量也增加，代表著未來跌勢仍將持續。

4. 當期貨價格下跌，未平倉量卻減少，代表市場上空方已開始獲利了結平倉出場，而多方已開始認賠回補出場。此時價格下跌的幅度遲緩，且一股向上反轉的力量正在逐漸醞釀增溫中。

表 5-4　未平倉合約量與期貨價格的關係

現在期貨價格	未平倉合約量	未來期貨價格
上漲	增加	新的買方積極買進，漲勢極強，未來價格持續看漲
上漲	減少	現有多頭進行平倉，價格可能即將逆轉而下
下跌	增加	新的空頭進入市場，跌勢極強，未來價格持續看跌
下跌	減少	現有空頭進行平倉，價格可能即將反轉上揚

本章習題

一、選擇題

(　　) 1. 在臺灣，依照期貨商管理規則，除金管會證期局有特別規定者外，國外期貨交易保證金可以何者繳納？
(A) 現金或國庫券　(B) 現金　(C) 現金或股票　(D) 現金或定存。

【2015-1 期貨業務員】

(　　) 2. 期貨商向交易人發出追繳保證金通知為當交易人帳戶餘額低於：
(A) 原始保證金　(B) 結算保證金　(C) 維持保證金　(D) 交易保證金。

【2015-1 期貨業務員】

(　　) 3. 結算會員應於收到臺灣期貨交易所之保證金款項追繳通知後，應於何時繳足？
(A) 一小時內　(B) 二小時內　(C) 一日內　(D) 翌日開盤前半小時內。

【2015-1 期貨業務員】

(　　) 4. 買進 1 口黃豆油期貨契約（契約值 60,000 磅），價位為 $0.3200／磅，黃豆油期貨原始保證金為 $0.0080／磅，問保證金對契約值之比為：
(A) 50%　(B) 2.5%　(C) 5%　(D) 1.25%。

【2015-1 期貨業務員】

(　　) 5. NYMEX 規定如何指派（Assign）期貨交割部位？　(A) 握有最久的多頭部位　(B) 握有最久的空頭部位　(C) 隨機取樣　(D) 依總多頭部位的一定比例。

【2015-2 期貨業務員】

(　　) 6. 當交易人下達以下委託「賣出 5 口六月摩根台指期貨 360.1 STOP」，若該委託成交，則成交價應為：　(A) 恰好為 360.1　(B) 只能在 360.1 以上的任何價位　(C) 只能在 360.1 以下的任何價位　(D) 可高於、等於或低於 360.1。

【2015-2 期貨業務員】

(　　) 7. 觸價單在價位的執行上：　(A) 與限價單一樣　(B) 與停損單一樣　(C) 在下列價位有效執行：如果是買單在目前市價之下，如果是賣單在目前市價之上　(D) 在下列價位有效執行：如果是買單在目前市價之上，如果是賣單在目前市價之下。

【2015-2 期貨業務員】

( ) 8. MIT 委託賣單，其委託價與市價之關係為： (A) 委託價低於市價 (B) 委託價高於市價 (C) 沒有限制 (D) 依市場波動的情況而定。

【2015-2 期貨業務員】

( ) 9. 人工喊價（Open Outcry）市場，一開盤市價委託（MOO）所執行的價格為： (A) 開盤時段（Opening Range）的價格 (B) 當天第一筆交易價格 (C) 視委託的時間而定 (D) 視場內經紀執行的效率而定。

【2015-2 期貨業務員】

( )10. 當小恩收到期貨商之追繳通知書時，但小恩身上沒有任何的現金，以致未能在期限內補繳保證金，此時： (A) 日後可再補繳，但必須繳付利息 (B) 小恩必須接受制裁 (C) 日後可再補繳，且不須繳付利息 (D) 期貨商有權代小恩平倉。

【2015-2 期貨業務員】

( )11. 客戶保證金區分為原始保證金及： (A) 變動保證金 (B) 維持保證金 (C) 結算保證金 (D) 避險保證金。

【2015-2 期貨業務員】

( )12. 若某期貨契約之保證金為契約總值之 6%，當期貨價格跌 3% 時，該契約之買方損益為： (A) 損失 50% (B) 獲利 50% (C) 損失 25% (D) 獲利 25%。

【2015-2 期貨業務員】

( )13. 小恩觀察目前可可期貨的多頭走勢，發現在高檔時價格上漲，未平倉量卻減少很多，表示： (A) 既有多頭部位平倉 (B) 既有空頭部位平倉 (C) 可可走勢將反轉 (D) 選項 (A)(B)(C) 皆是。

【2015-2 期貨業務員】

( )14. 價格上漲，交易量及未平倉量均增加，通常表示市場走勢將： (A) 轉強 (B) 轉弱 (C) 盤整 (D) 無法研判。

【2015-2 期貨業務員】

( )15. 客戶保證金的定義為哪一方向客戶收取之保證金？ (A) 交易所 (B) 結算所 (C) 結算會員 (D) 選項 (A)(B)(C) 皆是。

【2016-2 期貨業務員】

（　）16. 當下手期貨商不需讓上手期貨商知道所有個別客戶的下單及未平倉部位資料，則下手期貨商在上手所開的帳戶稱為：　(A) 完全揭露帳戶（Fully Disclosed Account）　(B) 綜合帳戶（Omnibus Account）　(C) 聯合帳戶（Joint Account）　(D) 選項 (A)(B)(C) 皆非。

【2018-1 期貨業務員】

（　）17. 綜合帳戶（Omnibus Account）保證金計算方式，帳戶中的買賣數量是以何種方式申報？
(A) 交易總額　(B) 交易淨額　(C) 交易總額＋淨額　(D) 未規定。

【2018-1 期貨業務員】

（　）18. 目前黃金期貨的市場價格為 1,608.4，則下列委託單除何者之外均已被觸發？　(A)1,608.3 的觸價買單　(B)1,608.3 的觸價賣單　(C)1,608.3 的停損買單　(D)1,608.3 的停損限價買單。

【2018-1 期貨業務員】

（　）19. 停損限價（Stop Limit）委託賣單，其委託價與市價之關係為：　(A) 委託價高於市價　(B) 委託價低於市價　(C) 沒有限制　(D) 依平倉或建立新部位而定。

【2018-1 期貨業務員】

（　）20. 在 CME，歐洲美元、幼牛（Feeder Cattle）期貨契約之交割方式為：　(A) 實物交割　(B) 現金交割　(C) 歐洲美元為現金交割，幼牛為實物交割　(D) 歐洲美元為實物交割，幼牛為現金交割。

【2018-1 期貨業務員】

（　）21. 某交易人繳交保證金 $1,500，同時賣出一口小麥期貨，價位為 $3.75/ 英斗，之後他平倉的價位為 $3.25/ 英斗，其投資報酬率為何？（小麥期貨契約值 5,000 英斗）
(A)33.3%　(B)66.7%　(C)166.7%　(D)125%。

【2018-2 期貨業務員】

（　）22. 當交易人下達以下委託「買進 5 口 6 月 Kospi 200 期貨 167.8 STOP」，若該委託成交，則其成交價應為：　(A) 在 167.8 以上的任何價位　(B) 在 167.8 以下的任何價位　(C) 只能為 167.8　(D) 可高於、等於或低於 167.8。

【2018-4 期貨業務員】

( )23. T-Bond 期貨目前市價為 120 6/32，若行情往下跌至 118 8/32，客戶就想賣出，但賣價不能低於 118 7/32，則客戶應以下列何種委託單來下單？　(A) 停損買單　(B) 停損賣單　(C) 停損限價買單　(D) 停損限價賣單。

【2018-4 期貨業務員】

( )24. 下列何者是代換委託可以更改之內容？Ⅰ. 價位；Ⅱ. 數量；Ⅲ. 月份；Ⅳ. 買賣的方向；Ⅴ. 商品種類　(A)僅Ⅰ、Ⅱ、Ⅳ　(B)僅Ⅰ、Ⅲ、Ⅳ、Ⅴ　(C)僅Ⅰ、Ⅱ、Ⅲ　(D)僅Ⅰ、Ⅱ、Ⅲ、Ⅳ。

【2019-1 期貨業務員】

( )25. 提出交割意願通知（Notice of intention to deliver）是何者的權利？　(A) 交易所　(B) 多頭部位　(C) 空頭部位　(D) 多頭部位，空頭部位均可。

【2019-1 期貨業務員】

( )26. 對於觸及市價（MIT）委託「賣出 45MIT」，下列敘述何者正確？　(A) 若市價成交 45 或以下，MIT 委託成為市價委託　(B) 若市價成交 45 或以上，MIT 委託成為市價委託　(C) 若市價成交 45 或以下，MIT 委託成為限價委託　(D) 選項 (A)(B)(C) 皆非。

【2021-2 期貨業務員】

( )27. 下列何者是 EFP 交易（Exchange for Physical）必須存在的條件？　(A) 二個持有期貨相同部位的投資人　(B) 須在集中市場交易　(C) 持有空頭部位的一方必須持有現貨多頭部位　(D) 選項 (A)(B)(C) 皆是。

【2021-2 期貨業務員】

( )28. 交易所公告今天的未平倉量（O.I.）比昨天減少 20 口，下列敘述何者正確？　(A) 今天交易量減少 40 口　(B) 今天交易量減少 20 口　(C) 多頭未平倉部位減少 20 口　(D) 空頭未平倉部位減少 10 口。

【2021-3 期貨業務員】

( )29. 期貨商除了因客戶之信用狀況不同可調整原始保證金外，對於下列何種交易策略，亦可收取較低的保證金？　(A) 當日沖銷交易　(B) 價差交易　(C) 避險帳戶　(D) 選項 (A)(B)(C) 皆是。

【2022-1 期貨業務員】

( )30. 期貨合約於到期辦理實物交割時，對於可用來交割實物的品質規格，交易所是否有事先規定？ (A) 交易所事先就有規範 (B) 交易所事先沒有規範 (C) 交易所將視實物的供給量，再處理 (D) 交易所將視實物的需求量，再處理。

【2022-1 期貨業務員】

Note /

Chapter **6** 臺灣期貨市場

本章內容為臺灣的期貨市場，主要介紹臺灣期貨市場的各種期貨商品、交易實務以及制度措施等內容，其內容詳見如下。

6-1 **臺灣期貨市場的商品種類**　　介紹國內金融與商品等各種期貨商品的規格。

6-2 **臺灣期貨市場的交易實務**　　介紹國內期貨市場幾種熱門商品之交易範例、以及各種商品的交易稅與計算。

6-3 **臺灣期貨市場的制度措施**　　介紹國內期貨市場所推出的新制度措施。

章前導讀

臺灣的期貨市場於 1996 年成立期貨交易所,自此就開始著手規劃各種期貨商品的上市事宜,並於 1998 年推出臺灣加權股價指數期貨,爾後數年,陸續推出各種期貨商品,包括:各類型的股價指數、個股、利率、黃金、匯率與原油期貨等,以提供國人從事投機與避險的交易需求。

近年來,臺灣期貨交易所為了因應全球金融市場的脈動,推出期貨的「夜盤交易制度」,以方便投資人於日盤交易結束後,仍可繼續參與國際行情的變動。另外,期貨市場盛行程式交易,但有時會因出現程式錯誤下單事件、或者市場受到重大事件的衝擊,導致期貨交易價格大幅震盪。因此,臺灣期交所亦推出「動態價格穩定措施」,希望能降低國內的期貨交易風險。

以下本章首先將介紹臺灣期貨交易所,所推出各類型期貨商品的合約規格,並進一步說明幾種重要商品的交易實務,最後闡述臺灣期貨交易所的一些重要交易制度與措施。

6-1 臺灣期貨市場的商品種類

　　基本上，臺灣期貨交易所，歷年來所推出的期貨商品，大致上是以「金融期貨」為主，「商品期貨」為次。在「金融期貨」方面，從早期持續至今陸續推出各種股價指數與利率類的相關期貨商品；近期，則推出各種匯率類期貨商品。在「商品期貨」方面，則有「黃金」與「原油」這兩種期貨商品。在這些期貨商品中，以「股價指數類」最受投資人青睞，「匯率類」與「商品類」則屬於小眾市場。表 6-1 為國內各類期貨商品的交易比重。

　　本節將逐一簡單介紹臺灣期交所，所推出的「金融期貨」與「商品期貨」的合約規格說明。

表 6-1　2021 年國內各類期貨商品的日平均交易比重

股價指數類商品	交易比重	股價指數類商品	交易比重
1. 股票期貨	38.468%	16. 臺灣永續期貨	0.010%
2. 小型台指期貨	36.823%	17. 櫃買期貨	0.008%
3. 台股指數期貨	22.098%	18. 臺灣 50 期貨	0.006%
4. 小型電子期貨	0.454%	19. 臺灣生技期貨	0.006%
5. 美國道瓊期貨	0.408%	匯率類商品	交易比重
6. 美國那斯達克 100 期貨	0.399%	1. 小型美元兌人民幣期貨	0.035%
7. ETF 期貨	0.375%	2. 歐元兌美元期貨	0.016%
8. 電子期貨	0.368%	3. 英鎊兌美元期貨	0.013%
9. 金融期貨	0.206%	4. 美元兌日圓期貨	0.012%
10. 小型金融期貨	0.051%	5. 澳幣兌美元期貨	0.009%
11. 英國富時 100 期貨	0.043%	6. 美元兌人民幣期貨	0.007%
12. 臺灣富櫃 200 期貨	0.041%	商品類商品	交易比重
13. 非金電期貨	0.039%	1. 臺幣黃金期貨	0.038%
14. 美國標普 500 期貨	0.039%	2. 黃金期貨	0.020%
15. 東證期貨	0.015%	3. 布蘭特原油期貨	0.013%

資料來源：臺灣期貨交易所

一、金融期貨

介紹臺灣期交所所推出的金融期貨（包括：股價指數、個股、利率、匯率）這幾種商品合約的規格說明。

(一) 股價指數期貨

臺灣期貨市場的發展，較全球其他國家期貨市場起步來的較晚些。全世界最早推出有關台股指數期貨合約的交易所，分別為新加坡國際金融交易所（SIMEX）、與美國芝加哥商業交易所（CME）；此兩交易所均於 1997 年 1 月，分別推出「摩根台股指數期貨」與「道瓊台股指數期貨」；爾後，香港期貨交易所（HKFE）也於 1998 年 5 月推出「台股 60 支成份股股價指數期貨」。其中，CME 與 HKFE 所推出的台股指數期貨，因不受投資人青睞，都造成合約流動性不足，現都已下市；所以只剩 SIMEX（現在已改為 SGX）的摩根台股指數期貨合約，尚在海外市場繼續的流通交易。

國內直至 1998 年 7 月，由臺灣期貨交易所（TAIMEX）推出臺灣加權股價指數期貨（俗稱：大台指），此為我國的第一檔期貨商品，它是以臺灣所有上市股票所組成的指數當作標的物。該商品一直是臺灣期貨交易所的交易重心，自從推出後，廣受國內外投資人的青睞，交易量逐年上升。圖 6-1 為國內大台指於 2000 ～ 2021 年每日成交量趨勢圖。由圖得知：國內的大台指數期貨，經過前幾年的迅速成長之後，近幾年的每日成交量大約都維持在 14 ～ 18 萬口左右。

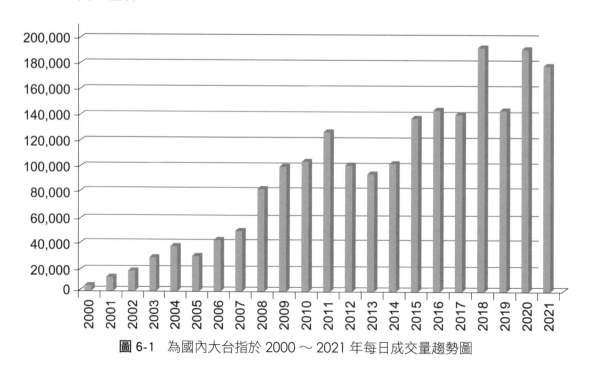

圖 6-1　為國內大台指於 2000 ～ 2021 年每日成交量趨勢圖

　　但近年來，由於台股指數高居不下，也讓大台指的保證金相對提高許多，加重投資人的操作成本。所以長久以來，大台指期貨的交易量原本一直獨佔鰲頭，近期，已被小台指期貨與股票期貨超越，但這三者的交易量總額約佔全體期貨的 97% 以上。

　　自從大台指推出後，期交所為了擴大本土期貨市場規模，又於 1999 年 7 月推出本土的「電子類股」、「金融保險類股」的指數期貨合約，以增加期貨商品的多樣性。此外，期交所為了吸引更多小額投資人參與，又於 2001 年 4 月再推出「台股股價指數小型期貨」（俗稱：小台指），其契約的乘數只有大台指期貨的四分之一。因臺灣證交所於 2003 年，推出國內首檔 ETF—「元大寶來臺灣卓越 50 指數股期貨基金」，所以期交所於 2003 年 6 月亦順勢推出以臺灣 50 家上市公司為標的物的「臺灣 50 股價指數期貨」，以供 ETF 投資人避險與投機之需求。

　　晚近，又於 2007 年 10 月與 2008 年 1 月分別推出「櫃買期貨」與「非金電期貨」兩種指數商品，且於 2010 年 1 月推出 35 檔的「個股期貨」，使得期貨商品更趨多樣化，也更能符合個股投資人投機與避險的需求。爾後，2019 年～ 2021 年又陸續推出「富櫃 200」、「臺灣永續」、「臺灣生技」、「小型電子」與「小型金融」指數期貨，讓國內的股價指數期貨更為多元。

　　此外，期交所基於國外避險者的需求，於 2006 年 3 月推出與 SGX（新加坡交易所）股價指數組合成分相同，但合約內容相似的「摩根台股指數期貨[1]」，該期貨合約為美元計價，是國內第一個美元計價的股價指數商品。另外，2014 年 5 月臺灣期貨交易所至歐洲期貨交易所（Eurex）上市 1 天的台股期貨合約，這是期交所首次將期貨商品輸出至國際市場，使得臺灣的期貨市場更具國際化。

　　近年來，臺灣期交所積極推展境外指數來臺交易，使臺灣期貨市場更具國際化。首先，2015 年臺灣期交所與日本交易所集團（JPX）洽談合作，並取得東京證券交易所股價指數（TOPIX）授權，於 2015 年 12 月上市以新台幣計價的「東證」指數期貨，這是臺灣期貨市場第一個掛牌的國外指數期貨商品，也代表臺灣期貨市場的發展邁向國際化的另一個里程碑。此外，2016 年～ 2020 年又陸續推出印度「Nifty50[2]」、美國的「道瓊」、「標普500」、「那斯達克 100」、以及英國「富時 100」股價指數期貨，以提供投資人更多參與歐美與亞洲股市的投資管道。

---

1. 摩根台股指數期貨，因成交量不足，已於 2011 年 9 月下市。
2. 印度 Nifty50 股價指數期貨，因成交量不足，已於 2019 年 9 月下市。

　　表 6-2 將介紹臺灣期貨交易所，所推出的臺灣加權股價指數期貨合約之內容。此外，其餘各種國內股價指數期貨，其交易方式與契約規格皆與「台股加權股價指數期貨」大致雷同，尚有若干不同點，如表 6-3 所示。表 6-4 為臺灣期交所推出國外股價指數期貨合約規格表。

表 6-2　台股指數期貨合約規格比較表

項目	台股指數期貨合約規格
標的指數	臺灣證券交易所發行量加權指數
合約月份	連續三個近月及最近三個季月，共六種合約
最後交易日	最後交易日為合約月份第三個星期三
契約價值	指數乘上新台幣 200 元
升降單位	1 點＝台幣 200 元
漲跌限制	前一日結算價上下 10%
最後結算價	最後交易日當日收盤前 30 分鐘公佈指數算術平均值

資料來源：臺灣期貨交易所。

表 6-3　各種國內指數期貨合約規格比較表

期貨商品種類	契約價值	升降單位
電子類股指數期貨	電子指數乘上新台幣 4,000 元	0.05 點＝新台幣 200 元
金融保險類股指數期貨	金融指數乘上新台幣 1,000 元	0.2 點＝新台幣 200 元
小型台股指數期貨	小型台股指數乘上新台幣 50 元	1 點＝新台幣 50 元
小型電子類股指數期貨	小型電子指數乘上新台幣 500 元	0.05 點＝新台幣 25 元
小型金融保險類股指數期貨	小型金融指數乘上新台幣 250 元	0.2 點＝新台幣 50 元
臺灣 50 指數期貨	臺灣 50 指數乘上新台幣 100 元	1 點＝新台幣 100 元
櫃臺買賣中心指數期貨	櫃買指數乘上新台幣 4,000 元	0.05 點＝新台幣 200 元
非電子與金融類股指數期貨	非金電指數乘上新台幣 100 元	1 點＝新台幣 100 元
櫃買富櫃 200 指數期貨	富櫃 200 指數乘上新台幣 50 元	1 點＝新台幣 50 元
臺灣永續指數期貨	臺灣永續指數乘上新台幣 100 元	1 點＝新台幣 100 元
臺灣生技醫療指數期貨	臺灣生技指數乘上新台幣 50 元	1 點＝新台幣 50 元

資料來源：臺灣期貨交易所。

表 6-4　臺灣期交所推出國外股價指數期貨合約規格表

股價指數	日本東京證券	美國道瓊工業	美國標普500	美國那斯達克100	英國富時100
契約價值	指數乘上新台幣 200 元	指數乘上新台幣 20 元	指數乘上新台幣 200 元	指數乘上新台幣 50 元	指數乘上新台幣 50 元
到期月份	連續 2 個月，另加三個接續季月	四個接續季月	五個接續季月	五個接續季月	四個接續季月
每日漲跌幅	前一交易日結算價 ±8%、12%、16%	前一交易日結算價 ±7%、13%、±20%	前一交易日結算價 ±7%、13%、±20%	前一交易日結算價 ±7%、13%、±20%	前一交易日結算價 ±7%、13%、±20%
最小升降單位	指數 0.25 點（新台幣 50 元）	指數 1 點（新台幣 20 元）	指數 0.25 點（新台幣 50 元）	指數 1 點（新台幣 50 元）	指數 1 點（新台幣 50 元）
最後交易日	最後交易日為到期月份第二個星期五之前一日	最後交易日為到期月份第三個星期五	最後交易日為到期月份第三個星期五	最後交易日為到期月份第三個星期五	最後交易日為到期月份第三個星期五

資料來源：臺灣期貨交易所。

(二) 個股期貨

　　國內自 2010 年 1 月推出 35 檔「股票期貨」，原本僅以大型權值股為標的，爾後，又將 ETF 納入其中，現今符合「股票期貨[3]」的標的已逐年增加。由於股票期貨比個股的融資融券更方便靈活，且費用也較低，所以對資金有限的年輕族群非常具有吸引力，因此現今每日成交量也大幅成長，2021 年已佔全體期貨交易量近 4 成的份額（見表 6-1）。以下簡單介紹股票期貨合約的規格說明。

---

3. 截至 2022 年 4 月，現在期交所核准可供投資人投資的「個股期貨」，已擴展至 231 檔股票與 ETF。

表 6-5 股票期貨合約規格表

交易標的	上市上櫃的普通股與 ETF
合約月份	連續 2 個近月及最近 3 個季月，共 5 種合約
最後交易日	最後交易日為合約月份第三個星期三
契約價值	◎股票為每口 2,000 股，但加掛每口 100 股之契約 ◎ ETF 為每口 10,000 受益權單位
每日漲跌幅	◎國內股票與國內指數 ETF 為前一日結算價上下 10% ◎國外指數或境外 ETF 為前一日結算價上下 15%

資料來源：臺灣期貨交易所

(三) 利率期貨

臺灣的期貨市場，除了股價指數期貨為主外，基於金融期貨商品的完整性；期交所於 2004 年 1 月推出「十年期公債利率期貨」商品；並於在 2004 年 5 月推出「短期票券利率期貨」，以提供金融機構與企業對利率避險的需求，並期能建構國內有效的殖利率曲線；以使國內的票券與債券市場更健全發展，盼能吸引更多的外資投入國內的金融市場，讓國內的金融市場更趨於國際化。

但礙於臺灣的利率交易市場，大都以法人交易為主，所以交易量雖大，但交易人卻不是很多。因此國內這兩種利率期貨的交易量始終無起色，30 天期短期票券利率期貨，已於 2013 年下市，十年期政府債券期貨，也於 2019 年 9 月劃下句點，所以國內現今已無任何利率期貨可供交易。

(四) 匯率期貨

由於近年來，臺灣與中國經貿往來逐漸密切，且國內積極發行人民幣的寶島債市場，使得投資人對人民幣的避險與理財需求日益增加。且國內當局亦積極發展離岸人民幣市場，希望臺灣能成為全球重要的離岸人民幣交易中心。

因此臺灣期交所於 2015 年 7 月，推出 2 檔以美元兌人民幣匯率為交易標的之「人民幣匯率期貨」，分別為「小型美元兌人民幣匯率期貨」（俗稱：小美人），契約規模 2 萬美元、以及「美元兌人民幣匯率期貨」（俗稱：大美人），契約規模 10 萬美元。希望藉由兩檔規格不同的商品，可符合散戶與法人的交易需求；亦提供金融業者、進出口商、人民幣投資者，對人民幣的投機、避險與套利的交易需求。以下表 6-6 為兩檔人民幣匯率期貨契約規格說明。

表 6-6　人民幣匯率期貨契約規格表

項目	小型人民幣期貨（RTF）	人民幣期貨（RHF）
契約規模	20,000 美元	100,000 美元
契約到期交割月份	自交易當月起連續 2 個月份，另加上 4 個接續季月，總共 6 個月份的契約	自交易當月起連續 2 個月份，另加上 4 個接續季月，總共 6 個月份的契約
每日漲跌幅	為前一交易日結算價 ±3%、±5%、±7% 三階段漲跌幅度限制	為前一交易日結算價 ±3%、±5%、±7% 三階段漲跌幅度限制
報價方式	每 1 美元兌人民幣	每 1 美元兌人民幣
最小升降單位	人民幣 0.0001 元／美元（人民幣 2 元）	人民幣 0.0001 元／美元（人民幣 10 元）
最後交易日	最後交易日為各該契約交割月份第三個星期三	最後交易日為各該契約交割月份第三個星期三
最後結算價	財團法人臺北外匯市場發展基金會在最後交易日上午 11：15 公布之臺灣離岸人民幣定盤匯率	香港財資市場公會在最後交易日上午 11：15 公布之美元兌人民幣（香港）即期匯率定盤價

資料來源：臺灣期交所

再者，臺灣期交所為了讓國內的匯率類型的期貨商品更加齊全，於 2016 年 11 月再推出兩種全球主要交易貨幣的匯率期貨，分別為「歐元兌美元匯率」與「美元兌日圓匯率」；並於 2018 年 1 月更進一步推出「英鎊兌美元匯率」與「澳幣兌美元匯率」。希望藉由更多元的商品，提供給進出口貿易業者、外幣資產持有者及交易人等，投機、避險與套利的交易需求。有關歐元、日圓、英鎊與澳幣匯率期貨契約規格，詳見表 6-7 說明。

表 6-7　歐元、日圓、英鎊與澳幣匯率期貨契約表

項目	歐元兌美元期貨	美元兌日圓期貨	英鎊兌美元期貨	澳幣兌美元期貨
契約規模	20,000 歐元	20,000 美元	20,000 英鎊	25,000 美元
交割月份	交易當月起接續之 4 個季月	交易當月起接續之 4 個季月	交易當月起接續之 4 個季月	交易當月起接續之 4 個季月
每日漲跌幅	為前一交易日結算價 ±3%、±5%、±7% 三階段漲跌幅度限制	為前一交易日結算價 ±3%、±5%、±7% 三階段漲跌幅度限制	為前一交易日結算價 ±3%、±5%、±7% 三階段漲跌幅度限制	為前一交易日結算價 ±3%、±5%、±7% 三階段漲跌幅度限制
報價方式	每 1 歐元兌美元	每 1 美元兌日圓	每 1 英鎊兌美元	每 1 澳幣兌美元

項目	歐元兌美元期貨	美元兌日圓期貨	英鎊兌美元期貨	澳幣兌美元期貨
最小升降單位	0.0001 美元／歐元（2 美元）	0.01 日圓／美元（200 日圓）	0.0001 美元／英鎊（2 美元）	0.0001 美元／澳幣（2.5 美元）
最後交易日	最後交易日為各該契約交割月份第三個星期三	最後交易日為各該契約交割月份第三個星期三	最後交易日為各該契約交割月份第三個星期三	最後交易日為各該契約交割月份第三個星期三
最後結算價	最後交易日臺北時間下午 2 時 WM／Reuters 歐元兌美元即期匯率中價	最後交易日臺北時間下午 2 時 WM／Reuters 美元兌日圓即期匯率中價	最後交易日臺北時間下午 2 時 WM／Reuters 英鎊兌美元即期匯率中價	最後交易日臺北時間下午 2 時 WM／Reuters 澳幣兌美元即期匯率中價

資料來源：臺灣期貨交易所

二、商品期貨

(一) 黃金期貨

由於黃金長久以來，一直是國人熱衷的投資工具。近年來，國際黃金價格的波動幅動頗大。因此臺灣期交所於 2006 年 3 月推出「美元版黃金期貨」合約，該合約採國際規格以「美元」與「盎司」計價，此商品提供國內外投資人，對黃金進行投機與避險的新管道。

但由於國人對於黃金買賣的計價習性與標準和國際的基準不一樣，所以臺灣期交所又於 2008 年 1 月推出以「新台幣」與「台兩」計價的「台幣版黃金期貨」商品，以滿足國內本土投資人的交易習慣。有關表美元版與台幣版的黃金期貨契約規格詳見表 6-8。

表 6-8　黃金期貨契約規格表

中文簡稱	美元版黃金期貨	台幣版黃金期貨
契約規模	10 金衡制盎司	10 台兩（100 台錢、375 公克）
交割月份	自交易當月起連續 6 個偶數月份	自交易當月起連續 6 個偶數月份
每日漲跌幅	前一交易日結算價 ±5%、±10%、±15% 三階段漲跌幅度限制	前一交易日結算價 ±5%、±10%、±15% 三階段漲跌幅度限制
最小升降單位	US$0.1 ／金衡制盎司（1 美元）	新台幣 0.5 元／台錢（新台幣 50 元）
最後交易日	最後交易日為各該契約到期月份最後一個營業日前之第 2 個營業日	最後交易日為各該契約到期月份最後一個營業日前之第 2 個營業日

中文簡稱	美元版黃金期貨	台幣版黃金期貨
最後結算價	以最後交易日 IBA 同一曆日所公布之 LBMA 黃金早盤價為最後結算價。	以最後交易日 IBA 同一曆日所公布之 LBMA 黃金早盤價,以及臺北外匯經紀公司公布之上午 11 時新台幣對美元即期匯率為基礎,經過重量與成色之轉換,計算最後結算價。

資料來源:臺灣期貨交易所

(二) 原油期貨

由於原油價格與民生議題息息相關,且近年來國際原油價格波動頗大,國內投資人從事複委託交易原油期貨日益增多,於是臺灣期交所於 2018 年 7 月順勢推出國內的首宗能源期貨商品-「布蘭特原油期貨」,以提供國人對原油進行投機與避險的新管道。

臺灣期交所所推出的布蘭特原油期貨,將提供國人可利用新台幣就可進行避險管道;且日盤、夜盤均可交易,可完整涵蓋歐洲與美國等國際主要原油期貨市場價格波動時段,以讓投機與避險交易能夠更即時。以下表 6-9 為布蘭特原油期貨的合約規格。

表 6-9 布蘭特原油期貨契約規格表

項目	布蘭特原油期貨
契約規模	200 桶
交割月份	自交易當月起連續三個月份,另加上接續的一個六月份及一個十二月份
每日漲跌幅	採前一每日結算價 ±5%、±10%、±20% 三階段漲跌幅度限制;契約到期最後交易截止時間的夜盤,到期月份契約之第三階段漲跌幅限制為 ±30%
報價方式	1 桶
最小升降單位	新台幣 0.5 元/桶(新台幣 100 元)
最後交易日	最後交易日為洲際歐洲期貨交易所布蘭特原油期貨同一到期交割月份契約最後交易日
最後結算價	洲際歐洲期貨交易所公布之同一到期交割月份契約洲際交易所布蘭特指數價格為基礎,並以最後交易截止時間前,最近一次臺北外匯經紀股份有限公司公布之上午 11:00 新台幣對美元成交即期匯率,轉換為新台幣金額

資料來源:臺灣期貨交易所

6-2　臺灣期貨市場的交易實務

　　本節將介紹國內期貨市場幾種較熱門商品之交易範例、以及各種期貨商品的交易稅與計算。

一、各種期貨商品交易範例

　　本單元將介紹國內期貨市場幾種較熱門商品之交易範例，分別為台股指數期貨、個股期貨、人民幣匯率期貨與台幣版黃金期貨。

(一) 台股指數期貨

　　投資人從事台股指數期貨的交易，不外乎是從事投機、避險與套利三種交易策略，以下介紹這三種交易策略及應用範例：

1. 投機交易策略

　　通常股價指數期貨是具有高度財務槓桿的投資工具，其槓桿倍數比股票交易高，且適合短線進出，所以是一項具高度投機性的金融工具。一般股價指數期貨的交易成本較股票交易低，且多空操作不像股票融資、融券限制較多，且股價指數期貨的交易又較股票交易不容易發生內線交易，所以投機者常以股票指數期貨代替買股票的投資策略。以下我們舉例 6-1，說明投資人若有一筆資金投資在股票現貨、股票信用交易與股價指數期貨的差異：

✏ 例題 6-1

》投機策略

　　假設 9 月 1 日臺灣股票加權指數為 8,000，若某投資人擁有資金 800 萬，則欲投資股票市場，有下列三種方式：

(1) 買入 800 萬的股票現貨

(2) 利用融資買入價值 320 萬的股票，支付融資費用（800×0.4 = 320 萬），（假設現行股票融資成數 6 成）

(3) 利用股票指數期貨支付 5 口保證金 40 萬（5×80,000 ＝ 40 萬）買入 5 口價值 800 萬（8,000×200×5 ＝ 8,000,000）的股價指數期貨。（假設現在股票指數期貨每口保證金為 8 萬）

若半個月後，假設加權股價指數上漲 5%，投資人所持有股票價值也上漲 5%，則購買股票現貨、股票融資及股價指數期貨的獲利如何，如下表顯示：（不考慮交易成本）

〔解答〕

日期	購買股票	融資買進股票	購買等值股票指數期貨
9 月 1 日	買進價值 800 萬的股票	買進價值 800 萬的股票	在 8,000 點買進 5 口 9 月合約
9 月 15 日	以 840 萬賣出持股（上漲 5%）	以 840 萬賣出持股（上漲 5%）	以 8,400 點賣出 5 口 9 月合約平倉（上漲 5%）
付出成本	800 萬	320 萬	40 萬
部位盈虧	40 萬	40 萬	$200 \times (8,400 - 8,000) \times 5 = 400,000$
報酬率	40／800 ＝ 5%	40／320 ＝ 12.5%	40／40 ＝ 100%

2. 避險交易策略

一般而言，期貨最原始的功能就是提供避險機制避險。股票投資人可利用股價指數期貨，來對所持有的股票現貨作避險。一般投資人持有的股票的投資組合的漲跌和股價指數期貨不完全一致，但投資人可利用 β 值的觀念，來調整期貨的部位，使避險效果達到更有效率。當股市行情不佳時，投資人不必急於拋售手中的持股，可運用股價指數期貨作避險，所以股價指數期貨對股票市場具有安定的作用。以下我們舉例 6-2，說明投資人利用股價指數期貨規避股票現貨市場之風險。

✏ 例題 6-2

≫ 避險策略

假設 10 月 1 日當時臺灣股價加權指數為 10,000 點，某投資人於擁有一籃子總價值為新台幣 1,000 萬元的上市股票（假設一籃子股票投資組合其 β 值為 1），投資人預期大盤指數可能會短期的向下調整但長期仍看多，投資人不願拋出手中的持股，此時可以賣出與現貨價值等額（5 口）的台股指數期貨，藉以減少股票市場下跌時所帶來的損失。若至 10 月 16 日，大盤果真向下修正為 9,000 點，投資人持有股票組合價值也下跌了 10%，則放空期貨之獲利可用來抵銷現貨的虧損，其損益如下顯示：

〔解答〕

日期	期貨市場	現貨市場
10 月 1 日	以 10,000 點賣出 5 口 10 月合約	股票組合總值 10,000,000 元
10 月 16 日	以 9,000 點平倉買回 5 口 10 月合約	股票組合總值 9,000,000 元
盈虧	獲利 $200 \times (10,000 - 9,000) \times 5 = 1,000,000$ 元	損失 1,000,000 元
合計	損益為 0	

3. 套利交易策略

通常投資人可在期貨或現貨市場，同時買進相對價格較低及賣出相對價格較高的兩個不同商品，進行套利行為。利用股價指數期貨的套利方式為，投資人可利用兩個不同（但相似）的股價指數期貨合約，進行價差套利；或者利用一籃子股票現貨與股價指數期貨合約，進行價差套利。以下我們舉例 6-3，說明投資人利用股價指數期貨、與代表一籃子股票現貨 ETF 之間的套利交易模式。

✐ **例題 6-3**

》 套利策略

　　假設現在臺灣加權指數期貨為 7,500，若大盤加權指數為 7,400，此時現貨與期貨有 100 點的正價差（期貨價格減現貨價格為正值）。投資人即可放空一口台股指期貨價位為 7,500，同時買入與期貨合約等值的臺灣 50ETF 共 1,500,000 元（200×7,500）；若當時臺灣 50ETF 市價為 50 元，則可買入約 30,000 股（1,500,000／50）。若股價指數期貨合約在到期時，當時股價指數期貨價格以 7,200 進行結算，且當日臺灣 50ETF 市價為 48.65 元，此時即可將買入期貨平倉，賣出臺灣50ETF，即可獲利金額為何？

〔解答〕

	臺灣加權指數期貨	臺灣 50ETF 股價指數型基金
期初時	賣出期貨價位 7,500	買進 30,000 股 ETF 價位 50 元
到期時	買進期貨價位 7,200	賣出 30,000 股 ETF 價位 48.65 元
部位損益	(7,500 − 7,200)×200 = 60,000	(48.65 − 50)×30,000 = − 40,500
套利損益	60,000 − 40,500 = 19,500	

(二) 股票期貨

　　本單元以臺灣期交所上市的股票期貨合約中，交易量較大的台積電期貨，當作交易案例之說明（詳見例 6-4）。

✏ 例題 6-4

≫ 股票期貨

假設投資人買入 1 口 6 月份的台積電期貨，台積電期貨價格為 580 元。該合約規模為每口 2,000 股，原始保證金為合約價值的 13.50%，維持保證金為合約價值的 10.35%。

(1) 請問買一口台積電期貨的原始保證金要繳多少元？

(2) 當台積電期貨價格為 600 元時，請問投資人獲利為何？此時報酬率為何？

(3) 請問台積電期貨價格為何時？投資人須補繳保證金。

〔解答〕

(1) 買一口台積電期貨的原始保證金＝ $580 \times 2,000 \times 13.5\%$ ＝ 156,600

(2) 當台積電股價為 600 元時，投資人獲利＝ $(600 - 580) \times 2,000$ ＝ 40,000，此時報酬率為 25.42%（40,000 ／ 156,600）。

(3) 當台積電股價為 X 時，須補繳保證金

$(580 - X) \times 2,000 = 580 \times 2,000 \times (13.5\% - 10.35\%)$，當 X ＝ 561.7 元。

(三) 人民幣匯率期貨

本單元以臺灣期交所上市的小型美元兌人民幣匯率期貨合約，當作交易案例說明（詳見例 6-5）。

✏ 例題 6-5

≫ 小型人民幣匯率期貨

假設投資人買入 1 口 6 月份的小型美元兌人民幣期貨合約，價格為 6.7855。該合約規模為每口 20,000 美元，原始保證金每口為 2,840 人民幣，維持保證金為 2,180 人民幣，投資人只繳交原始保證金 2,840 人民幣。

(1) 請問買賣一口小型人民幣匯率期貨價值為何？

(2) 請問投資人買賣一口期貨合約的槓桿倍數為何？

(3) 若現在美元兌人民幣期貨合約，價格為 6.8025，請問投資人獲利為何？

(4) 請問美元兌人民幣期貨價格為何時，投資人須補繳保證金？

〔解答〕

(1) 一口小型美元兌人民幣期貨合約價值為＝ 6.7855×20,000 ＝ 135,710 人民幣

(2) 槓桿倍數為 135,710 ／ 2,840 ＝ 47.79 倍

(3) 獲利金額＝ (6.8025 － 6.7855)×20,000 ＝ 340 人民幣

(4) 當人民幣匯率為 X 時，須補繳保證金

  (X － 6.7855)×20,000 ＝ 2,180 － 2,840，當 X ＝ 6.7525

(四) 台幣版黃金期貨

本單元以臺灣期交所上市的新台幣版黃金期貨合約，當作交易案例說明（詳見例 6-6）。

例題 6-6

》 台幣版黃金期貨

假設投資人預期黃金價格會下跌，於是賣出 1 口 3 月份的台幣黃金期貨合約，價格為 4,480 元／台錢。該合約規模為每口 10 台兩（100 台錢），原始保證金每口為 29,000 元，維持保證金為 22,000 元，投資人只繳交原始保證金 29,000 元。

(1) 請問買賣一口台幣黃金期貨價值為何？

(2) 請問投資人買賣一口台幣黃金期貨合約的槓桿倍數為何？

(3) 若現在台幣黃金期貨合約,價格為 4,360 元／台錢,請問投資人獲利為何?

(4) 請問台幣黃金期貨價格為何時,投資人須補繳保證金?

〔解答〕

(1) 一口台幣黃金期貨合約價值為= $4,480 \times 100 = 448,000$ 元

(2) 槓桿倍數為 $448,000 / 29,000 = 15.45$ 倍

(3) 獲利金額= $(4,480 - 4,360) \times 100 = 12,000$ 元

(4) 當台幣黃金期貨價格為 X 時,須補繳保證金 $(4,480 - X) \times 100 = 22,000$

二、各種商品交易稅

通常期貨交易人買賣期貨,應繳交期貨交易手續費及期貨交易稅。期貨交易手續費乃繳交給期貨經紀商,費用率會依不同的交易額度,而有不同的差價收費。期貨交易稅則由臺灣期交所,依據不同商品類別統一訂定之。以下將介紹各類商品的交易稅率與交易稅計算方式。

(一) 各類商品交易稅率

臺灣期交所會按照不同期貨商品類別,課徵不同的交易稅率。表 6-10 為國內各類期貨商品的交易稅率。

表 6-10 為國內各類期貨商品的交易稅率

各種期貨類別	期貨交易稅率
股價類期貨(個股期貨)	每次交易之契約金額之十萬分之 2
利率類期貨	每次交易之契約金額之百萬分之 1.25
匯率類期貨	每次交易之契約金額之百萬分之 1
商品類期貨	每次交易之契約金額之百萬分之 2.5～5

資料來源:臺灣期貨交易所(2022/11)

(二) 交易稅計算

通常計算期貨交易稅，是以交易一口單邊之期貨商品為計算標準，也就是不管是買進與賣出都須課稅。例如：以臺灣股價指數期貨為例，假設現在是股價指數期貨 9,500 點，其交易稅為契約總價金之十萬分之 2，所以此時買入一口股價指數期貨，須課徵交易稅 38 元（200×9,500×2 / 100,000）；待一段時期後，股價指數期貨 9,700 點，則須課徵交易稅 39 元（200×9,700×2 / 100,000）。

6-3　臺灣期貨市場的制度措施

近年來，國內的期貨市場交易量日趨成長，且推出的商品亦呈現多元化與國際化，臺灣期交所為了因應全球金融市場的脈動，近期推出「夜盤交易制度」，以便利投資人於日盤交易結束後，仍可繼續參與國際行情的變動。

此外，由於期貨交易風險頗大，因此市場上盛行利用電腦程式交易，但有時仍會出現電腦程式錯誤下單的情形，導致交易價格異常變動、或者市場受到重大事件的衝擊，導致交易價格大幅震盪，這些情形都會讓市場引起更大的交易風險。有鑑於此，臺灣期交所於近期亦推出「動態價格穩定措施」，希望能降低國內的期貨交易風險。

以下本節將介紹臺灣期貨交易所，所推出的兩個新制度與措施，分別為「夜盤交易制度」與「動態價格穩定措施」。

一、夜盤交易制度

一般而言，期貨市場交易的商品，除了部分的金融期貨，如：股價指數與利率類商品，比較屬於區域性與本土性之外，其餘期貨商品包括：外匯期貨、商品期貨等，大都屬於國際性的商品。這些國際性商品的價格波動是全天候時段，因此某國的期貨市場上，若有交易這些國際性商品，則價格的變動會受限於該國的期貨交易時間，若當該國期貨市場收盤後，這些國際性商品的價格，仍在其他國市場繼續的交易波動，因此該國的投資人會面臨較不確定的價格變動風險。

有鑑於此，臺灣期貨交易所為提供市場參與者，更完善的交易及避險管道，乃參酌國際市場作法，於國內期貨市場在一般交易時段結束後，進行盤後交易，也就是俗稱的「夜盤交易」。夜盤交易制度將可滿足，因應國際金融市場波動或不同交易人之避險需求，並

提供交易人更便利之盤後交易平臺，且透過制度設計，降低對不參與盤後交易人之生活作息影響。以下將介紹盤後交易時間及適用商品：

(一) 交易時間

臺灣期貨交易所將針對日盤不同時間收盤的商品，分別規劃其盤後的交易時段規劃，見表 6-11：

表 6-11　各種不同期貨商品的盤後交易時段

日盤收盤商品	夜盤交易時段
13:45 收盤商品	15:00 開盤，交易至次日 05:00
16:15 收盤商品	17:25 開盤，交易至次日 05:00

(二) 盤後交易適用商品：

表 6-12　盤後交易適用商品

股價指數類	匯率類	商品類
1. 台股指數期貨 2. 小型台指期貨 3. 台指選擇權 4. 電子類股指數期貨 5. 美國道瓊期貨 6. 美國標普 500 期貨	1. 人民幣匯率期貨 2. 小型人民幣匯率期貨 3. 人民幣匯率選擇權 4. 小型人民幣匯率選擇權 5. 歐元兌美元期貨 6. 美元兌日圓期貨 7. 英鎊兌美元期貨 8. 澳幣兌美元期貨	1. 黃金期貨 2. 台幣黃金期貨 3. 黃金選擇權 4. 布蘭特原油期貨

二、動態價格穩定措施

由於期貨交易具高桿槓與高風險，所以交易人大都會採取短線進出，因此市場上盛行利用電腦或手機下單，並運用程式操盤軟體進行多種交易策略操作。但由於有時仍會出現電腦程式錯誤下單的情形、或出現鍵盤太小而常打錯字的胖手指事件（Fat-finger Problem），都會造成期貨市場劇烈變動，因而產生鉅額損失。此外，金融市場有時會受到重大事件的衝擊，導致期貨交易價格大幅震盪，因而遭受莫大損失。

有鑒於此，各國期交所都儘速建置價格穩定措施，以防範盤中價格異常波動風險。近期，臺灣期貨交易所推出「動態價格穩定措施」，以因應程式錯誤下單、胖手指及盤中委

託流動性瞬間失衡等事件，希望能降低國內的期貨交易風險，同時使我國期貨市場制度與國際接軌，並提升期貨市場國際競爭力。以下將介紹動態價格穩定措施的適用商品、適用交易時段。

(一) 適用商品

現階段動態價格穩定措施的適用商品，如表 6-13 所示：

表 6-13　適用動態價格穩定措施的商品

適用商品	適用契約月份
國內所有的股價指數期貨商品。	國內所有股價指數期貨的月份契約、及跨月價差契約。

(二) 適用交易時段

動態價格穩定措施，通常適用於盤中的逐筆撮合，並無適用於盤前的集合競價，且也不適用於鉅額交易。以下表 6-14 為動態價格穩定措施的適用交易時段。

表 6-14　動態價格穩定措施的適用交易時段

	交易時段	是否適用
日盤	集合競價 (8:30～8:45)	不適用
	逐筆撮合 (8:45～13:45)	適用
夜盤	集合競價 (14:50～15:00)	不適用
	逐筆撮合 (15:00～次日 5:00)	適用

市場焦點

期貨市場交易量持續成長 2022 年持續推出商品、調整制度

一、商品面

　　考量股價指數為國人最熟悉且最具需求之商品類別，亦為國際期貨市場主流商品，2022 年期交所將規劃以股價指數為主軸，推出與現有商品且有區隔性及互補性之股價指數商品，以提供交易人更豐富及多元之交易工具，滿足市場交易及避險需求。

二、制度面

(一) 交易制度

1. 持續擴大適用動態價格穩定措施：為持續強化期貨市場價格穩定功能，2022 年上半年將納入電子選擇權及金融選擇權、下半年將擴大適用於 ETF 選擇權。

2. 持續研議新增夜盤交易商品：夜盤於 2017 年推出後至今已有 21 項夜盤交易商品，2021 年夜盤日均量占日盤同品交易比重平均逾 3 成，顯示交易人積極參與期貨市場夜盤交易，2022 年將持續依商品交易量及交易人參與情形，評估新增適合夜盤交易商品。

(二) 結算制度

1. 持續建置國內店頭衍生性商品集中結算機制：期交所規劃分階段提供新台幣利率交換契約（IRS）及無本金交割遠期外匯契約（NDF）集中結算服務。

2. 持續強化期貨集中交易市場風險控管機制：期交所參酌國際主要結算機構作法，規劃調整期貨集中交易市場結算會員應繳存交割結算基金及市場發生違約時分擔金額之計算，採以風險為基礎之衡量方式，取代過去以結算會員業務規模為基礎之作法，以強化期貨市場財務安全防衛資源對違約風險之承受能力。

■ 資料來源：摘錄自經濟日報 2022/01/11

🔒 **解說**

　　臺灣的期貨市場蒸蒸日上，近年來，持續不斷的成長。展望未來，除了再繼續推出新商品；在制度面：持續擴大適用動態價格穩定措施，並新增夜盤交易商品，且建置國內店頭衍生性商品集中結算機制與強化期貨集中交易市場風險承受力。

本章習題

一、選擇題

(　　) 1. 臺灣期貨交易所之電子類股期貨與金融類股期貨之最小跳動點數分別為何？
(A) 0.05 點、0.2 點　(B) 0.2 點、0.05 點　(C) 0.05 點、0.05 點　(D) 0.2 點、0.2 點。
【2013-2 期貨營業員】

(　　) 2. 臺灣期貨交易所之期貨交易契約到期採現金交割者，以下列何者結算其與結算會員間之權益？
(A) 最後收盤價　(B) 最後結算價　(C) 最後申報價　(D) 翌日之收盤價。
【2013-4 期貨營業員】

(　　) 3. 臺灣期貨交易所之台幣黃金期貨之契約乘數為：
(A) 10 台兩　(B) 100 台錢　(C) 375 公克　(D) 選項 (A)(B)(C) 皆是。
【2015-2 期貨營業員】

(　　) 4. 臺灣期貨交易所之小型台指期貨之契約乘數為：
(A) 50 元　(B) 100 元　(C) 200 元　(D) 250 元。
【2015-2 期貨營業員】

(　　) 5. 臺灣期貨交易所美元計價黃金期貨之最後結算價為：　(A) 最後交易日收盤價 (B) 最後結算日收盤價　(C) 最後交易日 ICE Benchmark Administration Limited（IBA）之 LBMA 黃金早盤價　(D) 最後交易日倫敦黃金市場定價公司之倫敦黃金午盤定盤價。
【2016-2 期貨業務員】

(　　) 6. 臺灣期貨交易所美元兌人民幣期貨大合約之最後結算價為：　(A) 最後交易日收盤價　(B) 最後結算日收盤價　(C) 財團法人臺北外匯市場發展基金會在最後交易日上午 11:15 公布之臺灣離岸人民幣定盤匯率　(D) 香港財資市場公會在最後交易日上午 11:15 公布之美元兌人民幣（香港）即期匯率定盤價。
【2016-2 期貨業務員】

( ) 7. 臺灣期貨交易所之美國道瓊期貨契約的每日漲跌幅為： (A) 前一一般交易時段每日結算價上下 7% (B) 前一一般交易時段每日結算價上下 13% (C) 前一一般交易時段每日結算價上下 20% (D) 前一一般交易時段每日結算價上下 7%、13%、20% 三階段漲跌幅度限制。

【2018-1 期貨業務員】

( ) 8. 臺灣期貨交易所之臺灣 50 指數期貨契約之最小跳動點數為何？
(A) 0.05 點 (B) 0.2 點 (C) 0.5 點 (D) 1 點。

【2018-2 期貨業務員】

( ) 9. 關於臺灣期貨交易所之動態價格穩定措施，國內股價指數期貨哪個交易時段適用之： (A) 日盤交易時段 (B) 夜盤交易時段 (C) 集合競價時段 (D) 逐筆撮合時段。

【2021-2 期貨業務員】

( )10. 臺灣期貨交易所「布蘭特原油期貨」之最小升降單位為： (A) 新台幣 0.5 元／桶（新台幣 100 元） (B) 新台幣 1 元／桶（新台幣 200 元） (C) 美元 0.005 元／桶（1 美元） (D) 美元 0.01 元／桶（2 美元）。

【2021-2 期貨業務員】

( )11. 臺灣期貨交易所之「臺灣生技期貨」的交易時間為： (A) 上午 8:45～下午 1:45 (B) 上午 8:45～下午 4:15 (C) 上午 8:00～下午 4:15 (D) 上午 8:00～下午 1:45。

【2021-2 期貨業務員】

( )12. 臺灣期貨交易所盤後交易時段收單至開市時間為：
(A) 10 分鐘 (B) 15 分鐘 (C) 20 分鐘 (D) 25 分鐘。

【2021-2 期貨業務員】

( )13. 臺灣期貨交易所之「臺灣永續期貨」的每日最大漲跌幅為： (A) 前一交易日結算價上下 7% (B) 前一交易日結算價上下 10% (C) 前一交易日結算價上下 13% (D) 前一交易日結算價上下 7%、10%、13% 三階段漲跌幅度限制。

【2021-3 期貨業務員】

( )14. 臺灣期貨交易所之美國那斯達克 100 期貨的每日漲跌幅為： (A) 前一一般交易時段每日結算價 ±7% (B) 前一一般交易時段每日結算價 ±13% (C) 前一一般交易時段每日結算價 ±20% (D) 前一一般交易時段每日結算價 ±7%、±13%、±20% 三階段漲跌幅度限制。

【2021-3 期貨業務員】

( )15. 臺灣期貨交易所之東證指數期貨契約之契約乘數為：
(A) 50 元 (B) 100 元 (C) 200 元 (D) 250 元。

【2021-3 期貨業務員】

( )16. 臺灣期貨交易所「小型美元兌人民幣選擇權」之契約規模為：
(A) 2 萬人民幣 (B) 2 萬美元 (C) 10 萬人民幣 (D) 10 萬美元。

【2021-3 期貨業務員】

( )17. 小型台指期貨，其契約價值為台股期貨的多少比例
(A) 1／5 (B) 1／4 (C) 1／3 (D) 1／2。

【2022-1 期貨業務員】

( )18. 關於臺灣期貨交易所之「小型金融期貨」是否適用動態價格穩定措施，下列敘述何者正確？ (A) 不適用 (B) 適用，單式買賣申報退單百分比為 2% (C) 適用，組合式買賣申報退單百分比為 1.5% (D) 適用，組合式買賣申報退單百分比為 2%。

【2022-1 期貨業務員】

( )19. 臺灣期貨交易所「英鎊兌美元匯率期貨」之最小升降單位為： (A) 0.01 美元／英鎊 (B) 0.001 美元／英鎊 (C) 0.0001 美元／英鎊 (D) 0.00001 美元／英鎊。

【2022-1 期貨業務員】

( )20. 關於臺灣期貨交易所之「小型電子期貨」是否適用動態價格穩定措施，下列敘述何者正確？ (A) 不適用 (B) 適用，單式買賣申報退單百分比為 1% (C) 適用，組合式買賣申報退單百分比為 1% (D) 適用，組合式買賣申報退單百分比為 2%。

【2022-1 期貨業務員】

Note /

第二篇　期貨進階篇

投資人欲在期貨市場獲利，必須熟知期貨價格的形成原理、以及各種交易策略的運用，這樣才會使期貨交易更能得心應手。本篇內容為期貨進階篇，共包含兩大章，主要介紹期貨的價格分析理論、以及期貨的各種交易策略；此內容為學習期貨課程中，所應具有的進階知識。

Chapter 7 期貨價格分析

本章內容為期貨價格分析，主要介紹期貨與現貨價格的關係、持有成本理論與應用、以及持有成本理論的限制等內容，其內容詳見如下。

7-1 期貨與現貨價格的關係　介紹期貨與現貨價格之間合理與不合理的情形。

7-2 持有成本理論與應用　介紹期貨價格的持有成本理論與應用。

7-3 持有成本理論的限制　介紹使用持有成本理論對期貨價格評估之限制。

章前導讀

　　通常期貨交易的價格具有對未來現貨價格預測的功能，所以期貨和現貨價格之間的關係是密不可分。基本上，期貨和現貨價格的差別，主要是兩者之間存在「持有成本」之差異。

　　在期貨持有成本的理論中，除了須考慮投資者持有現貨所須負擔的持有成本外，若在現貨市場突然面臨缺貨時，手中持有的現貨商品就會帶給持有者好處，或者現貨本身會自動的產生收益，這些「便利收益」，須從持有成本中扣除，才能使得持有成本模型更為合理。

　　此外，期貨的持有成本理論是假設市場符合完全性，但在一般實際市場運作中，因為金融市場是不完全的，常使得套利的行為無法順利進行，所以我們必須對模式加以修正，才能符合實務需求。

　　以下本章首先介紹期貨和現貨價格的關係，其次再介紹持有成本的理論與應用，最後介紹實務上，使用持有成本理論來決定期貨價格時，所遇到的種種限制。

7-1　期貨與現貨價格的關係

每一種商品都有其現貨的價格，即表示市場上立即買賣（交割）的價格。由於地區、市場供需不同，使同一種現貨商品的價格卻不止一個。例如：原油價格在不同的國家，因考量原油的運輸成本，就有不同的價格。此外，同一種現貨價格，也因品質不同而有所不同的價格，通常品質愈好，價格越高。所以影響現貨商品價格的因素除了供需情形外，尚有商品交割的地點、時間與品質等因素。

在考慮上述影響現貨價格的種種因素後，因期貨價格具有對現貨未來價格作預測的功能，所以期貨與現貨價格之間，一定存在某程度「合理」的價差之關係。若期貨與現貨的價格之間，出現「不合理」的關係時，則會產生「套利」的機會。以下將討論期貨與現貨價格，兩者之間出現合理與不合理的情形。

一、合理情形

通常期貨價格代表未來的價格，基本上，根據貨幣的時間價值理論，未來的出售物品的價格會比現在出售物品價格，至少多出貨幣的最基本時間價值，也就是「資金成本」。因此期貨價格應高於現貨價格，且兩者的價差也應該具合理性。

例如：有一位已收成小麥的農夫，他擁有小麥的現貨，若此時他將小麥賣掉，每單位可賣 S 元，此為現貨市場的價格；他也可以將小麥貯藏起來，等三個月後才售出，預期每單位可賣 F 元，此為期貨市場的價格。一般而言，期貨價格須大於現貨的價格 (F > S) 才合理，因為小麥農夫三個月後才售出，他必須負擔小麥的三個月倉儲成本及損失三個月前賣掉 S 元後所得資金的利息收入，所以期貨和現貨價格間必然存在合理的價差。

二、不合理情形

上述中，我們得知期貨價格應高於現貨價格，才是正常合理的情形。但實際交易中，有可能會出現兩種不合理現象，其一就是「期貨與現貨的實際價差遠大於合理價差」；另一就是「期貨與現貨的實際價差遠小於合理價差」。所以若有上述兩種情形出現，就會有套利的情形產生。

若出現「期貨與現貨的實際價差遠大於合理價差」，此時代表期貨價格被「高估」，則可以同時賣出期貨合約及買進現貨進行套利。若出現「期貨與現貨的實際價差遠小於合理價差」，代表期貨價格被「低估」，則可以同時買進期貨合約及賣出現貨進行套利。

7-2 持有成本理論與應用

上述對期貨與現貨價格的討論中，期貨價格和現貨價格之間之所以會有差價，是因為現貨商品在持有期間必須負擔持有成本的關係。以下本節將介紹持有成本的理論與應用。

一、持有成本理論

通常期貨價格的持有成本模型，主要在評斷期貨與現貨價格之間是否具合理性。所謂的「**持有成本**」（Carrying Cost）就是某一商品從買入並持有到賣出日止，這段期間內所產生的成本。通常持有成本包括：倉儲成本（Storage Cost）、保險成本（Insurance Cost）、資金成本（Financing Cost）等等。如果將期貨當作未來價格，那期貨價格須等於現貨價格與加上若干的「持有成本」。此外，若此持有成本模型的關係式要合理存在，則必須符合以下基本假設：

1. **市場是完全的**（Complete）。
2. **市場不考慮交易成本。**
3. **投資者可以用無風險利率進行無限制的借貸。**
4. **市場不得限制放空，且買賣期貨和現貨沒有信用風險。**
5. **商品能無限期的貯藏，而不損其特性。**

依據上述期貨價格的持有成本觀念，我們可以將期貨價格等於現貨價格加上持有成本的關係式，表示如下式（7-1）：

$$F_{t,T} = S_t + C \qquad (7\text{-}1)$$

$F_{t,T}$：時間 t 時，預計於 T 時交割的期貨價格。

S_t：時間 t 時的現貨價格。

C：從 t 時持有現貨到 T 時的持有成本。

由（7-1）式得知，當期貨和現貨市場價格出現不均衡時，使得 $F_{t,T} \neq S_t + C$ 時，將有套利機會產生，此時投資人將迅速介入市場進行買低賣高的行為，使得套利機會消失，市場終又恢復均衡使 $F_{t,T} = S_t + C$。

若現在我們將（7-1）式的持有成本（C）用現貨價格（S_t）的相對百分比來表示為 c，

則 $c = \dfrac{C}{S_t}$，持有成本的理論公式，將修改如下（7-2）式：

$$F_{t,T} = S_t\left(1 + \frac{C}{S_t}\right) = S_t(1 + c) \qquad （7\text{-}2）$$

在期貨市場中，投資者持有現貨雖須負擔持有成本，但在現貨市場突然面臨缺貨時，手中持有的現貨商品就會帶給持有者好處；或者現貨本身會自動的產生收益，這些好處與收益，稱為「便利收益」[1]（Convenience Yield）。這些商品所產生的便利收益，須從持有成本中扣除，才能使得持有成本模型更為合理。所以（7-2）式須修正為下式（7-3）[2]，所以式（7-3）為期貨持有成本理論的一般通式。

$$F_{t,T} = S_t + (1 + c - y) \qquad （7\text{-}3）$$

y：從 t 期持有現貨到 T 期產生的便利收益（y 以現貨價格的百分比表示）。

✏ 例題 7-1

》持有成本

假設某種商品現在可以賣 1,000 元，若考慮將來才出售，價格會比較好，所以將商品多保留半年，期間須付倉儲費 5%，保險費 2%，以及資金利息的機會成本 3%，但此商品持有期間會產生其他收益 6%，請問此商品六個月後應至少賣多少錢才合理？

〔解答〕

$$F_{t,T} = S_t(1 + c - y) = 1{,}000 \times \left[1 + (5\% + 2\% + 3\% - 6\%) \times \frac{6}{12}\right] = 1{,}020 \text{（元）}$$

---

1. 例如：持有小麥原料的麵粉商，當小麥缺貨時，其所儲存的小麥還能維持正常生產運轉的功能，此時小麥現貨對麵粉商產生好處；或者持有債券商品，債券本身會有固定收益。因此這些好處或收益都屬於「便利收益」。
2. 如果我們採連續複利（Continuous Compounding）觀念，則持有成本模型，期貨價格應為 $F_{t,T} = S_t e^{(c-y)(T-t)}$。

二、持有成本理論的應用

　　一般各種期貨商品的持有成本及便利收益均不相同，金融商品的持有成本會較一般的實體商品少，因為金融商品不會有倉儲成本、保險成本的費用，且持有金融商品所產生的便利收益（如：利息收益、債息收益、股利收益）較一般實體商品明顯且明確。所以以下我們將針對不同的期貨商品的持有成本、以及便利收益，作逐一的說明與比較。

(一) 外匯期貨

　　一般而言，投資人持有外幣的持有成本為無風險利率 r，但持有者可以將該筆外幣存在銀行孳生利息，持有期間收到的外幣利息為 r_f（r 及 r_f 以現貨價格百分比表示），則為便利收益。所以外匯期貨的價格，根據持有成本模型應表示，如下式（7-4）[3]：

$$F_{t,T} = S_t(1 + r - r_f) \tag{7-4}$$

✎ 例題 7-2

》外匯期貨持有成本

　　若 6 月時之英磅即期匯率為 1.56，美金和英磅之 3 個月利率分別為 2% 及 3%，若持有成本模型成立，則合理 9 月期貨價格應為多少？

〔解答〕

$$F_{t,T} = S_t(1 + r - r_f) = 1.56 \times \left[1 + (2\% - 3\%) \times \frac{3}{12}\right] = 1.5561$$

(二) 利率期貨

　　一般而言，投資人持有固定收益證券的資金成本，仍視為無風險利率 r，持有期間會收到利息收入 i（r 及 i 以現貨價格百分比表示），則為便利收益。所以利率期貨的價格，根據持有成本模型應表示，如下式（7-5）[4]：

---

3. 若採連續複利觀念，則期貨價格為 $F_{t,T} = S_t e^{(r - r_f)(T - t)}$。
4. 若採連續複利觀念，則期貨價格為 $F_{t,T} = S_t e^{(r - i)(T - t)}$。

$$F_{t,T} = S_t(1 + r - i) \tag{7-5}$$

例題 7-3

》利率期貨持有成本

若 9 月時，票面利率為 6% 的美國長期公債期貨為 105-16，資金成本年利率為 10%，則合理 12 月美國長期公債期期貨合理價格為何？

〔解答〕

$$F_{t,T} = S_t(1 + r - i) = 105\frac{16}{32}\% \times \left[1 + (10\% - 6\%) \times \frac{3}{12}\right]$$

$$= 1.0550 \times \left[1 + (10\% - 6\%) \times \frac{3}{12}\right] = 106.555$$

(三) 股價指數期貨

一般而言，投資人持有股票的成本為資金成本，以無風險利率 r 代表，若持有期間有發放股利 d（r 及 d 皆以現貨價格百分比表示），則為便利收益。所以股價指數期貨的價格，根據持有成本模型應表示，如下式（7-6）[5]：

$$F_{t,T} = S_t(1 + r - d) \tag{7-6}$$

---

5. 若採連續複利觀念，則期貨價格為 $F_{t,T} = S_t e^{(r-d)(T-t)}$。

✏️ **例題 7-4**

≫ 股價指數期貨持有成本

若 6 月 S & P 500 期貨合約價格為 500 美元，假設股利率為 3%（便利收益），年利率為 6%（資金成本），若持有成本模型成立，求 9 月 S & P 500 期貨合約價格應為多少？

〔解答〕

$$F_{t,T} = S_t(1 + r - d) = 500 \times [1 + (6\% - 3\%) \times \frac{3}{12}] = 503.75$$

(四) 商品期貨

一般而言，持有商品的持有成本，除了資金成本為無風險利率 r 外，另外還有倉儲、保險與運輸等持有成本 u（u 以現貨價格百分比表示）亦佔相當大的比重，而其便利收益 y 則相對地較不明顯，但亦有可能產生。所以商品期貨的價格，根據持有成本模型應表示，如下式（7-7）[6]：

$$F_{t,T} = S_t(1 + r + u - y) \tag{7-7}$$

✏️ **例題 7-5**

≫ 黃金期貨持有成本

若現在 6 月份黃金之現貨價格為 1,500 美元，某廠商持有一批黃金，假設年利率為 10%（資金成本），如果黃金的儲藏保險成本為 3%，持有期間政府補貼 1% 的收益，請問 12 月份黃金期貨合約的理論價應為何？

〔解答〕

$$F_{t,T} = S_t(1 + r + u - y) = 1,500 \times \left[1 + (10\% + 3\% - 1\%) \times \frac{6}{12}\right] = 1,590$$

---

6. 若採連續複利觀念，則期貨價格為 $F_{t,T} = S_t e^{(r + u - y)(T - t)}$。

市場焦點
商品期逆價差 14 年最陡峻

　　彭博資訊報導，國際金屬、農產品與石油期貨，正出現逾 14 年來最陡峻的「逆價差」（即近期期貨價格高於遠期期貨的幅度），顯示原料商品市場基本面仍非常強勁，需求超強而供給卻超緊。在彭博商品指數所追蹤的原物料中，約有一半的期貨報價都呈現逆價差，包括石油、天然氣、銅、黃豆等，凸顯短期需求極強。

　　由於各大經濟體疫後景氣強勁復甦，且各國政府大舉擴張支出，使多種原料商品價格一飛沖天。製造業與營建業景氣回升，開車人數增加，機票預訂也趨熱絡。中國大買玉米，也帶動穀物價格勁揚。

　　路透訪調的分析師預期，由於多國加快施打新冠疫苗將推升原油需求，在加上石油輸出國組織與盟國（OPEC＋）將持續限制供應，國際油價今年有望繼續上漲，但印度和其他地區新冠疫情日益惡化，可能是油價漲勢的絆腳石。

■ 資料來源：摘錄自經濟日報 2021/05/03

🔒 **解說**

　　在持有成本理論下，期貨價格須高於現貨價格，遠月期貨價格須高於近月期貨。前陣子，由於疫情關係，讓許多商品的近月期貨價格高於遠期期貨，出現逆價差的不合理現象，但也表示商品短期供需出現失衡的情形。

7-3 持有成本理論的限制

一般我們利用持有成本理論,來進行期貨和現貨市場的套利行為,是假設市場符合完全性,但在一般實際運作中,因為市場是不完全的(Market Imperfection),常使得套利的行為無法順利進行,所以我們必須對模式加以修正,才能符合實際市場的需求。市場的不完全性,對持有成本模式的影響,包括如下條件:

1. **交易成本的存在。**
2. **借貸利率不同。**
3. **賣空行為的限制。**
4. **儲存商品的限制。**

以下我們將逐一討論這些市場不完全性的條件,如何影響期貨的理論價格:

一、交易成本的存在

在實際的市場運作中,投資人買賣期貨是必需付出交易成本(Transaction Cost),一般較常見為手續費、稅賦及買賣差價等交易成本。為了說明交易成本對期貨合理價格的影響,以下我們將舉例說明之,我們以 t 代表交易成本(t 亦以現貨價格的百分比表示之):

在不考慮交易成本的完全市場條件下,假設現在黃金的現貨價格為 300 美元,若持有成本(即借貸資金成本)為 5%,則根據持有成本模式 $F_{t,T} = S_t (1 + c)$,黃金的期貨的合理價格為 300(1 + 5%) = 315 美元,如表 7-1 所示。

當期貨價格小於理論價格 $\{F_{t,T} < S_t (1 + c)\}$ 或期貨價格大於理論價格 $\{F_{t,T} > S_t (1 + c)\}$ 就有套利的機會,如表 7-2 所示。

表 7-1　黃金現貨價格與合理價格

黃金現貨價格	持有成本(借貸資金成本)	黃金的期貨的合理價格
300 美元	5%	300(1 + 5%) = 315 美元

表 7-2　無交易成本下投資人的套利價差

黃金期貨價格	價格（低估 / 高估）	投資人套利價差
310 美元＜合理價格 315 美元	低估	買進黃金期貨合約同時賣出黃金現貨，交割前平倉，便有 5 美元（315－310）的套利價差
320 美元＞合理價格 315 美元	高估	賣出黃金期貨合約同時買進黃金現貨，到交割前平倉，便有 5 美元（320－315）的套利價差。

考慮交易成本的情況下，假設交易成本為 2%，如下表 7-3 所示：

表 7-3　有交易成本下投資人的套利價差

黃金期貨價格	交易成本	投資人套利價差
310 美元＜合理價格 315 美元	300×(1 + 5%)×2% = 6.3 美元	5 美元（315－310）的套利價差扣除交易成本 6.3 美元＝－1.3 美元
320 美元＞合理價格 315 美元	300×(1 + 5%)×2% = 6.3 美元	5 美元（320－315）的套利價差扣除交易成本 6.3 美元＝－1.3 美元

黃金的期貨價格為 310 美元，若要有套利機會，除非黃金期貨價格需低於 308.7 美元 {300×(1 + 5%)×(1 - 2%) = 308.7} 才有套利的機會。

同樣的，若黃金期貨價格為 320 美元，若要有套利機會，除非黃金期貨價格需高於 321.3 美元 {300×(1 + 5%)×(1 + 2%) = 321.3} 才有套利的機會。

由上例得知，若黃金期貨價格介於 308.7 美元與 321.3 美元之間，投資人是沒有套利機會的。所以我們可以整理得知，在考慮交易成本後，期貨價格與現貨價格的關係式，須修正如下式（7-8）：

$$S_t(1 + c)(1 - t) \leq F_{t, T} \leq S_t(1 + c)(1 + t) \tag{7-8}$$

此時期貨價格與現貨價格的關係式不再是唯一等式，而是介於一「無套利區間」（Non-arbitrage Bound）的限制式內，$S_t(1 + c)(1 + t)$ 為區間上限，$S_t(1 + c)(1 - t)$ 為區間下限。

二、借貸利率不同

在完全市場假設下，投資人均可以用無風險利率進行無限的借貸，但在實際市場運作中，借款利率 C_b 通常是高於貸款利率 C_l。當期貨價格被低估時，投資人會買進期貨合約

同時賣出現貨，進行套利，此時賣出現貨所得資金再貸放出去的利率為 C_l；當期貨價格被高估時，投資人會賣出期貨合約同時買進現貨，進行套利，此時買進現貨所須資金的借款利率為 C_b。所以期貨價格與現貨價格的關係式，須修正如下式（7-9）：

$$S_t(1 + C_l)(1 - t) \leq F_{t,T} \leq S_t(1 + C_b)(1 + t) \qquad (7-9)$$

三、賣空行為的限制

在完全市場下，我們假設投資人均能無限制的賣空現貨，並完全支配賣空全部所得資金。但在實際市場運作中，並非所有現貨商品都可賣空，既使可賣空也不得使用賣空全部所得資金，投資人常常會被要求留置部分資金以作為擔保品。因此，賣空所得到的全部資金，不能完全拿來貸放出去。所以我們假設只可使用賣空所得資金的一部份為 m，$0 \leq m \leq 1$，此時（7-9）式的區間下限必須作一調整，所以期貨價格與現貨價格的關係式，須修正如下式（7-10）：

$$mS_t(1 + C_l)(1 - t) \leq F_{t,T} \leq S_t(1 + C_b)(1 + t) \qquad (7-10)$$

四、儲存商品的限制

在完全市場假設下，商品是可以無限儲存而不損其特性。但在實際市場運作中，商品期貨中大概只有黃金之類可以符合要求，但其餘眾多商品儲存期限的限制。例如：咖啡、橘子汁、活牛等商品，顯然是無法無限時儲存，所以此節所討論的持有成本模式中，無套利期貨價格限制式，顯然是不能用的。所以這些不可儲存、或易毀損的商品的持有成本會較高些，所以無套利期貨價格限制式中的「無套利區間」就必須變寬，才符合需求。雖然如此，持有成本模式至少對可儲存商品與金融商品等期貨，提供一個合理的評價標準。

本章習題

一、選擇題

( ) 1. 假設 7 月時 A 股票的價格為 \$100，當時 3 個月期之年利率為 12%（即 R7,10 ＝ 3%），依據持有成本的模式，當年 10 月到期之 A 股票期貨之均衡價為多少？（不考慮股利）　(A) \$97　(B) \$99.25　(C) \$100.75　(D) \$103。

【2013-1 期貨業務員】

( ) 2. 假設明年 3 月黃豆期貨的價格為 \$6.2，而同年 6 月的黃豆期貨價格為 \$6.72，如果儲存成本為每月 \$0.12，則應：　(A) 買 3 月契約，賣 6 月契約　(B) 買 6 月契約，賣 3 月契約　(C) 買 3 月契約　(D) 賣 3 月契約。

【2013-1 期貨業務員】

( ) 3. 現貨市場不虞匱乏，倉儲之供給量夠大，則不同交割月份之同一商品期貨價格之間的差距，在理論上應反應：　(A) 倉儲成本　(B) 融資成本　(C) 兩個交割月份間的持有成本　(D) 商品供需之季節性因素。

【2013-2 期貨業務員】

( ) 4. 當交易人認為期貨契約價格偏低時，則他如何進行套利？　(A) 同時買進期貨合約，賣出現貨　(B) 同時賣出期貨合約，買進現貨　(C) 同時賣出期貨合約，賣出現貨　(D) 同時買進期貨合約，買進現貨。

【2013-2 期貨業務員】

( ) 5. 如果現貨價格為 110.00，期貨價格 105.00，稱為：
(A) 正向市場　(B) 逆向市場　(C) 淺碟市場　(D) 選項 (A)(B)(C) 皆非。

【2013-4 期貨業務員】

( ) 6. 金融期貨主要持有成本是：
(A) 資金成本　(B) 倉儲成本　(C) 保險費　(D) 選項 (A)(B)(C) 皆非。

【2013-4 期貨業務員】

( ) 7. I.債券現貨價格；II.債券遠期價格；III.持有現貨利息收入；IV.持有現貨資金成本，請問前列項目之間的關係為：　(A) I ＝ II ＋ III ＋ IV　(B) I ＝ II － III ＋ IV　(C) II ＝ I － III ＋ IV　(D) I ＝ II － III － IV。

【2014-1 期貨分析人員】

( ) 8. 持有成本模型（Cost-of-Carry Model）評估期貨的套利機會時，假設考慮交易成本，以下列何種跡象顯示有套利機會？ (A) 理論的期貨價格高於現貨價格 (B) 實際期貨價格高於持有成本模型的理論價格 (C) 實際期貨價格高於預期未來現貨價格 (D) 實際期貨價格高於理論價格加上交易成本。

【2014-4 期貨分析人員】

( ) 9. 持有成本理論最能有效評價下列哪一種期貨合約？
(A) 活牛期貨 (B) 外匯期貨 (C) 生豬期貨 (D) 以上皆是。

【2015-1 期貨分析人員】

( )10. 5 月 1 日時，MSCI 台指現貨指數為 355.0，若 SGX-DT MSCI 台指五月期貨指數為 350.0，試問下列何者為正確描述？ (A) 正常市場 (B) 逆向市場 (C) 持有成本（Carrying Charge）市場 (D) 基差為負值。

【2015-2 期貨業務員】

( )11. 下列何者會造成在不同交易所交易之同一種期貨商品價格的差異？甲.地理位置；乙.交割品質的規定；丙.運輸成本
(A) 僅甲、乙 (B) 僅乙、丙 (C) 僅甲、丙 (D) 甲、乙、丙。

【2018-2 期貨業務員】

( )12. 目前大盤指數為 10,592 點，三個月期之無風險年利率為 1.0%，且未來三個月期之台股年現金股利率為 5.0%，則不考慮交易成本、交易稅與保證金，依持有成本理論，請問指數期貨之合理價格應為多少（四捨五入計算至整數）？
(A) 10,168 (B) 10,619 (C) 10,724 (D) 10,486。

【2018-2 期貨分析人員】

( )13. 假設原油每桶的現貨價格為 60 美元，倉儲成本率為 2.5%，資金借貸之年利率為 3%，方便收益率為 1.5%。請問 1 年後到期之原油期貨，其目前市場價格最可能為每桶多少美元？（$e^{0.01} = 1.0101$、$e^{0.02} = 1.0202$、$e^{0.04} = 1.0408$、$e^{0.07} = 1.0725$）
(A) 64.350 元 (B) 62.448 元 (C) 61.212 元 (D) 60.606 元。

【2021-2 期貨分析人員】

( )14. 當持有成本大於 0 時，則期貨價格會：
(A) 高於現貨價格 (B) 低於現貨價格 (C) 等於現貨價格 (D) 不一定。

【2022-1 期貨業務員】

(　　)15. 目前現貨價格 $100，一年期期貨價格 $108，無風險利率 6%，持有此現貨每年可產生 3% 的固定收益，此時交易人採取下面的投資策略：賣出期貨，買入現貨，並以無風險利率借入買現貨所需之款項。在無交易成本的情形下，一年後期貨契約到期時，交易人可獲得的無風險套利利潤為：

(A) $3　(B) $5　(C) $7　(D) $8。

【2022-1 期貨業務員】

Note /

Chapter 8

期貨交易策略

本章內容為期貨交易策略,主要介紹期貨的三種交易策略,分別為單純的買賣交易－投機交易、基差交易－避險交易、以及價差交易－套利交易等內容,其內容詳見如下。

8-1 **單純的買賣交易－投機交易**　介紹投機交易類型與操作策略。

8-2 **基差交易－避險交易**　介紹基差觀念、避險操作策略、效率避險決策。

8-3 **價差交易－套利交易**　介紹四種價差交易策略。

章前導讀

投資人在期貨市場從事期貨操作，其目的不外乎尋求投機或避險交易，其實這兩種交易的策略都一樣，都是期初買進（或賣出）期貨，期末再反向的賣出（或買進）期貨；但投資人若是基於本身現貨的避險而交易，此乃避險或稱基差交易，若不是就是投機交易。

此外，投資者甚至可進一步在期初尋求同時買進或賣出兩種相似期貨商品，待期末再將之前的合約分別反向沖銷掉，亦可套取一些利潤，此種交易就是價差或稱套利交易。所以期貨的操作策略一般可分為單純買賣交易、基差交易，以及價差交易三種方式。這三種操作策略剛好可滿足期貨投資人在進行投機、避險與套利交易的需求。

以下本章將依序介紹投機交易的類型與操作策略、避險交易的操作策略與決策、以及各種價差的交易策略。

8-1 單純的買賣交易－投機交易

所謂單純買賣交易是指投資人原先並未持有部位,為賺取差價而進入期貨市場從事多頭或空頭的交易,待賺取利潤後再反向沖銷部位出場,即一般所稱的投機交易,從事此類的投資人稱為「投機者」。

投機者對未來市場動向加以預測,希望藉由價格的變動來獲取利潤。投機者通常很少擁有現貨部位,當預期現貨價格將上漲時,就買進期貨契約,待日後期貨價格上漲時再作沖銷賣出,以賺取利潤;反之,預期現貨價格將下跌時,就先行賣出期貨契約,然後希望在日後以較低的價格作沖銷買回,以求取獲利。投機者對於應該先買或先賣之決定,完成取決於他對市場預期,作多或作空的機會均等。不管是作多或作空,投機者通常都會沖銷他們持有的部位,很少將期貨合約持有至到期日或履行現貨商品的交割。一般期貨市場的投資者,以此種操作策略最為常見。以下將進一步介紹投機者類型與操作策略

一、投機者的類型

(一) 依行情走勢看法不同區分

每個投機者對未來期貨價格變動的預期皆不相同,如:預期未來期貨價格將上漲,則買進期貨合約,此種投機行為稱為多頭投機者(Long Speculators);如:預期未來期貨價格將下跌,則賣出期貨合約,此種投機行為稱為空頭投機者(Short Speculators)。

(二) 依持有合約數量大小區分

投機者依持有合約數量大小可分為主力投機者(Large Speculators)與散戶投機者(Small Speculators)。一般主力投機者操作合約數量較多,需定期向主管機關申報,以便受監督。散戶投機者操作合約數量較少,交易金額較小,較不受主管機關的監督。

(三) 依持有合約時間長短區分

投機者依持有合約時間長短可區分為部位交易人(Position Trader)、當日沖銷者(Day Trader)與搶帽客(Scalpers)。部位交易人持有合約的時間最長,通常可能為數天、數週或數月之久,為期貨市場的長線交易者。當日沖銷者持有合約時間較短,通常會在當日就把部位沖銷掉,為期貨市場的短線交易者。搶帽客持有合約時間極短,通常會在數分鐘或數秒鐘內,就把部位沖銷掉,為期貨市場的極短線交易者。

(四) 依價差操作方法不同區分

　　一般價差交易者（Spreaders）亦可能屬於投機者，價差交易者會隨時觀察市場行情的變化而操作方法不同。通常價差操作方法，可分為市場內、市場間、商品間以及原料與產品間價差交易。有關價差交易將在本章第三節討論之。

二、操作策略

　　投機者首先會對交易的期貨契約進行深入了解，隨後分析期貨價格走勢，找出價格被高估或低估的期貨合約，以進行買低賣高的動作。當期貨價格果真如預期時，即可將原部位沖銷平倉，以獲利了結。通常投機操作分為以下兩種。

(一) 多頭投機操作

　　通常期貨交易人如預期未來期貨價格將上漲，則買進期貨合約，則稱為多頭投機操作；通常會等待有獲利後，再反向沖銷多頭部位，但若投機者對於價格的走勢判斷錯誤的話，損失亦不小。其操作範例如下：

 例題 8-1

》多頭投機操作

　　假設目前美國長期公債（T-Bond）期貨報價為 101-08，某人預期將來利率將走低，公債價格將上揚，於是投資人在期貨市場買進 T-Bond 期貨 5 口，合約到期時利率果真下跌，投資人以 102-16 賣出平倉，則此投資人獲利為何？（美國長期公債每口合約為 100,000 美元，每跳動 1 檔為 1／32 點）

〔解答〕

$$\left(102\frac{16}{32}-101\frac{8}{32}\right)\%\times100,000\times5=(1.0250-1.0125)\times100,000\times5=6,250$$

(二) 空頭投機操作

　　通常期貨交易人如預期未來期貨價格將下跌，則賣出期貨合約，則稱為空頭投機操作；通常會等待有獲利後，再反向沖銷空頭部位，但若投機者對於價格的走勢判斷錯誤的話，損失亦不小。其操作範例如下：

例題 8-2

》空頭投機操作

假設目前日圓期貨報價 1 日圓 = 0.009802 美元（通常市場只以 9,802 來表示），若預期日圓走勢趨貶，於是投資人在期貨市場賣出日圓期貨 10 口，若合約到期時，日圓果真走貶，投資人以 9,584 買入平倉，則此投資人獲利為何？（日圓期貨每口合約值 12,500,000 日圓）

〔解答〕

$(0.009802 - 0.009584) \times 12,500,000 \times 10 = 27,250$（美元）

8-2 基差交易－避險交易

從事基差交易的投資人，一般都是在現貨市場已經持有或預期未來將會有多頭或空頭部位，為避免將來因為價格變動而蒙受損失，而於期貨市場從事反向部位的操作以避險，稱之為「基差交易」，因為有避險的作用，故又稱為「避險交易」，從事此類型交易的投資人，稱為「避險者」。

避險者通常是現貨部位的供給者或需求者，必須面對未來現貨價格波動的不確定風險，所以經由期貨交易，將此價格波動風險移轉給願意承擔風險者。通常期貨價格與現貨價格存在一定的關係，若兩者的價格變動一致，則可達到完全避險；若兩者的價格變動不一致，現貨部位就不可能達到完全避險。因此利用期貨市場進行避險的結果，那就要觀察基差的變化。以下將介紹基差的觀念、避險操作策略、以及效率避險決策等內容。

一、基差

所謂的「**基差**」（Basis）就是現貨和期貨兩者的價格差距。基差值（B）是現貨價格（P_s）減期貨價格（P_f）（$B = P_s - P_f$）。在正常市場（Normal Market），期貨價格等於現貨價格加上現貨的持有成本（包括：保險費用、倉儲管理費及資金的利息費用等），所以期貨

價格理論上應高於現貨價格，故基差值應為負值；反之，在反常市場（Inverted Market），期貨價格應低於現貨價格，故基差值為正值。

一般而言，每種期貨合約的基差值並非固定不變，會隨市況而變化。對單一的投資人而言，其持有部位的基差值，會在期初建立部位的「進場日」與期末將部位平倉的「沖銷日」內的這段期間產生變化，所以投資人可以針對此項特性來操作期貨。

若基差值的絕對值由小變大，稱為基差值擴大（Widening）；反之，若基差值的絕對值由大變小，稱為稱基差值縮小（Narrowing）。此外，若基差值由小變大，亦可稱為基差值轉強（Strengthening）；反之，若基差值為由大變小，亦可稱為基差值轉弱（Weakening）。

例如：若在正常市場，基差值為負。如：基差值由 -3 轉 -1，則稱基差值轉強，或稱基差值絕對值由 $|-3|$ 轉 $|-1|$，基差值縮小，此時對空頭避險有利；基差值由 -1 轉 -3，則基差值轉弱，或稱基差值絕對值由 $|-1|$ 轉 $|-3|$，基差值擴大，則此時對多頭避險有利。

例如：若在反常市場，基差值為正。如：基差值由 1 轉 3，則基差值轉強，或稱基差值絕對值由 $|1|$ 轉 $|3|$，基差值擴大，則此時對空頭避險者有利；若基差值由 3 轉 1，則稱基差值轉弱，或稱基差值絕對值由 $|3|$ 轉 $|1|$ 縮小，則此時對多頭避險有利。有關基差變動對空頭避險及多頭避險的影響，請詳見表 8-1。

表 8-1 基差變動對空頭避險及多頭避險的影響

	空頭避險	多頭避險
正常市場	基差縮小有利 （基差值轉強）	基差擴大有利 （基差值轉弱）
反常市場	基差擴大有利 （基差值轉強）	基差縮小有利 （基差值轉弱）

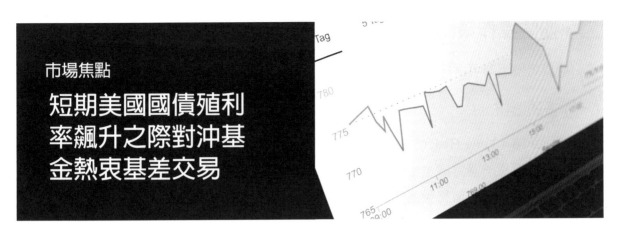

市場焦點
短期美國國債殖利率飆升之際對沖基金熱衷基差交易

美國國債基差交易（Basis Trade）涉及建立國債現貨和期貨相反方向的頭寸，商品期貨交易委員會（CFTC）的持倉數據顯示，這種交易正大行其道。隨著聯儲會加息的威脅越來越大，造成兩年期國債殖利率飆升，破壞了國債現貨 - 期貨間的關係，使得這種交易有了空間。

利率掉期將聯儲會明年升息的預期，從一個月之前的一次，改換為兩次，做空兩年期國債的興趣推高了現貨相對於期貨的價值。期貨相對走低顯然吸引對沖基金進行賣出基差的交易，他們賣出現貨、買進期貨。

■ 資料來源：摘錄自彭博 2021/10/26

🔒 **解說**

　　前陣子，由於聯準會（FED）升息，造成美國短期公債殖利率飆升，讓現貨與期貨價格出現了價差空間，於是吸引對沖基金進場進行賣出的基差交易，以進行套利。

二、避險操作策略

期貨避險策略可再細分為多頭避險、空頭避險及交叉避險三種，以下分別說明之：

(一) 多頭避險

多頭避險（Long Hedge）是指避險者在未來會有現貨部位的需求，擔心將來現貨價格上漲，會使現貨的購買成本增加，對避險者造成不利，於是在期貨市場先買進期貨，以尋求避險。若將來現貨價格果真上漲，雖然避險者因現貨的購買成本增加而遭受損失，但在期貨市場因期貨價格也同步上漲，使他所持有的多頭期貨部位產生利得，將可彌補購買現貨所增加的成本，所遭受的損失。表 8-2 為避險者在進行多頭避險時，在進場日所建立期貨部位、與沖銷日將期貨部位平倉後，現貨與期貨部位的示意表：

表 8-2　進行多頭避險時，進場日與沖銷日的期貨部位表

	現貨部位	期貨部位
進場日	現在沒有現貨部位 （Short；－）	買入期貨部位 （Long；＋）
沖銷日	未來買入現貨部位 （Long；＋）	賣出期貨部位 （Short；－）

✎ 例題 8-3

≫ 多頭避險操作

某機器進口商，若三個月後需付一筆 50 萬元的歐元給德國廠商（假設現在是 2 月 11 日），現在歐元現貨匯率為 1 歐元＝ 1.3450 美元，但廠商擔心三個月後歐元會升值，將使買匯成本增加，故廠商決定買六月的歐元期貨合約 4 口，進行多頭避險，若當時六月的歐元期貨合約報價為 1 歐元＝ 1.3550 美元。若三個月後（5 月 11 日）歐元果真升值，當時歐元的現貨匯率為 1 歐元＝ 1.3520 美元，而六月的歐元期貨合約價格上漲為 1 歐元＝ 1.3640 美元，則進口商將期貨合約平倉賣出，此進口商避險結果如何？進口商經過避險後，該進口商之有效匯率為何？（歐元期貨每口合約值 125,000 歐元）

〔解答〕

日期	現貨	六月期貨	基差值
2 月 11 日	(－)1.3450	(＋)1.3550	－ 0.01
5 月 11 日	(＋)1.3520	(－)1.3640	－ 0.012
	損失 0.007	獲利 0.009	擴大，轉弱

(1) 不避險情況：

　　廠商必須多付出買匯成本 3,500 美元

　　$500,000 \times (1.3450 － 1.3520) = － 3,500$ 美元

(2) 若進行避險情況：

　　基差值由 － 0.01 轉為 － 0.012 轉弱，或稱基差值的絕對值由 | － 0.01 | 轉為 | － 0.012 | 擴大，在正常市場中，表示多頭避險成功。所以廠商在現貨部分雖然多付出 3,500 美元，但期貨部分則獲利 4,500 美元 $\{(1.3640 － 1.3550) \times 125,000 \times 4\}$，因此避險結果反而節省 1,000 美元（4,500 － 3,500）的買匯成本。

(3) 進口商之有效匯率

　　進口商雖利用 1.3520 之匯率買入歐元，但在期貨市場獲利 0.009，因此其有效匯率為 1 歐元 = 1.3430 美元（1.3520 － 0.009）。

(二) 空頭避險

　　空頭避險（Short Hedge）是指避險者在未來會有現貨部位的供給，擔心將來現貨價格下跌，會使現貨的出售利潤減少，對避險者造成不利，於是在期貨市場先賣出期貨，以尋求避險。若將來現貨價格果真下跌，雖然避險者因現貨的出售利潤減少而遭受損失，但在期貨市場因期貨價格也同步下跌，使他所持有的空頭期貨部位產生利得，將可彌補出售現貨所減少的利潤，所遭受的損失。表 8-3 為避險者在進行空頭避險時，在進場日所建立期貨部位、與沖銷日將期貨部位平倉後，現貨與期貨部位的示意表：

表 8-3　進行空頭避險時，進場日與沖銷日的期貨部位表

	現貨部位	期貨部位
進場日	現在擁有現貨部位（Long；＋）	賣出期貨部位（Short；－）
沖銷日	未來賣出現貨部位（Short；－）	買入期貨部位（Long；＋）

例題 8-4

》空頭避險操作

　　某食品出口商，將在三個月後有一筆 5 千萬日圓的收入，現在為 5 月 18 日，日圓現貨匯率為 1 日圓＝ 0.007950 美金，廠商擔心三個月後日圓貶值，將使匯兌收入減少，故決定先賣出九月的日圓期貨合約 4 口，進行空頭避險，當時九月的日圓期貨報價為 1 日圓＝ 0.007830 美金。三個月後（8 月 18 日）日圓現貨果真貶值為 1 日圓＝ 0.007810 美金，而九月的日圓期貨合約價格下跌為 1 日圓＝ 0.007650 美金，則出口商將期貨合約平倉買入，則此出口商避險結果如何？此外出口商經過避險後，該出口商之有效匯率為何？（日圓期貨每口合約值 12,500,000 日圓）

〔解答〕

日期	現貨	九月期貨	基差
5 月 18 日	（＋）0.007950	（－）0.007830	＋ 0.00012
8 月 18 日	（－）0.007810	（＋）0.007650	＋ 0.00016
	損失 0.00014	獲利 0.00018	擴大，轉強

(1) 不避險情況：

　　廠商的匯兌收入減少 7,000 美元

　　$50,000,000 \times (0.007810 - 0.007950) = -7,000$ 美元

(2) 若進行避險情況：

基差值由＋0.00012轉為＋0.00016轉強，或稱基差值絕對值由｜＋0.00012｜轉為｜＋0.00016｜擴大，在反常市場中，表示空頭避險成功。所以廠商在現貨部份收入減少7,000美元，但期貨部分則獲利9,000美元 {(0.007830－0.007650)×12,500,000×4}，因此避險結果反而增加2,000美元 (9,000－7,000) 的匯兌收入。

(3) 出口商之有效匯率

出口商雖利用0.007810之匯率賣出日圓，但在期貨市場獲利0.00018，因此其有效匯率為1日圓＝0.007990美元 (0.007810＋0.00018)

(三) 交叉避險

交叉避險（Cross Hedge）是指投資者進行多頭和空頭避險時，因期貨市場上沒有與現貨完全相同的標的合約，可供進行直接避險（Direct Hedge），此時避險者可以選擇與現貨商品相關性高的其他期貨商品進行間接避險（Indirect Hedge）。雖然避險程度不能像直接避險一樣，達到完全避險的效果，但若現貨與標的期貨兩者間的相關性很高，依然能達到避險的效果。

例如：實務上常用股價指數期貨來對股票的現貨部位，尋求交叉避險保護，但現貨中股票的組合成份，往往和股價指數期貨的組合成份並不相同。又如：買入7年期的公司債，一般可用美國中期公債期貨來尋求交叉避險。

三、效率的避險決策

投資人利用期貨對現貨部位進行避險策略時，除了考量上述期貨價格與現貨價格相互變動所產生的基差風險（Basis Risk）外，為了達到最有效率的避險操作，投資人還必須考慮：標的物合約的選擇、合約到期月份的選擇、最適避險時機及最適避險合約數量等避險決策，以下對這些避險決策加以說明：

(一) 標的物合約的選擇

期貨避險要有效率，在標的物契約的選擇上，必須選擇與現貨價格波動相關程度愈高的期貨合約，這樣才會使基差風險愈小。一般而言，避險者會選擇與現貨商品相同的期貨合約，因為兩者的相關程度最高。例如：小麥現貨與小麥期貨。如果某種現貨商品在期貨市場，沒有相同的期貨合約上市交易，此時避險者必須尋找，與該現貨商品相關的期貨合約來取代之。

此外，避險交易在合約選擇上，除了要選擇相關程度高的期貨合約外，還必須考慮該合約的市場流動性，流動性愈好的期貨合約，愈有利於避險者沖銷其期貨部位，這樣才能達到避險的效果。

(二) 合約到期月份的選擇

在決定何種標的物合約作為避險的工具後，避險者必須在不同月份的合約中，選擇一個與現貨交割日期相配合的期貨合約月份。最完美的情況，就是市場交易的期貨合約月份與現貨交割日期相吻合；但在實際情況，現貨交割日期常常未能與期貨合約的到期月份完全搭配，所以此時避險者可以選擇，以下兩種避險方式：

1. 利用近月合約（Nearby Contract）來避險

通常避險者可先選擇近月合約，並在近月合約到期前沖銷其部位，再將其轉成下個到期月份的合約，一直轉換至接近現貨的交割日期止，稱「**轉動避險（Rolling Hedge）**」。此種方式的優點是近月合約通常和現貨市場的相關程度較高，且流動性也較好，這樣的避險效果會愈佳，不過其缺點是必須時常轉換合約，避險者必須付出較高的交易成本。

2. 利用遠月合約（Distant Contract）來避險

通常避險者需選擇與現貨交割時間較接近，但到期月份較遠的合約，這樣避險者就不必常常轉換合約，可節省許多交易成本。但遠月合約通常和現貨市場的相關程度較低，且流動性也較差，會影響避險效果，為此種方式之缺點。

上述這兩種避險方式，到底哪一種比較好，無一定的準則去判別。大部分的情形，避險者會選擇與現貨價格相關程度較高的合約來避險，通常是以「近月合約」的避險效果較佳。

(三) 最適避險時機

在決定避險標的物合約與月份後，避險者必須選擇最適避險時機進場避險。如果避險者追求效用（或利潤）最大，避險者不必一直持有期貨合約，僅需在市場走向對他不利時

才進場沖銷，這樣較節省交易成本，我們稱此為**「選擇性避險」**（Selective Hedging）策略。不過如何精確判斷市場走勢以掌握最適的避險時機，為此種策略的困難之處。如果避險者不願冒任何的風險，僅考慮將現貨價格風險控制在某一水準內，便應採用**「連續性避險」**（Continuous Hedging）策略。所謂連續性避險就是避險者不斷地隨現貨部位的增減，來調整持有期貨部位的數量，以求完全排除價格風險，但需付出較多的交易成本。

(四) 最適避險合約數量

至於最後避險者必須考慮到底要買多少期貨合約，才能達成最好的避險效果？是否避險者以擁有某特定數量的現貨部位，就必須買賣相同數量的期貨來避險呢？答案是不一定的，因為現貨與期貨之間的價格波動關係並不一致，所以避險者應考慮如何在現貨數量與期貨數量兩者之間建立一個適當的**「避險比例」**（Hedge Ratio），使避險者所承受的風險最小。

至於如何找尋最適當的避險比例，方法有很多種，以下我們將說明被最為廣泛使用的**「最小風險避險比例法」**（Minimum Risks Hedge Ratio Method），並進一步說明如何利用避險比例法，去決定最適避險合約數目、以及當避險比例改變時，最適避險合約數目又應如何調整。

1. 最小風險避險比例法

避險者如何求最適當的避險比例？首先，我們必需建構一個的避險組合，使其風險達到最小。現在我們假設避險者賣出 h 單位的期貨合約，來規避 1 單位的現貨部位風險，則此避險組合價值的損益為下式（8-1）：

$$V_h = (\tilde{S}_1 - S_0) \times 1 - (\tilde{F}_1 - F_0) \times h = \Delta\tilde{S} - h\Delta\tilde{F} \qquad (8\text{-}1)$$

V_h：避險組合的價值。

h：避險比例，單位現貨部位所對應，應持有的期貨合約數。

S_0：現貨商品現在價格。

$\tilde{S}_1$：現貨商品下一期的預期價格。

F_0：期貨商品現在價格。

$\tilde{F}_1$：期貨商品下一期的預期價格。

$\Delta\tilde{S}$：現貨商品一期內的預期變動價格，表示現貨部位的損益。

$\Delta\tilde{F}$：期貨商品一期內的預期變動價格，表示期貨部位的損益。

此一避險組合的風險，我們以變異數（Variance）表之，如下式（8-2）：

$$Var(V_h) = Var(\Delta\tilde{S} - h\Delta\tilde{F}) = Var(\Delta\tilde{S}) + h^2 Var(\Delta\tilde{F}) - 2hCov(\Delta\tilde{S}, \Delta\tilde{F}) \qquad (8\text{-}2)$$

公式（8-2）中的 $Cov(\Delta\tilde{S}, \Delta\tilde{F})$ 為 $\Delta\tilde{S}$ 與 $\Delta\tilde{F}$ 之共變數（Covariance）

為使避險組合的風險達到最小，我們將對（8-2）式中的 h 取偏微分，並令其為零，此時將可得避險比例（h）值為式（8-3）。

$$\frac{\partial Var(V_h)}{\partial h} = 2hVar(\Delta\tilde{F}) - 2Cov(\Delta\tilde{S}, \Delta\tilde{F}) = 0 \Rightarrow h = \frac{Cov(\Delta\tilde{S}, \Delta\tilde{F})}{Var(\Delta\tilde{F})} \qquad (8\text{-}3)$$

此外，相關係數為式（8-4）

$$Corr(\Delta\tilde{S}, \Delta\tilde{F}) = \frac{Cov(\Delta\tilde{S}, \Delta\tilde{F})}{\sigma(\Delta\tilde{S})\sigma(\Delta\tilde{F})} \Rightarrow \rho_{(\Delta\tilde{S}, \Delta\tilde{F})} = \frac{\sigma_{(\Delta\tilde{S}, \Delta\tilde{F})}}{\sigma_{(\Delta\tilde{S})}\sigma_{(\Delta\tilde{F})}} \qquad (8\text{-}4)$$

所以將（8-4）式代入（8-3）式，可將避險比例 h，可寫成式（8-5）

$$h = \frac{\sigma(\Delta\tilde{S})}{\sigma(\Delta\tilde{F})} Corr(\Delta\tilde{S}, \Delta\tilde{F}) = \frac{\sigma_{(\Delta\tilde{S})}}{\sigma_{(\Delta\tilde{F})}} \rho_{(\Delta\tilde{S}, \Delta\tilde{F})} \qquad (8\text{-}5)$$

由（8-5）式得知：h 為使避險組合風險最小時的避險比例。此外，一般實務上，常用簡單直線迴歸模型，去估現貨與期貨價格的變動迴歸式，如下式（8-6）：

$$\Delta S = \alpha + \beta\Delta F + \varepsilon \qquad (8\text{-}6)$$

所以我們利用最小平方法估計（8-6）式中 β 值，比照（8-1）式的 h 值，發現 β 值與 h 值的意義雷同，所以 β 值可表為式（8-7）。

$$\beta = h = \frac{\sigma(\Delta\tilde{S})}{\sigma(\Delta\tilde{F})} Corr(\Delta\tilde{S}, \Delta\tilde{F}) = \frac{\sigma_{(\Delta\tilde{S})}}{\sigma_{(\Delta\tilde{F})}} \rho_{(\Delta\tilde{S}, \Delta\tilde{F})} \qquad (8\text{-}7)$$

我們可由（8-7）式中，觀察出以下三種情形：

(1) 當現貨風險 $\sigma(\Delta\tilde{S})$ 變大時，如果避險者想要降低風險，就應該增加期貨合約的持有比例。因為持有期貨本來就是用於規避現貨的風險，所以當現貨風險增加，相對就必須增加期貨的持有比例；相反的，若現貨風險變小時，就應該減少期貨合約的持有比例。

(2) 當期貨風險 $\sigma(\Delta\tilde{F})$ 變大時，如果避險者想要降低風險，就應該減少期貨合約的持有比例。期貨市場風險增加，在考慮避險組合風險最小情況下，就應該減少期貨的持有比例；相反的，若期貨風險變小時，就應該增加期貨合約的持有比例。

(3) 當期貨與現貨的相關程度 $\rho(\Delta\tilde{S}, \Delta\tilde{F})$ 變大時，如果避險者想要降低風險，就應該增加期貨合約的持有比例。期貨與現貨的相關程度愈高，兩者的價格變動程度愈一致，期貨更能發揮避險功能，所以避險者應增加期貨合約的持有比例；相反的，期貨與現貨的相關程度變小時，就應該減少期貨合約的持有比例。

2. 最適避險合約數目

雖然我們找到最小風險避險比例，但是避險者到底要買多少數量的期貨合約，來進行避險？通常決定最適避險合約數目，除了與避險比例有關，還必須考慮欲避險的現貨部位總價值、與期貨合約每單位（口）價值之相對關係，所以最適避險合約數目，可表為下式（8-8）：

$$N = h \times \frac{V_S}{V_F} = \beta \times \frac{V_S}{V_F} \tag{8-8}$$

N：最適避險合約數目。

V_S：欲避險的現貨部位總價值。

V_F：期貨合約每單位（口）的價值。

例題 8-5

≫ 最適避險合約

某投資人擁有價值 7,000 萬的股票投資組合,他的投資組合對台股指數期貨的 β 值為 1.2(亦即避險比例),他預期國內景氣將惡化,會影響其投資組合內股票的價值,因此他決定以台股指數期貨來避險。假設當時台股指數期貨價位為 7,000,則投資人應賣出多少期貨口數,以尋求避險?(台股指數期貨每跳動一點為 200 元臺幣)

〔解答〕

$$\frac{70,000,000}{7,000 \times 200} \times 1.2 = 60 \text{(口)}$$

投資人應賣出 60 口台股指數期貨,以達到有效避險。

3. 投資組合的 β 值(避險比例)之改變

投資人利用期貨來對投資組合(現貨)進行避險,必須考慮投資組合(現貨)與期貨合約的避險比例,這樣才能進行有效率的避險。但投資人起初建構投資組合時,其利用原先的 β 值(避險比例)所計算出的最適避險合約數目,可能會經過一段期間後,其投資組合的 β 值會發生變化,所以投資人必須去調整當初所設定的避險合約數目,這樣才能使投資組合達到完全避險。此避險又稱為「動態避險」(Dynamic Hedging)。

當原先投資組合的避險比例為 β_1 時,經過一段時間後改變為 β_2,則所需要調整的避險合約數目(N_a)為下式(8-9)所示:

$$N_a = (\beta_2 - \beta_1) \times \frac{V_s}{V_F} \tag{8-9}$$

V_S:避險的現貨部位總價值。

V_F:期貨合約每單位(口)的價值。

✏ 例題 8-6

≫ β 值改變

承例題 8-5，若原先投資組合對台股指數期貨的 β 值為 1.2，但經過一段時間後 β 值分別改變為 1.5 與 1.0，請問投資人應如何調整多少口期貨合約，以尋求完全避險？

〔解答〕

(1) 若 β 值改變為 1.5

$$\frac{70,000,000}{7,000 \times 200} \times (1.5 - 1.2) = 15（口）$$

投資人應多賣出 15 口台股指數期貨，共 75 口（60 + 15 = 75）以達到完全避險。

(2) 若 β 值改變為 1.0

$$\frac{70,000,000}{7,000 \times 200} \times (1.0 - 1.2) = -10（口）$$

投資人應少賣出 10 口台股指數期貨，共 50 口（60 - 10 = 50）以達到完全避險。

8-3 價差交易－套利交易

價差交易（Spread Trade）是指投機者在期貨市場，同時買進及賣出兩個（或以上）不同的期貨合約的交易行為，其目的在於套利（賺取價差），亦稱為「**套利交易**」（Arbitrage Trade）。價差交易的操作方式是買進相對價格較低的期貨，同時賣出相對價格較高的期貨，以獲取價差。由於價差交易是同時買賣兩個期貨合約，期貨市場的交易量會變大，將使合約的流通性提高，且價差交易買低賣高的行為，將使合約間價格被扭曲程度降低，此乃價差交易之功能。

　　一般而言投機者從事價差交易的動機有二，其一為價差交易風險較小，因為價差交易是同時在期貨市場買進及賣出兩個不同的期貨合約，也就是同時擁有多頭與空頭部位，所以當兩種合約價格同時上漲或下跌時，一定會有一部位獲利，另一部位遭受損失，兩部位損益相互抵銷，可降低投機者的風險。另一動機為價差交易所需保證金較低，價差交易的風險較單邊投機交易的風險為低，所以可繳交較少保證金，使投機者以較少金額達到套利的目的。

　　通常價差交易的型式，一般可分為以下四種：

表 8-4　價差交易的型式

項目	種類
市場內價差交易	1. 多頭價差交易 2. 空頭價差交易 3. 蝶式價差交易 4. 兀鷹價差交易 5. 縱列價差交易
市場間價差交易	
商品間價差交易	1.TED 價差交易 2.NOB 價差交易 3.MOB 價差交易
原料與產品間的價差交易	1. 榨取價差交易 2. 裂解價差交易 3. 反榨取價差交易 4. 反裂解價差交易

一、市場內價差交易

　　市場內價差交易（Intramarket Spread）是指投資人在同一交易所，同時買賣不同月份但相同期貨商品的交易行為；又稱為限月價差交易（Inter-delivery Spread）。此種交易是否有套利空間，須視遠月的期貨合約較近月期貨合約多出的持有成本高低而定。根據期貨的持有成本理論，遠月期貨與近月期貨兩者的價格關係應為，遠月期貨合約價格＝近月期貨合約價格＋持有成本（適用於正常市場，反常市場則不通用）。所以遠月期貨與近月期貨，兩者價格之間應存在一合理差額，若兩者價格之間出現不合理情形，就買進相對價格較低的期貨，同時賣出相對價格較高的期貨，以獲取價差。在此種價差交易，又可分下列幾種型式：

(一) 多頭價差交易

多頭價差交易（Bull Spread）是指投機者預期期貨價格上漲，從事買進近月期貨合約，同時賣出遠月期貨合約的操作策略。因為當期貨價格波動時，近月合約所受的影響較大，遠月合約所受的影響較小。所以價格上漲時，近月合約較遠月合約漲幅大，故投資人可買進近月合約，賣出遠月合約，以賺取兩者之價差。

例如：投資人如果預期將來黃金會上漲，擇投資人可同時買入 3 月及賣出 6 月黃金期貨，以形成多頭價差交易。

(二) 空頭價差交易

空頭價差交易（Bear Spread）是指投機者預期期貨價格下跌，從事賣出近月期貨合約，同時買進遠月期貨合約。因為當期貨價格波動時，近月合約所受的影響較大，遠月合約所受的影響較小。所以價格下跌時，近月合約較遠月合約跌幅大，故投資人可賣出近月合約，買進遠月合約，以賺取兩者之價差。

例如：投資人如果預期將來原油會下跌，擇投資人可同時賣出 3 月及買入 6 月原油期貨，以形成空頭價差交易。

(三) 蝶式價差交易

蝶式價差交易（Butterfly Spread）是由買（賣）一個近月合約、賣（買）二個同月份的中期月份的合約、及同時買（賣）一個遠月合約組合而成。如果在各月的價位變化中，投資者認為中間月份的價位，比近月或遠月均偏高或偏低時，則投資者可進行蝶式價差交易的操作。

例如：投資者認為 6 月份合約的價格相對 3 月及 9 月均偏高，則可下達買一個 3 月份合約，賣二個 6 月份合約，買一個 9 月合約的指令，此種交易方式，事實上就是由一個「多頭價差交易」（買一個 3 月，賣一個 6 月）及一個「空頭價差交易」（賣一個 6 月，買一個 9 月）所組合而成。

(四) 兀鷹價差交易

兀鷹價差交易（Condor Spread）是指由買（賣）一個近月合約、賣（買）二個不同中期月份的合約、及同時買（賣）一個遠月合約所組合而成。兀鷹價差和蝶式價差一樣，亦為由一個多頭價差交易和一個空頭價差交易所組成；但所不同的是兀鷹價差合約的月份皆不同。

例如：買一個 3 月期貨合約，賣一個 6 月期貨合約（多頭價差交易）及賣一個 9 月期貨合約，同時買一個 12 月期貨合約（空頭價差交易）。

(五) 縱列價差交易

蝶式與兀鷹價差交易，均是同一種期貨合約上的操作。如果兩組價差交易不是同一種期貨合約，而是相關性頗高的兩種相似期貨合約上的操作；此種交易策略稱為縱列價差交易（Tandem Spread）。

例如：買進 3 月原油契約、以及賣出 6 月原油契約；同時賣出 3 月汽油契約、以及買進 6 月汽油契約。

二、市場間價差交易

市場間價差交易（Inter-market Spreads）是指投資者在不同一交易所，同時買賣相同月份與相同（或相類似）期貨合約的交易行為。投資者進行市場間的價差交易操作，是考慮相同商品運往不同交易所的運送成本不同、或由不同交易所中規定商品交割品質規格可能有所差異所造成的價差。

例如：新加坡交易所（SGX）與美國紐約商業交易所（NYMEX）都有原油的期貨合約，但新加坡本身不產原油，所以當原油運往這兩個交易所所指定的地點交割時，其所耗費的運送成本不同，所以兩個合約出現價差時，可進行市場間價差交易。又如：新加坡交易所（SGX）所上市的摩根台股指數期貨，其合約標的物由 77 檔臺灣上市股票所組合而成，臺灣期貨交易所（TAIMEX）所上市的台股加權股價指數期貨，其合約標的物由全部臺灣上市股票所組合而成。由於兩個合約組成成分相似但不完全相同，當兩個合約出現不合理價差時，亦可進行市場間價差交易。

三、商品間價差交易

商品間價差交易（Inter-commodity Spreads）是指投資人在同一交易所，同時買賣相同月份但商品不同的交易行為。不同的商品若具有替代性或互補性，則兩者價格變動會有一定的關聯性，若兩者價格差額偏離合理價差時，就會存在套利機會。例如：在 CBOT 交易的農產品期貨中的燕麥與玉米常用來當畜牧業的飼料，所以兩者互相具有替代性，兩者價格關係具有高度的關聯性。當玉米價格相對燕麥價格偏低時，畜牧業對玉米需求增加，造成價格上揚；燕麥價格因偏高，造成需求減少，使得價格下跌，此時可買進玉米期貨賣出燕麥期貨，進行商品間價差交易。

通常商品間價差交易，在利率期貨中，有幾種較常見的價差交易說明如下：

(一)TED 價差交易

TED 價差交易（Treasury-Bill, Euro Dollar Spread） 是指同時買賣美國國庫券（Treasury-Bill）及歐洲美元（Euro Dollar）的價差交易行為。美國國庫券是以美國政府的債信做為保證，歐洲美元則以國際主要銀行的債信做為保證，因美國政府的債信優於國際主要銀行，故通常美國國庫券的收益率較歐洲美元的收益率為低。

若投資人預期景氣將衰退，經濟不穩定，投資人會追求較穩定的收益，通常美國國庫券的漲幅會大於歐洲美元，投資人可進行「買入 TED 價差交易」（買美國國庫券，賣歐洲美元），以尋求獲利。若投資人預期景氣將回升，經濟將穩定，投資人對穩定的收入需求較低，會追求較高報酬，故美國國庫券跌幅會大於歐洲美元，投資人可進行「賣出 TED 價差交易」（賣美國國庫券，買歐洲美元），以尋求獲利。

(二)NOB 價差交易

NOB 價差交易（Note Over Bond）是指投資人同時買、賣美國中期公債（T-Note）及美國長期公債（T-Bond）的價差交易行為。由於時間愈長的債券，受利率波動影響的程度愈大。

若投資人預期利率將上漲，T-Bond 的跌幅會大於 T-Note，故可進行買入 NOB 價差交易（買美國中期債券、賣美國長期公債），以尋求獲利。若投資人預期利率將下跌，T-Bond 的漲幅會大於 T-Note，故可進行賣出 NOB 價差交易（賣美國中期債券、買美國長期公債），以尋求獲利。

(三)MOB 價差交易

MOB 價差交易（Munis Over Bonds）是指投資人同時買賣美國市政公債（Municipal Bond）及美國長期公債（T-Bonds）的價差交易行為。因這兩種債券的債信不同，通常長期公債優於市政公債，所以兩者之間的收益率存在一定的價差。

若投資人預期美國市政公債的上漲價差較長期公債為佳，則可進行買入 MOB 的價差交易（買美國市政公債，賣美國長期公債），以尋求獲利。若投資人預期美國長期公債的上漲價差較市政公債為佳，則可進行賣出 MOB 的價差交易（賣美國市政公債，買美國長期公債），以尋求獲利。

四、原料與產品間的價差交易

原料與產品間的價差交易（Commodity-Product Spread）是指生產廠商同時買入原料期貨合約，並同時賣出其所製造的產品期貨合約的交易行為。此種價差交易只適用商品期貨，不適用金融期貨，較著名的有以下幾種：

(一) 榨取價差交易

榨取價差交易（Crush Spread）是指食油製造商，一方面買進大豆期貨合約，以固定原料成本，同時賣出大豆油與大豆餅的期貨合約，以鎖住售價。

(二) 裂解價差交易

裂解價差交易（Crack Spread）是指石油煉油廠，一方面買原油期貨合約，以固定原料成本，同時賣出汽油與燃油的期貨合約，以鎖住售價。

(三) 反榨取價差交易

反榨取價差交易（Reverse Crush Spread）乃為榨取價差交易的反向操作；乃為一方面賣出大豆期貨合約，同時買進大豆油與大豆餅的期貨合約。

(四) 反裂解價差交易

反裂解價差交易（Reverse Crack Spread）為裂解價差交易的反向操作，乃為一方面賣出原油期貨合約，同時買進汽油與燃油的期貨合約。

市場焦點
超低硫柴油裂解價差創新高值得關注

　　前陣子，美聯儲加息 0.25% 消息傳出之後，柴油美原油裂解，紐約港超低硫柴油（HO）四月份合約價差強烈反彈，帶動了其他油品合同價格上升。

　　美聯儲僅加息 0.25% 而不是 0.5%，對市場影響是非常重大的。簡單地說，如果美聯儲重拳出擊，增加利率 0.5%，那就很有可能將整個全球經濟帶入衰退。現在加息的問題已經基本塵埃落定，美國股市這兩天瘋狂上漲，基本上反映了投資者對未來經濟形勢的樂觀態度。

　　沒有經濟衰退的世界對於燃料的需求是不言自明的，特別是在西方國家對俄羅斯的經濟制裁將會持續相當一段時間這一大前提下。而目前柴油短缺是一個嚴重的全球性問題。以美國為例，美國目前的柴油庫存比去年同期減少 17%。與五年柴油庫存的均線相比則更是遠遠低於五年的平均水平。

　　因此，前陣子，超低硫柴油和美原油主力合約五月份合約的價差（買入柴油、賣出美原油）收市在 39 美元左右。這個價差可以逢低買入，因為在柴油庫存極度短缺，同時高度通貨膨脹的今天，煉油廠的運作費用也要水漲船高了。

■ 資料來源：摘錄自 CME 2022/03/22

🔒 解說

　　前陣子，由於美國聯準會（FED）升息，導致經濟有可能邁入衰退的疑慮，也使得全球對於燃料的需求有趨緩的可能，並造成原油期貨與超低硫柴油期貨出現裂解價差，因此可進行「反裂解交易」（賣原油、買柴油），以進行套利。

本章習題

一、選擇題

( ) 1. 下列有關期貨投機策略的敘述何者有誤？ (A) 屬買低賣高之操作策略
(B) 承受期貨避險者之風險 (C) 根據預期賺取價差利潤 (D) 持有現貨部位。

【2015-1 期貨業務員】

( ) 2. 某期貨交易人於1月10日時，以每英斗 $4.92 賣出7月份的玉米期貨10,000英斗，
若2月10日7月份小麥期貨上漲至 $4.94，則此期貨交易人於2月10日平倉的
損益應為：
(A) 獲利 $800 (B) 損失 $800 (C) 獲利 $200 (D) 損失 $200。

【2015-1 期貨業務員】

( ) 3. 交叉避險之效果與下列何者之關係最為密切？ (A) 期貨之交割方式 (B) 期貨
價格與所持現貨價格之相關性 (C) 期貨之交割日 (D) 無避險效果。

【2015-1 期貨業務員】

( ) 4. 構建避險策略過程中，選擇不同到期月份的期貨契約的判斷原則通常為：
(A) 期貨契約到期月份與避險期間愈接近愈適當 (B) 期貨契約到期月份與避險
期間差距愈遠愈適當 (C) 無特定關係 (D) 隨交易人之喜好。

【2015-1 期貨業務員】

( ) 5. 下列何者為擠壓價差交易（Crush Spread）？ (A) 買進黃豆油及黃豆粉期貨，賣
出黃豆期貨 (B) 賣出黃豆油及黃豆粉期貨，買進黃豆期貨 (C) 買進原油期貨，
賣出汽油期貨 (D) 選項 (A)(B)(C) 皆非。

【2015-1 期貨業務員】

( ) 6. 小恩上星期買進2口歐洲美元期貨，買進價格為98.56，若現在以97.47平倉，
請問其損益為何？
(A) 獲利 5,450 (B) 獲利 2,725 (C) 損失 5,450 (D) 損失 2,725。

【2015-2 期貨業務員】

( ) 7. 期貨的避險交易要能達到完全避險效果，必須建立避險部位時與平倉出場時的基
差： (A) 不變 (B) 變大 (C) 變小 (D) 選項 (A)(B)(C) 皆非。

【2015-2 期貨業務員】

( ) 8. 下列何者，可規避持有浮動利率美元債券之利率風險？
(A) 公債期貨 (B) 美元之遠期契 (C) 歐洲美元期貨 (D) GNMA 期貨。

【2015-2 期貨業務員】

( ) 9. 錢來公司計劃三個月後發行商業本票，為避免屆時利率上漲而受損失，該公司可
先： (A) 賣國庫券期貨 (B) 買國庫券期貨 (C) 賣國庫券 (D) 向銀行貸款，
同時買國庫券期貨。

【2015-2 期貨業務員】

( )10. 在正向市場中進行多頭避險（買進期貨避險），當期貨價格上漲使基差絕對值變
大時，將會造成： (A) 期貨部位的獲利小於現貨部位的損失 (B) 期貨部位的
獲利大於現貨部位的損失 (C) 期貨部位的損失小於現貨部位的損失 (D) 期貨
部位的獲利大於現貨部位的獲利。

【2015-2 期貨業務員】

( )11. 一股票投資組合的價值為 1 億元，假設當台股期貨變動 1% 時，投資組合價值將
會變動 1.2%，若目前台股期貨的價格為 6,000，請問該投資組合避險時，須買賣
多少口台股期貨？
(A) 買進 100 口 (B) 買進 95 口 (C) 賣出 100 口 (D) 賣出 95 口。

【2015-2 期貨業務員】

( )12. 何謂期貨的空頭價差（Bear Spread）？ (A) 買進近月期約，同時賣出遠月期
約 (B) 賣出近月期約，同時買進遠月期約 (C) 同時賣出遠月期約和近月期約
(D) 同時買進遠月期約和近月期約。

【2015-2 期貨業務員】

( )13. 價差交易時，若認為兩相關產品價格差距會縮小，則應該如何操作獲利？
(A) 買入價格高者，並賣出價格低者 (B) 買入價格高者，並買入價格低者
(C) 買入價格低者，並賣出價格高者 (D) 賣出價格高者，並賣出價格低者。

【2015-2 期貨業務員】

( )14. 兀鷹價差（Condor Spread）交易會使用幾個月份之期貨？
(A) 2 個 (B) 3 個 (C) 4 個 (D) 5 個。

【2015-2 期貨業務員】

( )15. 黃豆油製造商之避險策略通常是： (A) 買黃豆期貨，賣黃豆油期貨 (B) 買黃豆期貨，買黃豆油期貨 (C) 賣黃豆期貨，買黃豆油期貨 (D) 賣黃豆期貨，賣黃豆油期貨。

【2015-2 期貨業務員】

( )16. 若一基金之現貨投資組合價格變動率的標準差為 0.80，指數期貨價格變動率的標準差為 0.40，而現貨投資組合和指數期貨合約價格變動率的相關係數為 0.7，請問此種情境下，最小變異數避險比率值最為接近何者？
(A) 1.40 (B) 0.35 (C) 2.1875 (D) 2.86。

【2015-2 期貨分析人員】

( )17. 某股票型基金經理人持有 NT$60 億元的股票投資組合，其 beta = 1.2。他認為近期股票市場可能重挫，但受限於法規，無法賣出股票，所以他決定以指數期貨來避險。目前股票指數約為 10,000 點，台股指數期貨每點 200 元，請問此基金經理人應買賣多少口台指期貨來避險？
(A) 2,500 口 (B) 3,000 口 (C) 3,600 口 (D) 6,000 口。

【2015-2 期貨分析人員】

( )18. 蝶狀價差（Butterfly Spread）交易會使用幾組價差交易與幾個月份的期貨合約？
(A) 2 組 2 個 (B) 2 組 3 個 (C) 1 組 2 個 (D) 1 組 3 個。

【2015-2 期貨分析人員】

( )19. 在基差（現貨價格－期貨價格）為＋2 時買入期貨並賣出現貨，在基差為－2 時結清所有部位，此交易的總損益為：
(A) 獲利 5 (B) 損失 5 (C) 獲利 1 (D) 損失 1。

【2018-1 期貨業務員】

( )20. 相較於直接避險策略，交叉避險策略的風險通常如何？ (A) 高於直接避險策略 (B) 等於直接避險策略 (C) 低於直接避險策略 (D) 無法判斷。

【2018-1 期貨業務員】

( )21. 避險投資組合的主要風險來源為： (A) 期貨價格變動風險 (B) 現貨價格變動風險 (C) 現貨價格變動風險與期貨價格變動風險之總合 (D) 現貨價格與期貨價格相對變動風險。

【2018-1 期貨業務員】

(　)22. 假設明年 3 月份黃豆期貨的價格為 $6.2，而同年 7 月份的黃豆期貨價格為 $6.7，如果儲存成本為每月 $0.12，則應：　(A) 買 3 月份契約，賣 7 月份契約　(B) 買 7 月份契約，賣 3 月份契約　(C) 買 3 月份契約　(D) 賣 3 月份契約。

【2018-1 期貨業務員】

(　)23. 一般而言，投機策略對期貨價格的影響為何？　(A) 具穩定作用　(B) 助漲助跌　(C) 容易產生高估之現象　(D) 容易產生低估之現象。

【2018-2 期貨業務員】

(　)24. 下列有關於靜態避險與動態避險之敘述，何者不正確？　(A) 動態避險之績效較佳　(B) 靜態避險之交易成本較低　(C) 持有到期之避險策略，屬於動態避險策略　(D) 動態避險之調整頻率與交易成本有正相關。

【2018-2 期貨業務員】

(　)25. 使用期貨避險時，如提供類似期貨商品之交易所有兩個以上，在期貨契約的選擇上應考量：　(A) 各期貨商品與現貨商品之品質差異　(B) 各期貨商品交易量之大小　(C) 各期貨商品所指定之交割地點　(D) 選項 (A)(B)(C) 皆須考量。

【2018-2 期貨業務員】

(　)26. 某股票投資組合之市值為 2,000 萬元，貝它值為 1.1，經理人看淡後市，欲將貝它值變為－0.1，台股指數期貨目前為 7,500 點，每點代表 200 元，該經理人應：　(A) 賣出 11 口契約　(B) 賣出 12 口契約　(C) 賣出 16 口契約　(D) 貝它值無法變負。

【2018-2 期貨業務員】

(　)27. 在正向市場中進行空頭避險（賣出期貨避險），當期貨價格上漲使基差絕對值變大時，將會造成：　(A) 期貨部位的獲利小於現貨部位的損失　(B) 期貨部位的獲利大於現貨部位的損失　(C) 期貨部位的損失大於現貨部位的獲利　(D) 期貨部位的損失小於現貨部位的獲利。

【2018-4 期貨業務員】

(　)28. 小張同時賣出一個 3 月份和 9 月份的棉花期貨，並且買進兩個 6 月份的棉花期貨，則此價差策略稱為什麼？　(A) 放空蝶狀價差交易　(B) 買進蝶狀價差交易　(C) 放空兀鷹價差交易　(D) 買進兀鷹價差交易。

【2018-4 期貨業務員】

(　　)29. 使用期貨避險時，如提供類似期貨商品之交易所有兩個以上，在期貨契約的選擇上應考量：　(A) 各期貨商品與現貨商品之品質差異　(B) 各期貨商品交易量之大小　(C) 各期貨商品所指定之交割地點　(D) 選項 (A)(B)(C) 皆須考量。

【2018-4 期貨業務員】

(　　)30. 計算期貨避險比例的用意在於：　(A) 減少基差風險　(B) 降低避險標的與期貨標的物之吻合度問題　(C) 選項 (A)(B) 皆是　(D) 選項 (A)(B) 皆非。

【2019-1 期貨業務員】

(　　)31. 買近月、賣遠月的期貨交易策略是希望：　(A) 近月價格漲幅小於遠月　(B) 近月價格漲幅大於遠月　(C) 近月價格跌，遠月價格漲　(D) 選項 (A)(B)(C) 皆非。

【2019-1 期貨業務員】

(　　)32. 下列何者並非利用利率期貨進行價差交易？
(A) TED　(B) NOB　(C) CRUSH　(D) FOB。

【2019-1 期貨業務員】

(　　)33. 以期貨契約構建避險部位，乃是利用期貨契約價格變動與現貨價格變動之間何種關係？　(A) 期貨價格變動幅度較大　(B) 二者間的同向變動關係　(C) 現貨價格通常低於期貨價格　(D) 現貨價格波動幅度較大。

【2021-2 期貨業務員】

(　　)34. 下列對國際間的市場間價差交易的敘述，何者有錯？　(A) 如咖啡、可可等在紐約及倫敦均有交易，故可進行此種價差交易策略　(B) 只適用於商品期貨，因金融期貨沒有在不同國家交易的情況　(C) 交易人須在交易前，先研究同一商品期貨在兩國市場間之價差關係　(D) 是一種較複雜的投資策略。

【2021-2 期貨業務員】

(　　)35. 下列何者不會是期貨多頭避險者？　(A) 植黃豆之農人　(B) 紡織廠　(C) 可可進口商　(D) 選項 (A)(B)(C) 皆非。

【2021-3 期貨業務員】

(　　)36. 若殖利率曲線斜率為正，當預期斜率變大時應：　(A) 買進長期公債期貨，賣出中期公債期貨　(B) 買進中期公債期貨，賣出長期公債期貨　(C) 同時買進長期公債期貨與中期公債期貨　(D) 同時賣出長期公債期貨與中期公債期貨。

【2021-3 期貨業務員】

( )37. 如果欲避險的現貨部位龐大，為了避免期貨契約了結時造成價格大幅波動，避險者可以利用何種方式來建立避險部位？ (A) 分散選擇不同標的物之期貨契約 (B) 分散期貨契約之到期月份 (C) 儘量選擇長期之期貨契約 (D) 以換約方式進行。

【2022-1 期貨業務員】

( )38. 有一農人預計收成小麥，而採空頭避險，在沖銷時應 (A) 賣小麥期貨，買小麥現貨 (B) 買小麥期貨，賣小麥現貨 (C) 賣小麥期貨，賣小麥現貨 (D) 買小麥期貨，買小麥現貨。

【2022-1 期貨業務員】

( )39. 蝶狀價差交易、縱列價差交易和兀鷹價差交易，有幾種是用於同一商品期貨契約的操作上？ (A) 一種 (B) 兩種 (C) 三種 (D) 沒有。

【2022-1 期貨業務員】

( )40. 小涵以 $0.5814 賣出一張 6 月份的瑞士法郎期貨，同時以 $0.5808 買進一張 12 月份的瑞士法郎期貨，這個價差交易的名稱又稱為： (A) 空頭價差（Bear Spread）交易 (B) 多頭價差（Bull Spread）交易 (C)蝶狀價差交易 (D)選項(A)(B)(C) 皆非。

【2022-1 期貨業務員】

Note /

第三篇

選擇權基礎篇

選擇權為衍生性商品中，最為廣為被運用在各種商業交易、公司理財以及金融操作的商品。所以有關選擇權的種種，是現代投資人不可或缺的常識。本篇內容為選擇權基礎篇，共包含三大章，主要介紹選擇權的概念，以及國內的選擇權與權證的市場。此內容為學習選擇權學科時，所必須先瞭解的基本觀念與常識。

Chapter 9 選擇權概論

本章內容為選擇權概論，主要介紹選擇權簡介、合約規格、保證金制度以及交易資訊等內容，其內容詳見如下。

9-1 選擇權簡介 介紹選擇權的種類與特性。

9-2 選擇權合約規格 介紹選擇權標準化的合約規格內容。

9-3 選擇權的保證金制度 介紹較常見的兩種選擇權保證金制度。

9-4 選擇權交易資訊 介紹幾種選擇權交易所用到的買賣資訊。

章前導讀

選擇權為四種基本的衍生性商品中,最為特殊的一種。因為選擇權的買方與賣方所承擔的風險並不相同;且有買權與賣權兩種型式之分,又有時間價值的因素。在交易上,每種履約價格的買權與賣權,其權利金又不同,且對買方與賣方在繳交保證金與權利金情形又不同。所以基本上,對於一般投資人而言,選擇權算是比較複雜的金融商品。

國內自 2001 年臺灣期交所推出指數選擇權以來,其商品種類與交易量,均呈現多元與蓬勃的發展。因此國內投資人對於選擇權類的商品,也由陌生漸漸的對它有所認識,並積極的操作它。因此有關選擇權的種種知識,是現代投資人不可或缺的金融常識。

因此本章將依序介紹選擇權的種類與特性、合約規格、保證金制度以及交易常使用到的資訊。

9-1　選擇權簡介

選擇權是一種在未來可以用特定價格買賣商品的一種憑證，是賦予買方具有是否執行權利，而賣方需相對盡義務的一種合約。選擇權合約的買方在支付賣方一筆「權利金」（Premium）後，享有在選擇權合約期間內，以約定的「履約價格」（Exercise Price）買賣某特定數量標的物的一項權利；而賣方需被動的接受買方履約後的買賣標的物義務。

一般而言，選擇權主要可分為買權（Call Option）和賣權（Put Option）兩種，不管是買權或賣權的「買方」，因享有合約到期前，以特定價格買賣某標的物的權利，故須先付出權利金，以享有權利；但若合約到期時，標的物的價格未達特定價格，則可放棄權利，頂多損失權利金。

反之，買權或賣權的「賣方」，因必須負起以特定價格買賣某標的物的義務，故先收取權利金，但須盡履約義務；所以當買方要進行履約時，賣方必須按照之前所約定的價格，買賣標的物，所以有時承受的風險較高。

通常大部分的選擇權與期貨一樣，都是被標準化後，於集中市場交易的商品，交易方式與期貨合約性質相近，但兩者特性仍有所差異。以下本節將介紹選擇權的基本種類型式、特性與合約的規格等內容。

一、種類

選擇權分為買權與賣權兩種形式。投資人可以買進或賣出此兩種選擇權，因此選擇權的基本交易形態共有「買進買權」、「賣出買權」、「買進賣權」、「賣出賣權」等四種。以下我們將分別介紹之，其四種形式的比較見表 9-1。

表 9-1　選擇權型式的比較表

	買進買權 （Long Call）	賣出買權 （Short Call）	買進賣權 （Long Put）	賣出賣權 （Short Put）
權利金	支付	收取	支付	收取
最大獲利	無上限	權利金收入	履約價格 減權利金價格	權利金收入
最大損失	權利金支出	無下限	權利金支出	履約價格 減權利金價格
損益平衡點	履約價格 加權利金價格	履約價格 加權利金價格	履約價格 減權利金價格	履約價格 減權利金價格

(一) 買進買權

買權的買方在支付權利金後,享有在選擇權合約期間內,以約定的履約價格,買入某特定數量標的物的一項權利。在此種型式下,當標的物上漲,價格超過損益平衡點(Break Even Point)時,漲幅愈大,則獲利愈多,所以最大獲利空間無限;若當標的物下跌時,其最大損失僅為權利金的支出部分,而其損益平衡點為履約價格加上權利金價格。投資人若預期標的物將來會「**大幅上漲**」,可進行此類型式的操作,圖 9-1 即其示意圖。

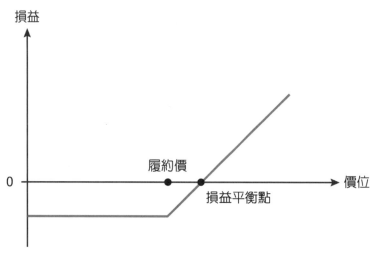

圖 9-1 買進買權

(二) 賣出買權

買權的賣方,在收取買方所支付的權利金之後,即處於被動的地位,必須在合約期限內,以約定的履約價格,賣出某特定數量標的物的一項義務。在此種型式下,當標的物不上漲或下跌時,其最大獲利僅為權利金的收入部分;當標的物上漲時,價格超過損益平衡點時,漲幅愈大,則虧損愈多,所以其最大損失空間無限,而其損益平衡點為履約價格加上權利金價格。投資人若預期標的物將來價格會「小幅下跌」或「持平」,可進行此類型式的操作,圖 9-2 即其示意圖。

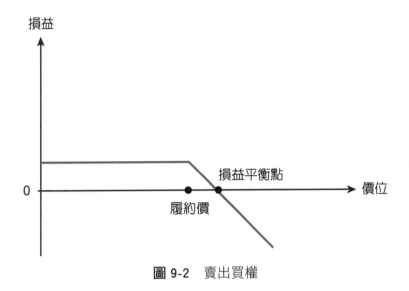

圖 9-2 賣出買權

(三) 買進賣權

賣權的買方在支付權利金後，享有在選擇權合約期間內，以約定的履約價格，賣出某特定數量標的物的一項權利。在此種型式下，當標的物下跌，跌幅超過損益平衡點時，跌幅愈大，則獲利愈多，但其最大獲利為到期時履約價格減權利金價格之差距；當標的物沒有下跌或上漲時，最大損失僅為權利金的支出部分，而其損益平衡點為標的物履約價格減權利金價格。故投資人對標的物預期將來價格會「**大幅下跌**」時，可進行此類型式的操作。圖 9-3 即其示意圖。

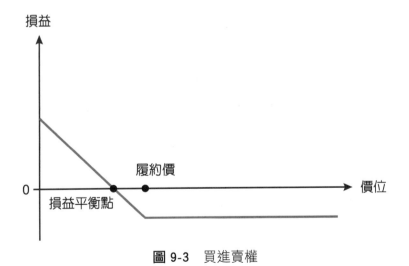

圖 9-3 買進賣權

(四) 賣出賣權

賣權的賣方，在收取買方所支付的權利金之後，即處於被動的地位，必須在合約期限內，以特定的履約價格，買入某特定數量標的物的一項義務。在此種型式下，若當標的物價格沒有下跌或上漲時，其最大獲利僅為權利金的收入部分，若標的物下跌時，下跌幅度超過損益平衡點時，跌幅愈大，則虧損愈多，但其最大損失為標的物履約價格減權利金價格之差距，而損益平衡點為履約價格減權利金價格。故投資人若預期標的物將來價格會「**小幅上漲**」或「**持平**」，可進行此類型式的操作。圖 9-4 即其示意圖。

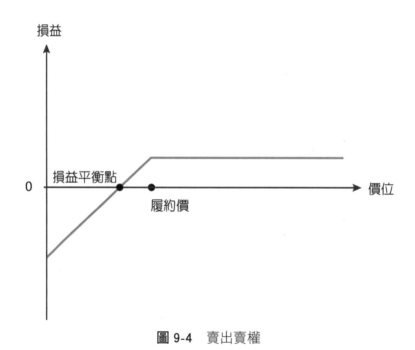

圖 9-4　賣出賣權

二、特性

選擇權是一種依附於現貨或其他金融商品的衍生性合約，選擇權交易其合約內容與期貨相似；大都會被標準化，且大部分在集中市場交易，但兩者的特性仍有幾項不同，說明如下。

(一) 權利與義務表徵的不同

期貨的買賣雙方對合約中所規定的條件，具有履約的義務與權利；選擇權的買方對合約中所規定的條件，只有履約的權利而無義務，賣方對合約中所規定的條件，只有履約的義務，而無要求對方的權利。

(二) 交易價格決定方式不同

　　期貨合約對未來交易的價格並不事先決定，而是由買賣雙方在期貨市場以公開喊價的方式決定，所以期貨價格會隨時改變。選擇權的履約價格則是由買賣雙方事先決定，在合約期間內通常不會改變，至於市場的交易價格，則是權利金的價格，並不是合約標的物的履約價格。

(三) 保證金繳交的要求不同

　　由於期貨的買賣雙方對合約中所規定的條件，具有履約的義務與權利，故雙方都必須繳交「保證金」。選擇權的買方對合約中所規定的條件，只有履約的權利，而無義務，故不須繳交保證金，但須繳「權利金」；選擇權的賣方對合約中所規定的條件，只有履約的義務，而無要求對方的權利，故須繳交「保證金」，以保障其未來會履約。

(四) 具有時間價值

　　選擇權與其他金融商品最大的差異點，在於選擇權合約具有「**時間價值**」。這好比食品中的保存期限一般，同樣一個食品在新鮮時與快到賞味期限時，廠商會用不同的價格出售。選擇權也是有同樣的情形，在不同時間點，其時間價值不同。因此選擇權的價值（權利金）是由「履約價值[1]」（Exercise Value）或稱內含價值（Intrinsic Value）加上「時間價值[2]」（Time Value）這兩部分所組合而成。所以選擇權商品的價值（權利金），既使當日所對應連結的標的物並沒有漲跌，雖不影響其履約價值，但時間價值卻每日的遞減中。

---

1. 「履約價值」就是選擇權的買方，若立即執行履約的權利，其所能實現的利得。
2. 「時間價值」就是選擇權的存續時間，所帶給持有者多少獲利機會的價值。

市場焦點

買期貨選擇權留意「盤久必變」！

台指選擇權是期貨衍生性商品，操作卻比期貨更靈活，選擇權有「買權」與「賣權」二種，如果判斷行情會上漲就買進「買權 Call」、如果預期行情會下跌就買進「賣權 Put」。

選擇權可以做買方，當然也可以做賣方，做買方像買樂透一樣，花小錢看對了大賺、看錯了賠小錢，風險有限獲利無限；做賣方像保險公司，只能賺一點權利金，萬一出事要賠很多，是風險無限而獲利有限。

風險有限獲利無限，看似很棒的商品，卻有一個缺點是「時間價值」，權利金會隨著時間耗損，因為每個月像期貨一樣要結算，所以選擇權生命期就是一個月。如果期初開倉買一口價平的買權，假設權利金是 200 點，這期間指數盤整，權利金就會每天損耗個三五點，到結算時這 200 點就「歸零」了。

■ 資料來源：摘錄自 Yahoo! 新聞　2021/11/30

行情發動才出手

很多人買了就放著是不對的，看錯不停損、盤整不出場，最後都吃「龜苓糕」，所以盤整期不利於選擇權的買方。做期貨和選擇權這種投機商品，一定要用技術分析，而且注意「盤久必變」的特性。大盤不耐久盤，搶錢的行情盤整幾天大家都受不了，多空一定會表態，不管是往上還是往下變盤，做選擇權一定要等行情發動再進場。

建議投資人做「買方」就好，做「賣方」賺權利金是屬於大戶專家們所為。過去曾有投顧老師教會員做賣方，說可以像房東一樣每月收租金，結果大盤一個閃崩，不但輸光家當還不夠賠，因為賣方風險無限大，一般人還是少碰為妙。

🔒 **解說**

選擇權與一般金融商品較大的不同點，就是它有「時間價值」的特性。因此，若不是在有行情波動大時，買進選擇權會面臨權利金逐日消逝，最後歸零，這是選擇權投資人必須瞭解的風險。

9-2　選擇權合約規格

通常大部分的選擇權合約都是在集中市場交易，所以必須將選擇權契約標準化，以利於市場流通轉讓。以下我們將說明交易所，對選擇權契約須標準化的項目：

一、交易標的物

通常選擇權的標的物種類繁多，只要現貨或期貨商品需要避險的，皆可成為標的物。因此選擇權又可分為「現貨選擇權」與「期貨選擇權」兩種。至於標的物的種類，包括：實體商品與金融商品的現貨（或期貨）等各種商品。例如：股價指數選擇權、原油期貨選擇權。

二、單位契約數量

通常選擇權每單位契約數量的規定，隨著交易所及交易商品種類不同，而有所差異。例如：臺灣的「股價指數選擇權合約」為加權股價指數乘以 200 元；臺灣的「新台幣版的黃金選擇權」合約為一口為 10 台兩。

三、履約日期

一般而言，選擇權的履約日期（Expiration Date）依商品的不同而有所不同，通常每個月份都有一個契約推出。而選擇權依履約日期的不同又可分為「**歐式選擇權**」（European Option）與「**美式選擇權**」（American Option），如果選擇權的買方只能在履約日期到期時才能行使履約的權利，此種選擇權稱為歐式選擇權。若選擇權的買方可在履約日期前的任何一天行使履約的權利，稱為美式選擇權。以行使權利時機而言，美式選擇權較歐式選擇權較具有彈性，故美式選擇權的權利金較歐式選擇權高。

四、履約價格

選擇權的合約中，會對投資人將來欲執行履約的價位，進行不同的設定。所以不同的履約價格的選擇權，就是不同的商品。所以同一個月份，就會有好幾個履約價供投資人選擇。假設以台股指數選擇權為例：若現在大盤指數為 8,000 點，則近月選擇權的履約價將

以 100 點為間隔，分設多種價位（如：9,500、9,400、9,300、9,200、9,100、9,000、8,900、8,800、8,700、8,600、8,500），以供投資人選擇。

此外，選擇權在發行時依履約價格與市價比較，可能為「價內」（In the Money）、「價平」（At the Money）或「價外」（Out of the Money）情況下發行。對買進買權而言，在不考慮權利金的情況下，若市價大於履約價格則稱為價內，投資人有利可圖；若市價等於履約價格，則稱為價平；若市價小於履約價格，則稱價外，投資人無利可圖。同理，對買進賣權而言，同樣在不考慮權利金的情況下，若市價小於履約價格，則稱價內；若市價等於履約價格，則稱價平；若市價大於履約價格，則稱為價外。買賣權的價內、價平及價外情形如表 9-2。

表 9-2 選擇權價內、價平及價外情形

	買進買權	買進賣權
價內	市價＞履約價格	市價＜履約價格
價平	市價＝履約價格	市價＝履約價格
價外	市價＜履約價格	市價＞履約價格

9-3 選擇權的保證金制度

選擇權的買方所支付的價金，即未來可有權要求履約的權利金，將來不管標的物價格如何變動，其最大損失則為權利金全部，故不須再繳交任何保證金。相對的，選擇權的賣方具有回收買方全部權利金的可能性，因此對合約具有履約的義務，將來即使標的物價格變動對他不利，他仍必須要履約，為了展現他對合約的履約誠意，必須繳交保證金。所以，選擇權僅賣方須繳交保證金，買方則不必繳，與期貨交易中買賣雙方都須繳保證金的規定不同。

此外，選擇權和期貨一樣，為了有效地對保證金作風險控管，將選擇權保證金分為兩個層次：其一為客戶須繳交「客戶保證金」給結算會員經紀商；另一為結算會員經紀商要繳交「結算保證金」給結算所。選擇權的保證金亦採逐日結算方式，如果保證金不足，須立即補足，否則若保證金淨值太低，會遭斷頭處置。每一交易所對客戶須繳交多少原始保證金的計算方式皆不同，且現貨選擇權與期貨選擇權的保證金制度亦不同，我以下將介紹兩種期貨選擇權的保證金的制定制度：

一、Delta 制度

所謂 Delta 是當標的物變動一元時，選擇權權利金的變動的數值。例如：某選擇權的標的物價格由 40 變至 42 時，權利金由 5.1 變至 6.3，則 Delta 值為 0.6〔（6.3 － 5.1）÷（42 － 40）= 0.6〕。Delta 值是隨時變動的；通常買權的 Delta 值為正的，且介於 0 與 + 1 之間，越是深度價內的買權 Delta 值越接近 + 1；賣權的 Delta 值為負的，且介於 0 與 － 1 之間，越是深度價內的賣權 Delta 值越接近 － 1。（有關 Delta 值的敘述詳見第 12 章）

若利用 Delta 制度，去求算選擇權的保證金，公式如下（9-1）式：

$$Mo = C + M \times |\delta| \tag{9-1}$$

Mo：期貨選擇權的保證金。

C：期貨選擇權的權利金。

M：期貨的原始保證金。

δ：期貨選擇權中，買權或賣權 Delta 值。

假設現在黃金期貨價格為 300 美元／盎斯，承作一口黃金期貨的原始保證金為 1,600 美元，若現在黃金期權履約價格為 300 美元／盎斯，則每一單位賣權權利金 2.0 美元，Delta 值為 － 0.6，則期權合約的保證金為 1,160 美元（2.0×100 ＋ 1,600×| － 0.6 | = 1,160）。

通常 Delta 制度，雖然有考慮期貨價格變動對選擇權權利金的影響，但仍忽略期貨價格的變動率、到期日及無風險利率等因素的影響，故常常無法正確估算保證金的額度。有鑑於此，CME 發展出計算期貨與期貨選擇權所組合而成的投資組合保證金制度，稱為 SPAN 制度。

二、SPAN 制度

SPAN 制度（Standard Portfolio Analysis of Risk）是 CME 在 1990 年所引用的保證金制度，此制度將投資者所持有的期貨與期貨選擇權的部位視為一投資組合，此投資組合將考慮期貨價格與期貨價格變動率這兩因素波動時，使投資組合的價值出現變化，然後取其價值可能遭受的最大損失，作為投資組合所必須繳交的保證金。

一般我們用電腦模擬投資組合的 16 種可能損益情形（如表 9-3）來當作繳交保證金金額的基準，我們假設期貨價格的波動使保證金金額損失幅度，相當一口期貨合約的維持保證金額度，此額度我們訂為全距（Range）。如果期貨價格的波動使保證金金額損失幅度，

相當於兩個全距，稱為「一次極端變動」（Extreme Move）。SPAN 制度中，以標的物期貨的市場收盤價為基準，當期貨價格上下變動 0、1／3、2／3、1 及 2 個全距，並搭配期貨價格變動率增減情形，以計算投資組合價值的 16 種可能損益情形。SPAN 制度在計算這 16 種投資組合價值所可能產生的情形，其保證金就是這 16 種可能中的最大損失。因此制度的特色，在於投資者可正確估算出，複雜的選擇權投資策略的保證金額度。

目前美國、英國及大部分的期貨交易所，都採用 SPAN 制度來計算保證金的額度。臺灣期交所的選擇權商品保證金，亦採此制度計算後訂定之。國內各種上市的選擇權商品的保證金，依 SPAN 制度來計算後，採兩種方式計收，分別為「固定金額方式計收」與「比例方式計收」。國內大部分選擇權商品的保證金都採「固定金額方式計收」，僅個股選擇權（不包含 ETF）的保證金都採「比例方式計收」。有關臺灣期交所所上市的選擇權商品中，採取「固定金額方式計收」的保證金一覽表，請參閱表 9-4。

表 9-3　SPAN 制度的 16 種可能情形

期貨價格	期貨價格變動率
不變	增加
不變	減少
上升 1／3 全距	增加
上升 1／3 全距	減少
下降 1／3 全距	增加
下降 1／3 全距	減少
上升 2／3 全距	增加
上升 2／3 全距	減少
下降 2／3 全距	增加
下降 2／3 全距	減少
上升 1 全距	增加
上升 1 全距	減少
下降 1 全距	增加
下降 1 全距	減少
上升 1 極端變動	增加
上升 1 極端變動	減少

表 9-4　臺灣期交所所上市的選擇權商品的保證金一覽表

商品類別		風險值	結算保證金	維持保證金	原始保證金
股價指數	台指選擇權	A 值	35,000 元	37,000 元	48,000 元
		B 值	18,000 元	19,000 元	24,000 元
		C 值	1,800 元	1,900 元	2,400 元
	電子選擇權	A 值	34,000 元	36,000 元	46,000 元
		B 值	7,000 元	8,000 元	10,000 元
	金融選擇權	A 值	14,000 元	15,000 元	19,000 元
		B 值	7,000 元	8,000 元	10,000 元
商品	台幣黃金選擇權	A 值	17,000 元	18,000 元	23,000 元
		B 值	9,000 元	9,000 元	12,000 元
匯率	小型美元兌人民幣選擇權	A 值	2,200 人民幣	2,280 人民幣	2,970 人民幣
		B 值	1,100 人民幣	1,140 人民幣	1,490 人民幣
	美元兌人民幣選擇權	A 值	10,700 人民幣	11,080 人民幣	14,450 人民幣
		B 值	5,400 人民幣	5,540 人民幣	7,230 人民幣

資料來源：臺灣期交所（2022/04）

9-4　選擇權交易資訊

　　投資人在從事選擇權交易時，交易資訊中的買賣權成交量比值、以及買賣權的未平倉合約比值的高低，可透露出投資人對市場未來走勢的看法。通常選擇權市場中，買方僅須付權利金的部分，所以交易成本較便宜，因此散戶比較會傾向當買方；但賣方先付出較大額的保證金，所以交易成本較高昂，因此通常都是財力雄厚的法人，在進行操作。因此在分析選擇權交易資訊時，比較偏向以「法人（大額交易人）」的角度來進行觀察。

　　有關這兩種交易資訊，對未來行情走勢所傳達的情形，請詳見表 9-5 之整理。以下將介紹兩種選擇權交易中，常見的交易資訊所傳達的意義。

表 9-5　賣權／買權成交量比值、未平倉比值與未來行情走勢關係表

賣權／買權成交量比值	賣權／買權未平倉比值	行情走勢
持續升高	持續升高	較不明朗
持續升高	持續降低	傾向跌勢
持續降低	持續升高	傾向漲勢
持續降低	持續降低	較不明朗

一、賣權／買權成交量比值

在選擇權交易資訊中，賣權／買權成交量比值（Put/Call Volume Ratio）是用來觀察未來漲跌趨勢的重要指標之一。若該比值大於（小於）1 時，乃賣權的成交口數大於（小於）買權的成交口數。其該指標的計算公式如下：

$$賣權／買權成交量比值＝\frac{賣權成交總量}{買權成交總量} \tag{9-2}$$

若該比值持續升高，表示投資人交易賣權的意願相較買權高。以法人傾向當賣方的觀點來看，法人將之前「賣出賣權」的部位，持續的增加平倉數量；表示法人之前認為：在賣權所設定的履約價格附近的支撐，將會被跌破，所以後市行情較傾向「易跌難漲」。

反之，若該比值持續降低，表示投資人交易買權的意願相較賣權高。以法人傾向當賣方的觀點來看，法人將之前「賣出買權」的部位，持續的增加平倉數量；表示法人之前認為：在賣權所設定的履約價格附近的壓力，將會被突破，所以後市行情較傾向「易漲難跌」。

二、賣權／買權未平倉比值

在選擇權交易資訊中，賣權／買權未平倉比值（Put/Call Open Interest Ratio）是用來觀察未來漲跌趨勢的重要指標之一。若該比值大於（小於）1 時，乃賣權的未平倉口數大於（小於）買權的未平倉口數。其該指標的計算公式如下：

$$賣權／買權未平倉比值＝\frac{賣權未平倉總量}{買權未平倉總量} \tag{9-3}$$

　　若該比值持續升高，表示投資人對賣權的留倉意願相較買權高。以法人傾向當賣方的觀點來看，法人持有「賣出賣權」的部位，未平倉數量持續的增加，表示法人認為：在賣權所設定的履約價格的附近有支撐，不容易被跌破，所以後市行情較傾向「易漲難跌」。

　　反之，若該比值持續降低，表示投資人對買權的留倉意願相較賣權高；以法人傾向當賣方的觀點來看，法人持有「賣出買權」的部位，未平倉數量持續的增加；表示法人認為：在買權所設定的履約價格的附近有壓力，不容易被突破，所以後市行情較傾向「易跌難漲」。

本章習題

一、選擇題

(　　) 1. 期貨選擇權買權之履約價低於標的商品期貨合約之交易價格時，稱該買權為：
(A) 價 內（In-the Money） (B) 價 外（Out-of-the Money） (C) 價 平（At-the Money） (D) 無價。

【2014-3 期貨業務員】

(　　) 2. 某甲買賣 S&P 500 期貨選擇權，若預期利率上漲，則應：
(A) 買入買權 (B) 買入賣權 (C) 賣出賣權 (D) 選項 (A)(B)(C) 皆非。

【2014-4 期貨業務員】

(　　) 3. 買權的賣方與買方所面對的損益以及權利義務，下列何者有誤？ (A) 買權的賣方須支付保證金，買方不須支付 (B) 標的物的上漲有利於買權的買方 (C) 買權的買方須支付權利金 (D) 買權的賣方之獲利可能無限制。

【2014-4 期貨業務員】

(　　) 4. 玉米期貨選擇權之標的商品為： (A) 玉米合約 (B) 玉米期貨合約 (C) 玉米選擇權合約 (D) 玉米期貨選擇權合約。

【2015-1 期貨業務員】

(　　) 5. 日本的通貨膨脹率高於美國，如果預期此差距將擴大，則交易人應：
(A) 買日幣買權 (B) 買日幣期貨 (C) 賣日幣賣權 (D) 賣日幣期貨。

【2015-1 期貨業務員】

(　　) 6. 美國的通貨膨脹率低於日本，如果預期此差距將縮小，則交易人應：
(A) 買日幣賣權 (B) 買日幣期貨 (C) 賣日幣買權 (D) 賣日幣期貨。

【2015-2 期貨業務員】

(　　) 7. 出售期貨賣權時機應該是：
(A) 多頭市場 (B) 空頭市場 (C) 多、空頭市場皆可 (D) 與市場無關。

【2015-2 期貨業務員】

(　) 8. 小恩以 $1,660 ／盎司買入黃金期貨，同時賣出買權其履約價爲 $1,670 ／盎司，權利金 $15 ／盎司，則其最大損失爲：
(A) $15 ／盎司　(B) $1,645 ／盎司　(C) $1,670 ／盎司　(D) 無窮大。

【2015-3 期貨業務員】

(　) 9. 下列敘述何者爲非？　(A) 在保證金預繳制規定下，委託下單之保證金以 SPAN 計算之保證金預收　(B) 在保證金預繳制規定下，委託下單之保證金以現行策略基礎計收　(C) 整戶風險保證金計收方式（SPAN）是用來計算已建立部位之保證金　(D) 當沖交易委託及部位仍依現行各契約保證金之 50% 收取，不納入 SPAN 計收。

【2015-3 期貨業務員】

(　)10. 下列何者爲整戶風險保證金計收制度（SPAN）可適用之對象？
(A) 結算會員　(B) 期貨商　(C) 一般交易人　(D) 選項 (A)(B)(C) 皆可。

【2016-2 期貨業務員】

(　)11. 12 月份小麥期貨價格 780，則：　(A) 750 小麥期貨買權爲價內，750 賣權爲價外　(B) 800 小麥期貨買權爲價內，800 賣權爲價外　(C) 750 小麥期貨買權及賣權皆爲價內　·(D) 800 小麥期貨買權及賣權皆爲價外。

【2016-2 期貨業務員】

(　)12. 關於期貨選擇權何者正確？　(A) 時間價值＝權利金＋內含價值　(B) 時間價值＝權利金　(C) 時間價值＝權利金－內含價值　(D) 時間價值＝履約價格。

【2016-3 期貨業務員】

(　)13. 買入履約價格爲 970 之 S&P 500 期貨買權，權利金爲 50，則最大損失爲多少？
(A) 無限大　(B) 970　(C) 920　(D) 50。

【2018-1 期貨業務員】

(　)14. 美國聯邦準備銀行準備調高利率，使得其相對於歐洲的市場利率高出許多，則可採用的交易策略爲：　(A) 買入瑞士法郎期貨　(B) 買入 S&P 500 股價指數期貨買權　(C) 買入國庫券期貨賣權　(D) 買長期公債期貨。

【2018-1 期貨業務員】

(　)15. 價內選擇權的意義爲何？　(A) 履約價值＞0　(B) 履約價值＜0　(C)（履約價值－權利金）＞0　(D)（履約價值－權利金）＜0。

【2018-2 期貨業務員】

( )16. 若九月黃豆期貨買權的執行價格為 $630，權利金為 $30，內含價值為 $25，則此九月黃豆期貨價格為多少？ (A) 600 (B) 625 (C) 660 (D) 655。

【2018-2 期貨業務員】

( )17. 目前國內各種指數期貨契約交易保證金可以何種有價證券抵繳？ (A) 中央登錄公債 (B) 外幣計價國際債券 (C) 股票 (D) 選項 (A)(B)(C) 皆可。

【2018-2 期貨業務員】

( )18. 當賣出期貨賣權（Put）且被執行時，其結果如何？ (A) 取得空頭期貨契約 (B) 取得多頭期貨契約 (C) 取得相等數量之現貨 (D) 取得現金。

【2018-4 期貨業務員】

( )19. 6 月 CME 歐洲美元期貨之市價為 98.35，6 月歐洲美元期貨買權之履約價格為 98.65，權利金為 0.30，則此買權：
(A) 處於價內 (B) 處於價平 (C) 沒有時間價值 (D) 時間價值為正。

【2018-4 期貨業務員】

( )20. 預期標的物漲價，則下列策略中，哪些可以獲利？甲.賣期貨賣權；乙.買入期貨；丙.買入期貨買權；丁.賣出期貨買權；戊.買入期貨賣權；己.買入現貨 (A)僅甲、乙、丙、戊、己 (B) 僅甲、乙、丙、丁、戊 (C) 僅甲、乙、丙、己 (D) 僅甲、乙、丙、戊。

【2018-4 期貨業務員】

( )21. 美國進口商從日本進口汽車，用美元報價，日本的出口商為了規避匯率風險，可以： (A) 賣日圓期貨 (B) 賣日圓期貨買權 (C) 賣日圓期貨賣權 (D) 賣歐洲日圓期貨。

【2019-1 期貨業務員】

( )22. S&P500 現貨指數 1,375，則： (A) 1,380 買權為價內／1,380 賣權為價外 (B) 1,370 買權為價內／1,370 賣權為價外 (C) 1,370 買權及賣權皆為價內 (D) 1,365 買權及賣權皆為價外。

【2019-1 期貨業務員】

( )23. 客戶認為目前利率水準偏低，將來有可能調高時，他應該如何避險？ (A) 買進 T-Bond 買權 (B) 買進 T-Bond 期貨 (C) 買進 T-Bond 賣權 (D) 賣出 T-Bond 賣權。

【2021-2 期貨業務員】

(　　)24. 當賣出期貨買權（Call）被執行時，會有何種結果？　(A) 取得空頭期貨契約　(B) 取得多頭期貨契約　(C) 取得相等數量之現貨　(D) 依當時之差價取得現金。

【2021-3 期貨業務員】

(　　)25. 小涵以 52 元買進甲股票後，又買進同量的甲股賣權，其履約價格為 50 元，權利金為 1 元，則小涵在權利期間結束時，每單位之最大可能虧損為：

(A) 52 元　(B) 2 元　(C) 1 元　(D) 3 元。

【2022-1 期貨業務員】

Note /

Chapter 10 臺灣的選擇權市場

本章內容為臺灣的選擇權市場，主要介紹臺灣的選擇權商品、委託單、以及交易範例等內容，其內容詳見如下。

10-1 **臺灣的選擇權商品**　介紹臺灣股價指數、黃金與人民幣匯率選擇權商品。

10-2 **臺灣的選擇權委託單**　介紹臺灣選擇權委託單的種類、限制以及撮合原則。

10-3 **臺灣選擇權商品的交易範例**　介紹三種臺灣選擇權商品的交易範例。

🛒 章前導讀

　　國內的選擇權交易是與期貨一樣,都在臺灣期貨交易所,進行集中市場交易。國內最早的選擇權合約乃為 2001 年所推出的「臺灣加權股價指數選擇權合約」,爾後,陸續推出各種「股價指數」、「黃金」與「匯率」類選擇權,以滿足投資人對各類商品避險與投機的需求。

　　通常投資人在進行選擇權交易時,除了下簡易的市價單或限價單外,因選擇權的各式交易策略眾多,臺灣期貨交易所亦提供各種組合式的委託單(如:價格差、時間差、跨式與轉換等等),以供投資人交易所需。

　　雖然選擇權的交易策略眾多,但四種基本的交易型式(買進買權、賣出買權、買進賣權與賣出賣權),仍是最多投資人進行的策略,因此投資人必須瞭解其各種情況下的損益情形。

　　以下本章將分別介紹臺灣期交所,所上市的各種選擇權商品的合約規格、委託單種類與限制、以及各種選擇權商品的交易範例。

10-1　臺灣的選擇權商品

　　國內最早的選擇權合約，為 2001 年所推出的「臺灣加權股價指數選擇權合約」，現在該商品仍是市場最大的交易重心。這幾年，期交所推出的商品，大都以「股價指數」類型的選擇權為主（包含 ETF）；僅有唯一種商品選擇權的交易－「黃金」選擇權。但近年來，由於國人大量的持有人民幣的資產，於是對該貨幣匯率的變動，具有避險的需求，所以臺灣期交所也於 2016 年推出人民幣的「匯率選擇權」，以提供人民幣匯率方面的投機與避險之所需，也將使國內的選擇權市場商品[1]種類更加多元化。有關國內各類選擇權商品的交易比重，詳見表 10-1。

　　以下本單元將依序介紹國內上市的股價指數、黃金以及匯率選擇權的商品規格。

表 10-1　2021 年國內各類選擇權商品的日平均交易比重

股價指數類商品	交易比重	匯率類商品	交易比重
台指選擇權	99.790%	小型美元兌人民幣選擇權	0.000%
金融選擇權	0.059%	美元兌人民幣選擇權	0.000%
股票選擇權	0.050%		
ETF 選擇權	0.046%	利率類商品	交易比重
電子選擇權	0.042%	黃金選擇權	0.014%

一、股價指數選擇權

　　臺灣期貨交易所於 2001 年 10 月推出「台股加權股價指數選擇權」，為我國的第一檔選擇權商品，該商品是以臺灣所有上市股票所組成的指數當作標的物，該商品交易量成長很迅速，現已是國內交易熱絡的商品之一。圖 10-1 為國內台股指數選擇權，自 2001~2021 年的平均每日成交量趨勢圖。由圖 10-1 得知：國內的台股指數選擇權經過政府這幾年的大力推展之後，已由 2001 年每日平均成交量不到 1 千口，迅速成長至 2021 年已超過 80 萬多口，可見該商品多受到國內投資人的青睞。該商品的合約規格表，請詳見表 10-2 之說明。

---

1. 國內的選擇權商品的交易稅為交易金額的千分之一。

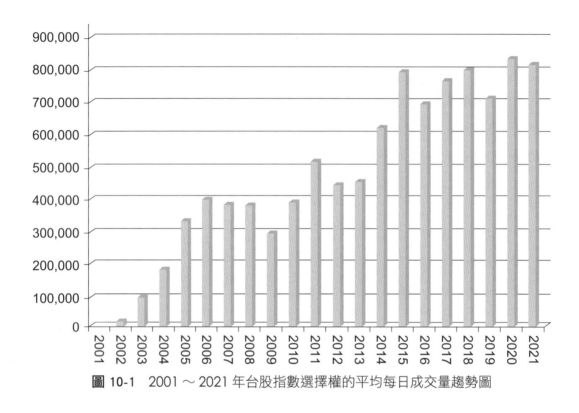

圖 10-1　2001 ～ 2021 年台股指數選擇權的平均每日成交量趨勢圖

表 10-2　臺灣加權股價指數選擇權合約規格表

交易標的	臺灣證券交易所發行量加權股價指數
履約型態	歐式（僅能於到期日行使權利）
契約乘數	指數每點新台幣 50 元
到期月份	◎連續三個月份，另加上二個接續的季月，共有五個月份的契約 ◎當月除了第二個週，其餘每週三加掛次二週三到期的週合約
每日漲跌幅	以前一營業日臺灣證券交易所發行量加權股價指數收盤價之 10%
最後交易日	最後交易日為各該契約交割月份第三個星期三
最後結算價	以到期日臺灣證券交易所當日交易時間收盤前三十分鐘內所提供標的指數之簡單算術平均價訂之。

資料來源：臺灣期貨交易所

　　國內自從台股指數選擇權推出後，期交所隨後於 2003 年 1 月推出五檔（南亞、中鋼、聯電、台積電、富邦金）「個股選擇權」[2]，使得原本只有指數期貨上市的期貨市場，發展更趨於完整，也讓投資人的交易更靈活，有更多的金融工具可供進行投資及避險。有關國

---

2. 截至 2022 年 11 月，現在期交所核准可供投資人投資的「個股選擇權」，已擴展至 50 檔股票與（ETF）。

表 10-3 個股股票（ETF）選擇權契約規格表

交易標的	上市櫃之普通股股票、指數證券型基金
中文名稱	股票選擇權（買權、賣權）
契約單位	2,000 股標的證券
履約方式	歐式（僅得於到期日行使權利）
到期月份	連續二個月份，另加最近三個接續季月
每日漲跌幅	◎標的證券為股票或國內成分證券指數股票型基金者，交易權利金最大漲跌點數以約定標的物價值之當日最大變動金額除以權利金乘數計算 ◎標的證券為國外成分證券指數股票型基金或境外指數股票型基金者，每日交易權利金最大漲跌點數以當日標的證券開盤參考價之 15% 為限。但依規定為契約調整者，不在此限
最後交易日	最後交易日為各該契約交割月份第三個星期三

資料來源：臺灣期貨交易所

　　因臺灣的投資人偏愛操作電子股或金融股，所以期交所又於 2005 年 3 月推出「電子類」與「金融類」股價指數選擇權，以因應投資人的交易需求。因期交所為了進一步符合國外避險者的需求，於 2006 年 3 月推出「摩根台股指數期貨」，且也順勢的推出以美元計價的「摩根台股指數選擇權」，使避險商品更多樣化。期交所又於 2007 年 10 月推出「非金電」與「櫃買」兩種股價指數選擇權，使臺灣的選擇權商品更具完備。爾後，因「摩根台股」、「非金電」與「櫃買」股價指數選擇權的交易量並不突出，所以紛紛落得憔悴收場。有關國內各種股價指數合約規格與加權股價指數選擇權合約的差異說明，如表 10-4 所示。

表 10-4 各類指數選擇權的契約乘數規格表

交易標的	契約乘數
電子類發行量加權股價指數	指數每點新台幣 1,000 元
金融保險類發行量加權股價指數	指數每點新台幣 250 元

　　近年來，期交所為了滿足市場投資人對短天期交易的需求，於 2012 年 11 月推出以「一週」[3] 為週期的合約，因週合約因「時間短」與「提供較窄履約價格間距」，使得投資人在

---

3. 原本單週到期的選擇權，於 2022 年 11 月改為「雙週」。

進行短天期投機與避險交易時，更具便利性與效率性。此外，2014 年 5 月臺灣期貨交易所至歐洲期貨交易所（Eurex）上市 1 天的台股指數選擇權合約，使得台指選擇權首度要上國際舞臺，使得臺灣的選擇權市場更具國際化。

此外，臺灣期交所針對臺灣選擇權市場的交易活動，編製一套合適的波動率指數（Volatility Index；VIX），稱為「台指選擇權波動率指數」[4]，以希望能正確地描繪當時市場上選擇權價格的波動情形，也進一步詮釋市場投資人的心理恐慌情形，故又稱為「投資人恐慌指標」。此提供選擇權交易人更多的交易資訊內容，以協助其判斷市場的狀況與擬定合宜的交易決策。

二、黃金選擇權

近年來，國際黃金價格波動幅動頗大，使得黃金的投資者面臨極大的波動風險。臺灣期交所基於此，並考慮國內買賣黃金的習性與計價標準和國際黃金的計價基準不一樣；於 2009 年 1 月推出「新台幣計價的黃金選擇權」，提供黃金投資人一個新的投資與避險管道。以下表 10-5 為新台幣黃金選擇權規格表。

表 10-5 新台幣黃金選擇權規格表

交易標的	成色千分之九九九點九之黃金
履約型態	歐式（僅能於到期日行使權利）
契約規模	5 台兩（50 台錢、187.5 公克）
到期月份	連續 3 個偶數月份
最小升降單位	新台幣 0.5 元／台錢（新台幣 25 元）
每日漲跌幅	前一交易日結算價 ±5%、±10%、±15% 三階段漲跌幅度限制
最後交易日	最後交易日為各該契約到期月份最後一個營業日前之第 2 個營業日
最後結算價	以最後交易日 IBA 同一曆日所公布之 LBMA 黃金早盤價，以及臺北外匯經紀股份有限公司公布之上午 11 時新台幣對美元成交即期匯率為基礎，經過重量與成色之轉換，計算最後結算價。

---

4. 台指選擇權波動率指數是依據芝加哥選擇權交易所（CBOE）研發之「波動率指數（VIX）編製公式」所計算，並取得 STANDARD & POOR'S（S&P）授權使用該編製公式。一般而言，VIX 指數愈高時，表示交易人預期未來股價指數的波動程度愈劇烈，心理恐慌指標上升；反之，當 VIX 指數愈低時，表示交易人預期股價指數變動將趨於和緩，心理恐慌指標下降。

三、人民幣匯率選擇權

近年來，為因應臺灣離岸人民幣市場蓬勃發展，國人對人民幣資產的需求規模逐年成長，因此對人民幣匯率的交易量增加。自從臺灣期貨交易所，2015 年 7 月推出人民幣匯率期貨後，國際市場頗受好評，交易量曾高居全球之冠，於是期貨交易所趁勝出擊，於 2016 年 6 月再推出 2 檔人民幣匯率選擇權，以提供市場更多元的人民幣匯率交易與避險管道。以下表 10-6 為國內上市的人民幣匯率選擇權的契約規格。

表 10-6　人民幣匯率選擇權契約規格

項目	小型人民幣匯率選擇權（RTO）	人民幣匯率選擇權（RHO）
履約型態	歐式（僅能於到期日行使權利）	歐式（僅能於到期日行使權利）
契約規模	20,000 美元	100,000 美元
到期月份	連續 2 個月份，另加上 4 個接續季月，總共 6 個月份的契約	連續 2 個月份，另加上 4 個接續季月，總共 6 個月份的契約
最小升降單位	0.0001 點（人民幣 2 元）	0.0001 點（人民幣 10 元）
每日漲跌幅	以前一營業日結算價之 7% 為限	以前一營業日結算價之 7% 為限
每日結算價	財團法人臺北外匯市場發展基金會在最後交易日上午 11:15 公布之臺灣離岸人民幣定盤匯率	香港財資市場公會在最後交易日上午 11:30 公布之美元兌人民幣（香港）即期匯率
最後交易日	最後交易日為各該契約交割月份第三個星期三	最後交易日為各該契約交割月份第三個星期三

資料來源：臺灣期貨交易所

10-2 臺灣的選擇權委託單

投資人在進行選擇權交易時，其委託單應載內容，包括委託單編號、期貨商代號、交易人帳號、選擇權序列代號（包含選擇權類別、到期月份、履約價格）、數量、交易價格、市價單或限價單及相關限制條件（如：FOK、IOC、ROD）、以及新倉單或平倉單等。以下將介紹國內選擇權委託單的種類、價格限制、時間限制與撮合原則。

一、委託單的種類

臺灣期貨交易所針對期貨交易人，在進行選擇權交易時，其進行單一或組合式委託時，有其不同的委託單種類，其可以使用的類型，如表 10-7 所示：

表 10-7　臺灣選擇權市場委託單種類表

委託單種類	單一委託	組合式委託
委託方式	買進買權	價格價差（Price Spread）委託
	賣出買權	時間價差（Time Spread）委託
	買進賣權	跨式（Straddle）委託 勒式（Strangle）委託
	賣出賣權	轉換（Conversion）委託 反向轉換（Reversal）委託

資料來源：臺灣期貨交易所

二、委託單的價格限制及時間限制

臺灣期貨交易所，針對交易人在進行選擇權交易時，其委託單的價格限制及時間限制，如表 10-8 所示：

表 10-8　臺灣選擇權市場委託單的價格限制及時間限制表

委託單種類	價格限制	時間限制
委託方式	市價單	FOK、IOC
	限價單	FOK、IOC、ROD
	市價單	FOK、IOC
	限價單	FOK、IOC

資料來源：臺灣期貨交易所

註：FOK：全數成交或作廢單

　　IOC：立即成交否則取消單

　　ROD：當日委託單

三、委託單的撮合原則

　　國內選擇權的委託單撮合原則，依台指選擇權契約之相關規定，股票選擇權依下列 4 項原則進行撮合：

1. **價格優先、時間優先。**

2. **市價委託優於限價委託。**

3. **尚未成交前，得通知期貨商撤銷原委託單。**

4. **至於更改委託單部分，除減少委託數量外，應先撤銷原委託，再重新委託下單。**

10-3　臺灣選擇權商品的交易範例

　　通常選擇權的交易策略非常多元，可以採單一部位，亦可組合出各種價差、混合與合成交易策略。本節將以單純採取單一部位的買權與賣權，來說明其損益的情形。以下將以臺灣期貨交易所，所上市的三種選擇權商品來進行說明，分別為股價指數、新台幣黃金與人民幣匯率選擇權。

一、股價指數選擇權

　　國內所上市的股價指數選擇權中，以臺灣加權股價指數選擇權的成交量最大，所以此單元將以該商品的交易損益情形為說明範例。

(一) 買進買權

投資人「支付權利金」，並買進買權後，將會有以下三種損益情形：

1. **到期前，將部位平倉出場，以結算權利金損益價差。**
2. **到期時，將部位履約，以結算最後結算價與履約價之價差。**
3. **到期時，放棄買權的履約權利，最多損失所支付的權利金。**

✏ 例題 10-1

≫ 買進買權

假設甲投資人預期台股指數會上漲，於是買進 1 口 3 月份履約價格為 6,000 點的買權，支付權利金 180 點後，請問依上述三種情形，投資人的損益各為何？

〔解答〕

1. 若選擇權到期前，假設台股指數上漲至 6,300 點，買權權利金亦上漲至 220 點，若此時投資人將部位平倉，可獲利 2,000 元 [（220 － 180）×50 ＝ 2,000]。

2. 若選擇權到期時，假設台股指數上漲至 6,400 點，此時投資人將部位履約，則履約價值有 20,000 元 [（6,400 － 6,000）×50 ＝ 20,000]，但扣除期初權利金的支付 9,000 元（180×50 ＝ 9,000），可獲利 11,000 元（20,000 － 9,000 ＝ 11,000）。

3. 若選擇權到期時，假設台股指數結算價為 5,800 點，此時投資人將放棄履約，則有權利金 9,000 元的損失。

(二) 賣出買權

投資人「繳交保證金」，並賣出買權後，將會有以下三種損益情形：

1. **到期前，將部位平倉出場，以結算權利金損益價差。**
2. **到期時，部位被買方要求履約，損失最後結算價與履約價之價差。**
3. **到期時，買權買方放棄履約權利，賺取買方所支付的權利金。**

📝 例題 10-2

》賣出買權

　　假設乙投資人預期台股指數會微幅下跌，於是賣出 1 口 3 月份履約價格為 6,000 點的買權，權利金為 180 點，並支付 22,000 元的保證金後，請問依上述三種情形，投資人的損益各為何？

〔解答〕

1. 若選擇權到期前，假設台股指數上漲至 6,300 點，買權權利金上漲至 220 點，若此時投資人將部位平倉，將損失 2,000 元 [（180 － 220）×50 ＝－ 2,000]。所以投資人此時可回收 20,000 元（22,000 － 2,000）的保證金。

2. 若選擇權到期時，假設台股指數上漲至 6,400 點，此時買方將部位履約，則賣方則損失 20,000 元 [（6,000 － 6,400）×50 ＝－ 20,000]，但收取期初權利金的收入 9,000 元（180×50 ＝ 9,000），共損失 11,000 元的價差（9,000 － 20,000 ＝－ 11,000）。所以投資人此時可回收 11,000 元（22,000 － 11,000）的保證金。

3. 若選擇權到期時，假設台股指數結算價為 5,800 點，此時買方將放棄履約，則有賣方有權利金 9,000 元的收入。所以投資人此時可回收 31,000 元（22,000 ＋ 9,000）的保證金。

(三) 買進賣權

　　投資人「支付權利金」，並買進賣權後，將會有以下三種損益情形：

1. **到期前，將部位平倉出場，以結算權利金損益價差。**

2. **到期時，將部位履約，以結算最後結算價與履約價之價差。**

3. **到期時，放棄賣權的履約權利，最多損失所支付的權利金。**

✎ 例題 10-3

» 買進賣權

假設丙投資人預期台股指數會下跌,於是買進 1 口 3 月份履約價格為 6,000 點的賣權,支付權利金 170 點後,請問依上述三種情形,投資人的損益各為何?

〔解答〕

1. 若選擇權到期前,假設台股指數下跌至 5,800 點,賣權權利金亦上漲至 215 點,若此時投資人將部位平倉,可獲利 2,250 元 [(215 － 170)×50 = 2,250]。

2. 若選擇權到期時,假設台股指數下跌至 5,900 點,此時投資人將部位履約,則履約價值有 5,000 元 [(6,000 － 5,900)×50 = 5,000],但扣除期初權利金的支付 8,500 元(170×50 = 8,500),則損失 3,500 元(5,000 － 8,500 ＝－ 3,500)。

3. 若選擇權到期時,假設台股指數結算價為 6,100 點,此時投資人將放棄履約,則有權利金 8,500 元的損失。

(四) 賣出賣權

投資人「繳交保證金」,並賣出賣權後,將會有以下三種損益情形:

1. **到期前,將部位平倉出場,以結算權利金損益價差。**

2. **到期時,部位被買方要求履約,損失最後結算價與履約價之價差。**

3. **到期時,賣權買方放棄履約權利,賺取買方所支付的權利金。**

✎ 例題 10-4

» 買進賣權

假設丁投資人預期台股指數會微幅上漲,於是賣出 1 口 3 月份履約價格為 6,000 點的賣權,權利金 170 點後,並支付 22,000 元的保證金後,請問依上述三種情形,投資人的損益各為何?

〔解答〕

1. 若選擇權到期前，假設台股指數下跌至 5,800 點，賣權權利金上漲至 215 點，若此時投資人將部位平倉，將損失 2,250 元 [（170 － 215）×50 ＝ 2,250]。所以投資人此時可回收 19,750 元（22,000 － 2,250）的保證金。

2. 若選擇權到期時，假設台股指數下跌至 5,900 點，此時買方投資人將部位履約，則賣方則損失 5,000 元 [（5,900 － 6,000）×50 ＝ － 5,000]，但收取期初權利金的收入 9,000 元（170×50 ＝ 8,500），共獲利 3,500 元的價差（8,500 － 5,000 ＝ 3,500）。所以投資人此時可回收 25,500 元（22,000 ＋ 3,500）的保證金。

3. 若選擇權到期時，假設台股指數結算價為 6,100 點，此時買方將放棄履約，則有賣方有權利金 8,500 元的收入。所以投資人此時可回收 30,500 元（22,000 ＋ 8,500）的保證金。

二、新台幣黃金選擇權

以下例 10-5 與 10-6，將以買進新台幣黃金買權與賣權的損益情形，當作說明範例。

例題 10-5

》買進黃金買權

假設投資人預期黃金價格將上漲，於是買入 1 口 9 月份履約價為 4,500 的台幣黃金買權，權利金為 68；經過一段時間後，黃金價格上漲，使得該選擇權權利金上漲至 120，則投資人獲利為何？

〔解答〕

(120 － 68)×50×1 ＝ 2,600（獲利）

✎ 例題 10-6

》買進黃金賣權

　　假設投資人預期黃金價格將下跌，於是賣出 1 口 9 月份履約價為 4,300 的台幣黃金賣權，權利金 35，經過一段時間後，黃金價格下跌，使得該選擇權權利金上漲至 76，則投資人獲利為何？

〔解答〕

$(76 - 35) \times 50 \times 10 = 2,050$（獲利）

三、人民幣匯率選擇權

　　以下例 10-7 與 10-8，將以買進小型美元兌人民幣匯率的買權與賣權的損益情形，當作說明範例。

✎ 例題 10-7

》買進人民幣匯率買權

　　假設現在人民幣匯率為 6.92，投資人預期人民幣將貶值（人民幣匯率將走高），於是買入 1 口 9 月份履約價為 6.88 的小型美元兌人民幣買權，權利金 0.0224，待一段期間後，人民幣匯率為 6.94，則權利金上漲至 0.0337，則投資人獲利為何？

〔解答〕

$(0.0337 - 0.0224) \times 20,000 \times 1 = 226$ 人民幣（獲利）

例題 **10-8**

》買進人民幣匯率賣權

　　假設現在人民幣匯率為 6.88，投資人預期人民幣將升值（人民幣匯率將走低），於是買入 1 口 9 月份履約價為 6.86 的小型美元兌人民幣賣權，權利金 0.0439，待一段期間後，人民幣匯率為 6.85，則權利金上漲至 0.0696，則投資人獲利為何？

〔解答〕

$(0.0696 - 0.0439) \times 20,000 \times 1 = 514$ 人民幣（獲利）

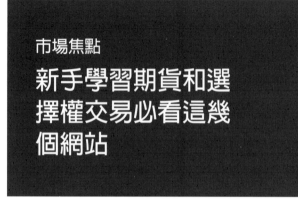

市場焦點
新手學習期貨和選擇權交易必看這幾個網站

臺灣期貨交易所的動畫，介紹期貨市場深入淺出

再來是「期貨基礎概念篇」，有期貨的功能、期貨的五大特色、期貨與現貨的比較等內容，短短三分鐘之內深入淺出的介紹，而且還可直接點選其中某個主題的內容直接收看。

還有「選擇權基本觀念篇」，內容介紹選擇權、選擇權五大要素、權利金等等，從當年的國際鬱金香交易衍生出選擇權交易概念，介紹了買權（Call）和賣權（Put）的觀念。

期貨商的交易策略介紹，內容專業詳盡又實用

為了推廣期貨知識，臺灣期貨交易所拍攝「期貨小廚房」系列影片，介紹期貨選擇權基本知識，在 YouTube 上搜尋「期貨小廚房」就能找到內容。若要進階一點學習，從期貨商品的認識，到期貨價差交易策略，可以在國內期貨商的網站上找到教學說明。

期貨商的交易策略介紹，內容專業詳盡

兆豐期貨的選擇權交易策略網頁則提供了 15 種交易組合策略說明，例如：較少見的「轉換逆轉換策略」、「禿鷹價差」、「賣出跨式」及「買期權賣買權」等詳盡的介紹。

期貨知識專刊公開，提供全文電子下載

如果對期貨選擇權交易市場想要更為專業深入的了解，那一定要上這兩個網站來學習。首先是臺灣期貨交易所推出的「臺灣期貨雙月刊」，該網站上提供期貨交易所的出版品電子檔下載。

■ 資料來源：摘錄自信傳媒 2022/03/30

🔒 **解說**

　　期貨與選擇權是採保證金交易的市場，適合小資族的年輕人。由於交易這些商品確實需要一些專業常識，現在臺灣期貨交易所、各大期貨商與期貨公會都有提供各種交易常識與資訊，供投資人學習與參考。

本章習題

一、選擇題

( ) 1. 我國台指選擇權的契約乘數為：
(A) 每點 50 元 　(B) 每點 100 元 　(C) 每點 150 元 　(D) 每點 200 元。
【2010-1 期貨業務員】

( ) 2. 雅琳十月一日買進台指選擇權 11 月份買權，履約價格 4,100 點，權利金 180
點，十月十五日，盤中以 310 點賣出，請問雅琳交易台指選擇權之損益為何？
(A) 損失 5,000 元 　(B) 獲利 5,500 元 　(C) 損失 6,000 元 　(D) 獲利 6,500 元。
【2011-1 期貨業務員】

( ) 3. 依台指選擇權交易制度之相關規定，交易時段開始後，揭示之資訊包括：
(A) 各選擇權序列當日成交價、量、筆數 　(B) 買、賣委託價、量（上下各五檔）
(C) 最高與最低價、總成交量 　(D) 選項 (A)(B)(C) 皆是。
【2012-1 期貨業務員】

( ) 4. 假設某一法人機構於避險帳戶持有台指選擇權部位，若當日加權指數收盤價為
7,632.03 點、台股期貨最近月契約收盤價為 7,521 點、結算價 7,522 點，則計算
該選擇權市值所使用之價格為何？
(A) 7,632.03 點 　(B) 7,521 點 　(C) 7,522 點 　(D) 選項 (A)(B)(C) 均不正確。
【2013-2 期貨業務員】

( ) 5. 請問 VIX 指數係衡量，下列何項之集合？ 　(A) CBOE 交易所股票選擇權之隱含
波動率 　(B) CBOE 交易所股票選擇權之歷史波動率 　(C) S&P 500 指數股票選擇
權之隱含波動率 　(D) S&P 500 指數股票選擇權之歷史波動率。
【2014-3 期貨分析人員】

( ) 6. 依期貨交易所管理規則之規定，期貨交易所製作之期貨交易行情表，其為選擇權
契約者，應含下列何者相關的資訊？
(A) 交易標的 　(B) 最後交易 　(C) 升降單位 　(D) 履約價格。
【2015-1 期貨業務員】

( ) 7. 電子及金融指數選擇權交易可接受的組合式委託單，不包括下列何者？
(A) 價格價差委託 　(B) 市場間價差委託 　(C) 跨式委託 　(D) 時間價差委託。
【2015-3 期貨業務員】

( ) 8. 我國台指選擇權與現行台股指數期貨在交易上有那些不同之處？ (A) 交易人可以下組合式委託 (B) 交易人可以經由經紀商詢價 (C) 交易人在委託單上加註時間條件例如 FOK 或 IOC (D) 選項 (A)(B)(C) 皆是。

【2015-4 期貨業務員】

( ) 9. 依我國現行法律規定，有關集中市場交易之股票選擇權契約的敘述，下列何者正確？ (A) 在證券交易所交易 (B) 受證券交易法之規範 (C) 受期貨交易法之規範 (D) 期貨交易所設計商品後，不須主管機關核准即得交易。

【2015-4 期貨業務員】

( )10. 有關台指選擇權委託單之排序與撮合原則，下列何者有誤？ (A) 價格優先、時間優先 (B) 市價委託優於限價委託 (C) 開盤時採「逐筆撮合」 (D) 組合式委託中之各選擇權序列須同時成交，該筆委託始生效。

【2016-2 期貨業務員】

( )11. 交易人下電子、金融選擇權委託單時，應說明之交易內容不包括下列何者？ (A) 選擇權序列名稱 (B) 委託種類 (C) 時效性條件 (D) 交割方式。

【2016-3 期貨業務員】

( )12. 下列有關電子及金融指數選擇權的委託單敘述，何者有誤？ (A) 開盤時段不接受組合式委託 (B) 交易人若下市價委託單則一定可以成交 (C) 組合式委託僅有 FOK 以及 IOC 兩種時間限制委託單 (D) 單一委託的限價單包括 FOK、IOC 以及 ROD 三種時間限制委託單。

【2018-2 期貨業務員】

( )13. 依台指選擇權交易制度之相關規定，交易人可透過下列哪一個方式詢價？ (A) 透過經紀商 (B) 電洽造市者 (C) 直接洽交易所查詢 (D) 選項 (A)(B)(C) 皆可。

【2021-2 期貨業務員】

( )14. 臺灣期貨交易所之黃金選擇權與黃金期貨（美元計價）契約之交易標的為何？
(A) 均為成色千分之九九九點九之黃金
(B) 均為成色千分之九九五之黃金
(C) 前者為成色千分之九九五之黃金；後者為成色千分之九九九點九之黃金
(D) 前者為成色千分之九九九點九之黃金；後者為成色千分之九九五之黃金。

【2021-3 期貨業務員】

( )15. 我國指數選擇權稅率最高不得超過多少？
(A) 千分之一點五 (B) 千分之三點五 (C) 千分之五點五 (D) 千分之六。

【2022-1 期貨業務員】

Chapter 11 臺灣的權證市場

本章內容為臺灣的權證市場，主要介紹權證的簡介、牛熊證、權證的價值評估工具、以及權證的交易策略等內容，其內容詳見如下。

11-1 **權證的簡介**　介紹權證的特性與種類。

11-2 **牛熊證**　介紹一般型與延展型牛熊證的特性。

11-3 **權證的價值評估**　介紹幾種衡量權證價值的評估工具。

11-4 **權證的交易策略**　介紹幾種權證的交易策略。

章前導讀

臺灣於 1997 年 9 月首次由大華證券發行，以「國巨」為標的股票的「大華 01」認購權證，當時國內掀起一股發行認購權證的熱潮。爾後，隨著市場的變化，且為了應付投資大眾的需求，認購權證的發行設計上，也出現許多變化，例如：「重設型」與「上（下）限型」權證的發行。

由於國內近年來，因投資大眾對指數商品的特定偏好，所以證交所於 2011 年 7 月，推出可以作多與作空的「牛熊證」，以因應投資大眾的特殊需求；且也進一步的發展出延展型牛熊證，以供投資人可利用權證，進行中長期投資的一項新選擇。

由於權證投資對於小額投資人來說，要參與股票市場的投資，不須全額的資金，所以權證具有小博大的功能，也廣受小額投資人的喜愛。因此國內近幾年來，權證市場的發行量與交易量，已在證券市場占有一席之地。所以有關權證的投資觀念，對於小額的投資人來說，是一項重要的常識。

以下本章將介紹權證的簡介、牛熊證、權證的價值評估工具以及權證的交易策略等內容。

11-1　權證的簡介

　　所謂的「權證」（Warrants）是一種權利契約，持有人有權利在未來的一段時間內，以事先約定的價格購買或出售一定數量的標的物。所以就其意義來說，權證是選擇權的一種，只是選擇權的標的物可以是利率、外匯、股票及商品等，但權證的標的物大都以股票為主。且權證的存續期限也較普通選擇權來得長，通常是三個月以上，甚至超過一年；而一般的選擇權則在一個月或數月內便到期。通常買賣權證，如同時買賣股票一樣，在購買前需要先瞭解標的物公司的狀況，也必須對發行權證公司的信用狀況進行了解，以降低投資風險，這樣才能獲取最佳的報酬率。

　　一般而言，權證的發展源起於「附認股權證債券」（Bonds With Warrant）。當企業欲發行公司債時，為鼓勵投資人購買其公司債，乃在普通債券上附加一個認購該發行公司股票的選擇權，投資人除了可定期領取普通債券的利息外，還多了一項可以在未來的一段時間內，以事先約定的價格，向公司認購一定數量股票的權利。對投資人而言，若該公司未來經營得善，將成果反應在股價上，則購買此附認股權證債券的投資人，亦可與普通股東共享公司成長的利益。另外，對發行公司而言，發行附認股權利債券的票面利率比普通債券低，對公司的利息成本支出較低，且公司若急需資金時發行此債券籌措資金也較容易，整體而言是有利於公司的財務結構。

　　通常附認股權證債券所附加的認股權證，一般可分成分離式及非分離式兩種。當投資人執行此一認股權證時，是否必須同時持有公司債，若必須兩者兼備即為非分離式；一般發行公司為了增加認股權證的流動性，大部分都設計為分離式的，因此可分離式的附認股權證債券，日後便衍生為證券商、或投資銀行所發行的認購權證。以下本節將進一步說明權證的特性與種類。

一、權證的特性

　　通常權證具有以下幾點特性：

(一) 具有槓桿功能

　　通常投資人購買權證，乃利用它的槓桿效果，讓資金可以以小博大。因為購買權證的價格只是付出權利金，權利金只佔標的股價的一部分，所以買權證的資金成本比買股票低，槓桿倍數較信用交易倍數高，因此投資人可利用較低的資金成本，從事高槓桿財務操作，所以報酬率及風險性也相對較高。

(二) 損失有限，獲利無限

通常投資權證最大的損失乃付出的權利金，所以投資損失有限，但獲利無限。以認購權證為例：當標的物股價下跌時，認購權證的持有人最大的損失就是權證的權利金；若標的物股價上漲時，認購權證可要求履約，標的物股價漲愈多，獲利愈多，所以買進權證是一種下檔風險有限，上檔獲利無限的投資工具。

(三) 提供避險功能

一般擁有現貨或期貨多空部位的投資人，可利用認購（售）權證規避持有部位的風險。例如：投資人持有股票現貨部位，但因害怕股市下跌，遭受損失；故此時投資人可以買進認售權證，以進行避險。

(四) 不能享有普通股的權益

通常投資人持有權證，只能表彰在未來一段期間內，有認購或認售股票的權利，並無法享有普通股的正常權益。以認購權證而言，權證所有人只擁有認購標的股票的權利，並無實質擁有股票的實體，所以不能享有股票股利及現金股利，也不能參與公司的經營管理權。

(五) 權證價值將隨時間減少

通常權證與選擇權一樣都有到期日的限制，權證在到期後，投資人擁有的權利立即消失，所以權證的價值，將隨時間的消逝而減少，故較不適宜長期持有，宜短線操作。

二、權證的種類

通常權證依據不同的標準，大致可以分為表 11-1 幾種類型，後面將分別介紹。

表 11-1　權證的種類

種類	項目
買賣權利	1. 認購權證 2. 認售權證
執行履約期間	1. 美式權證 2. 歐式權證
包裹標的證券多寡數	1. 單一型權證 2. 組合型權證 3. 指數型權證
履約價格與標的物市價高低	1. 價平發行權證 2. 價內發行權證 3. 價外發行權證
特殊形式	1. 重設型權證 　(1) 單一重設時點、單一重設價格 　(2) 單一重設時點、多重重設價格 　(3) 多重重設時點、單一重設價格 　(4) 多重重設時點、多重重設價格 2. 上（下）限型權證 　(1) 上限型認購權證 　(2) 下限型認售權證

(一) 依買賣權利不同分類

1. 認購權證

　　認購權證（Call Warrant）是指權證投資人的買方，擁有在為未來履約期間內，以事先約定的價格購買一定數量的標的證券的權利，此即為「買進買權」的形式。

2. 認售權證

　　認售權證（Put Warrant）是指權證投資人的買方，擁有在未來履約期間內，以事先約定的價格售出一定數量的標的證券的權利，此即為「買進賣權」的形式。

(二) 依執行履約期間不同分類

1. 美式權證

　　美式權證（American Style Warrant）是指持有人可以在權證的存續期限內的任何時點，執行買賣標的物的權利。臺灣目前所發行的權證均為美式權證。

2. 歐式權證

歐式權證（European Style Warrant）是指持有人必須在權證到期時，才可執行買賣標的物的權利。此權證的履約機會少於美式權證，故權證的權利金應小於美式權證的權利金。

(三) 依包裹標的證券多寡數分類

1. 單一型權證

單一型權證（Single Warrant）是指發行人以單一支股票為標的物所發行的權證。目前國內大部分的權證均以此類型為主。

2. 組合型權證

組合型權證（Basket Warrant）是指發行人以數支股票的組合為標的物，所發行的權證，俗稱「一籃子」認購權證。通常發行的券商會將具有相同題材的幾支股票，組合成某一概念的組合型權證。例如：科技類型、地產類型與觀光類型等。

3. 指數型權證

指數型權證（Index Warrant）是指發行人以各種股價指數為標的物所發行的權證，因無實體標的物存在，故權證必須採現金交割。目前臺灣所發行的「牛熊權證」，部分為指數型權證。

(四) 依履約價格與標的物市價高低分類

1. 價平發行權證

認購（售）權證發行時，標的股票的股價等於權證的履約價格。通常國內所發行的權證，以此類型居多。

2. 價內發行權證

以認購權證而言，權證發行時，標的股票的股價大於權證的履約價格；以認售權證而言，權證發行時，標的股票的股價小於權證的履約價格。此類型權證，因發行時就對買者有利，故付出的權利金比價平型權證多。所以實務上，國內除了牛熊證外，較少直接發行價內型權證。

3. 價外發行權證

以認購權證而言，權證發行時，標的股票的股價小於權證的履約價格；以認售權證而言，權證發行時，標的股票的股價大於權證的履約價格。此類型權證，因發行時就對買者不利，故付出的權利金比價平型權證少。一般實務上，投資人購買此類型權證因付出的權利金較少，使得權證的槓桿倍數更大，投機的效果更好。

(五) 特殊形式

以下介紹幾種國內證券交易所，所推出的幾種特殊型式的認購（售）權證。

1. 重設型權證

重設型權證（Reset Warrant）是指權證在發行一段特定時間內，可以重新調整其「**履約價格**」。就認購權證而言，在發行一段特定期間內，若標的股下跌至某一水準，權證的履約價格將可「往下」重新設定，使投資人具有下檔風險的保護；就認售權證而言，在發行一段特定期間內，若標的股上漲至某一水準，權證的履約價格將可「往上」重新設定，使投資人具有上檔風險的保護。

此種權證商品設計之目的：是為了提高投資人認購意願與降低認購風險，並降低權證發行人的承銷風險。由於具有履約價格可以調整的保護條款，故其權利金亦會較一般型權證高。通常重設型權證，又依可重設時點、可重設價格的調整方式不同而分類如下：

(1) 單一重設時點、單一重設價格

此權證是指權證在存續期間內的某一特定時點，可依標的股價是否已經達到預先設定的某一特定價格，而決定重新調整原履約價格。例如：某認購權證，可設定 1 個月後，履約價可調整為原始標的股價的 80%。

(2) 單一重設時點、多重重設價格

此權證是指權證在存續期間內之某一特定時點，可依標的股價是否已經達到預先設定的某一組特定價格，而決定重新調整原履約價格。例如：某認購權證，可設定 1 個月後，履約價可調整為原始標的股價的 95%、90%、85%、80%。

(3) 多重重設時點、單一重設價格

此權證是指權證在存續期間內之某一組特定時點，可依標的股價是否已經達到預先設定的某一特定價格，而決定重新調整原履約價格。例如：某認購權證，可設定 1、2、3 個月後，履約價可調整為原始標的股價的 80%。

(4) 多重重設時點、多重重設價格

此權證是指權證在存續期間內之某一組特定時點，可依標的股價是否已經達到預先設定的某一組特定價格，而決定重新調整原履約價格。例如：某認購權證，可設定 1、2、3 個月後，履約價可調整為原始標的股價的 95%、90%、85%、80%。

2. 上（下）限型權證

上（下）限型權證（Caps/Floor Warrant）是指權證發行時設定兩個價格，一個是正常的，「履約價格」，另一個是特定的「障礙價」（上限或下限價），當標的證券觸到或穿越此障礙價時，權證即開始失效。所以國內所發行上（下）限型權證，其實就是障礙式選擇權（Barrier Option）的應用。

此種權證在還沒到期前，只要標的證券觸及上限或下限價，就有可能提早結算，無疑的，有礙於投資人的獲利空間，對投資人較不利（對發行者有利），因此理論上，其權證的價格應較一般型權證便宜。但因投資人付出的權利金較少，投資人可享有較高的操作槓桿倍數，更有利於投機操作，因此也會增加投資人購買此權證的意願；且有助於發行人降低承銷風險，以及比較能確定發行人未來的最大損失空間，以降低價格的不確定風險。有關上（下）限型權證的設計說明如下：

(1) 上限型認購權證

上限型認購權證是指認購權證發行時設定一上限價，以限制最大獲利，通常上限價較標的證券的市價高。當標的證券在未來一段期間內，收盤價觸到或穿越所設定的上限價時，即視該權證到期或自動履約，自動以當日標的證券收盤價辦理現金結算。其損益如圖 11-1 所示。

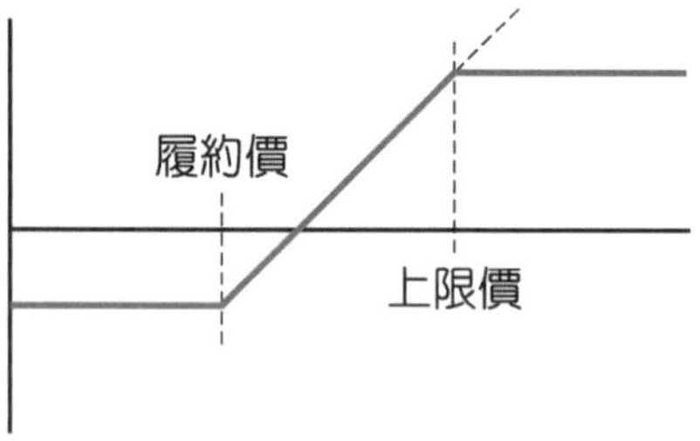

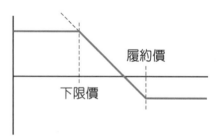

圖 11-1　上限型認購權證

(2) 下限型認售權證

下限型認售權證是指認售權證發行時設定一下限價，以限制最大獲利，通常下限價較標的證券的市價低。當標的證券在未來一段期間內，收盤價觸到或穿越所設定的下限價時，即視該權證到期或自動履約，自動以當日標的證券收盤價辦理現金結算。其損益如圖 11-2 所示。

圖 11-2　下限型認售權證

11-2　牛熊證

　　國內所發行的牛熊證（Callable Bull/Bear Contracts）乃類似認購（售）權證，「牛證」相對應未來行情看多的認購權證，「熊證」相對應未來看空的認售權證。

　　但牛熊證其發行型態嚴格說來，不屬於選擇權的型式，應屬於「結構性產品」。其主要的原因是牛熊證並沒有如同選擇權一般，其價值會隨時間遞減的情形，因為它的時間價值在發行時，早就被就一開始所設定的「**財務費用**」給固定了。

　　國內所發行的牛熊證，除了在發行時，會收一筆固定的財務費用，當作發行成本外，也會設定一個「限制價格」，當標的物市價觸到「限制價格」時，權證會提早到期，以間接保護投資人的損失。通常牛證的限制價會設在標的物市價之下，所以牛證類似於「下限型認購權證」；熊證的限制價會設在標的物市價之上；熊證則類似於「上限型認售權證」。

　　此外，國內現行所發行的牛熊證在發行時，通常都以「價內」的方式發行，其目的是希望牛熊證的漲跌幅度能與標的物相一致，以讓牛熊證能夠發揮實質的槓桿倍數。通常投資人對股市後市看好時，應購買牛證；反之，當投資人對股市後市看壞時，應購買熊證。所以投資人可運用牛熊證的槓桿效果，進行多空操作。

　　另外，國內近年來鼓勵投資人進行長期的價值投資，所以將現行的牛熊證加了一個「可以延展」的機制，讓投資人可以長期持有牛熊證，以享有長期投資的優勢。以下我們將進一步介紹「一般型」與「延展型」牛熊證的各種特性：

一、一般型牛熊證

　　一般型的牛熊證，具有以下幾點特性：

(一) 採取價內發行

　　通常牛熊證的發行者在發行時，必須先設定標的物之「履約價格」與「限制價格」。由於牛（熊）證標的物市價均高（低）於限制價格與履約價，且限制價格又須高（低）於履約價，因此牛熊證的發行是採價內發行。其主要用意乃希望權證的漲跌幅和股票同步，以發揮實質的槓桿倍數；但價內發行的牛熊證，發行價格相對較高，所以槓桿效果，不若一般的權證高。有關牛熊證發行時，標的物市價、限制價與履約價的關係圖。詳見圖 11-3。

通常牛證發行時，標的物市價、限制價與履約價的高低應為：標的物市價＞限制價＞履約價。例如：假設某一券商發行牛證，其發行時標的證券市價為 50 元時，權證限制價將設為 40 元，履約價將設為 36 元。

通常熊證發行時，標的物市價、限制價與履約價的高低應為：履約價＞限制價＞標的物市價。假設某一券商發行熊證，其發行時標的證券市價為 40 元，權證限制價將設為 50 元，履約價將設為 60 元。

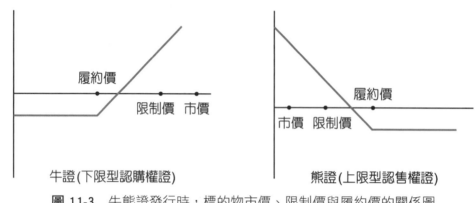

圖 11-3 牛熊證發行時，標的物市價、限制價與履約價的關係圖

(二) 價格計算透明

一般而言，牛熊證的訂價並不像一般選擇權，採用 Black-Scholes 模型訂價，而是採「**財務費用年率**」計算。牛熊證在訂價中的財務費用，即已考量選擇權存續時間內，所有的時間價值；所以牛熊證的持有者，在期初購買時，其財務費用就已經被固定了，因此牛熊證的價格，並無一般選擇權隨著到期日的逼近，而使得時間價值逐漸遞減之情形。有關「牛熊證價格」以及「財務費用」公式的計算式如下兩式：

牛熊證價格＝履約價格與標的物市價之差價 × 行使比例＋財務費用

財務費用＝財務相關費用年率 × 履約價 ×（距到期日天數／ 365）× 行使比例

(三) 設定停損機制

通常牛熊證發行時需設限制價格，在到期日之前，若標的物收盤價觸及限制價，牛熊證將提早到期，必須由發行商收回，其買賣亦會即時終止，投資人會損失全部的財務費用，但仍然可收回現金餘款（剩餘價值）。若到期前標的物收盤價並無觸及限制價，投資人可於到期前在集中交易市場賣出或持有至到期，到期時投資人可獲得之現金結算款項，為履約價與標的證券價格之差價乘以行使比例。

　　通常標的物價格與限制價相差愈大之牛熊證，強制收回的機率愈低，所以價格相對較高，則其槓桿倍數也就相對較小；反之，標的物價格與限制價相差愈小，強制收回的機率愈高，所以價格相對較高低，則其槓桿倍數也就相對較大。

(四) 漲跌貼近市價

　　牛熊證在發行時採價內發行，因此權證價格已含內含價值（履約價值）。若牛熊證與標的物行使比例為 1：1 時，則權證與標的物的價格變動比率會趨近於相同，所以權證除了能緊貼標的物之走勢，還不須支付購入標的物之全數金額，具有槓桿特性。

　　例如：某牛證的標的股票市價為 50 元時，該牛證限制價設為 40 元，履約價設為 36 元；則此時牛證價格已有 14 元（50 － 36）的履約價值，假設發行成本（財務費用率）1 元，所以該牛證價格為 15 元（14 ＋ 1）。若此時標的股價從 50 元漲至 60 元，上漲 10 元，則此時牛證也將上漲 10 元，漲至 25 元。所以投資人等於只用 15 元，就可投資 50 元的股票，具有 3.3 倍（50/15）的槓桿效果。

二、延展型牛熊證

　　一般型的牛熊證在到期前，根據規定只要價內程度需達 30% 以上，投資人可以在規定的日期內申請再延展到期日，此稱為「延展型牛熊證」，實務界又稱為**存股證**。存股證提供在證券市場中，喜好中長線布局的投資人一項新選擇。有關存股證的特性，基本上跟一般型式相同，但仍有一般型牛熊證所沒有的優點與特色，以下將說明之：

(一) 無須支付費用

　　若該牛熊證為「可延展型」，投資人可在權證原到期日前 20 個營業日，向發行人申請展延，就可繼續持有該權證，且展延後的權證本身價格不變。至於延展的費用，投資人無須再支付，通常會用調整履約價的方式，來作為下一期的財務相關費用。

　　例如：假設第一期期末，延展型牛證的履約價格為 36 元，若投資人欲展延時，此時將下一期的履約價，從原先的 36 元調高為 37 元，那履約價被調高的 1 元，就當作下一期財務相關費用，所以利用調整履約來預付財務費用的方式，可使投資人長期持有，並不需增加任何交付費用的繁瑣流程。

(二) 節省稅負支出

投資人可將牛熊證的到期日，延展至該標的股票發放股利之後，此舉可以享有股利免課稅的好處。假設某檔延展型牛證（存股證），其標的股票發放現金股利，雖存股證不會直接領取股利，但存股證可能會被「**調降存股證的履約價**」或「**調高存股證的行使比例**」的方式，來調整除息對存股證的影響。投資人待將來存股證出脫後，所賺取的資本利得中，其實已內含股利的收益，所以存股證可將現股的股利收益，巧妙的轉換成存股證的資本利得，以達到節稅的效果。

例如：假設某存股證延展後，履約價格調整為 35 元；其標的股票若發放現金股利 2 元，存股證若以「**調降存股證的履約價**」方式處理，則最新的履約價格調整為 33 元（35 － 2）。若將來投資人將存股證以 60 元出售，則投資人共可獲利 27 元（60 － 33）的資本利得（其中包含 2 元的現金股利），這些資本利得皆不用被課稅。若投資人是持有現股，那所發放的 2 元的現金股利就必須被課稅。

(三) 股利迅速移轉

若延展後的牛熊證，發放現金股利，該除息後的標的物，若立即填息，存股證也同步上漲；且此時投資人立即售出，這樣投資人如同馬上領取股利的感覺，享受現金股利迅速移轉的好處；不若現股持股人須等待一段時間，才能領取股利。

例如：假設某檔存股證，現在的價格為 20 元後，其標的股票股價為 50 元，現在發放 2 元現金股利，股價受到除息的影響而下降為 48 元（50 － 2），存股證價格也跟著下跌 2 元為 18 元。若標的股票現在立即填息上漲 2 元，則存股證亦同步上漲 2 元；若此時將存股證售出，資本利得收入已包含股利，所以投資人如同馬上領取股利的好處，不用像現股須等待一段時間，現金股利才會入帳。

✎ 例題 11-1

≫ 牛證

假設某一券商發行牛證，其發行時標的證券市價為 30 元，權證限制價為 24 元，履約價 20 元，財務費用比率 5%，權證與標的證券行使比例 1：1，存續期間 3 個月。請問：

(1) 權證發行價格為何？

(2) 權證有效槓桿效果為何？

(3) 若權證未到期前跌至限制價，且次一日結算價為 23.5 元，則投資人可回收多少剩餘價值？此時投資人報酬率為何？

(4) 若標的證券於存續期間無觸及限制價，且到期日漲至 40 元，此時投資人報酬率為何？

(5) 若權證 3 個月到期，投資人欲展延 6 個月，此時發行券商將履約價調整至 21 元，以 1 元當作下期費用；若 6 個月到期後，股價結算價為 50 元，請問投資人可獲利多少元？

〔解答〕

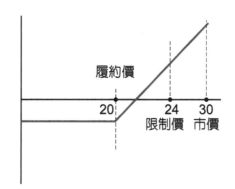

(1) 權證發行價格

$$= [\text{證券市價} - \text{履約價} + \text{履約價} \times \text{財務費用比率} \times (\frac{\text{距到期日}}{365})] \times \text{行使比例}$$

$$= (30 - 20 + 20 \times 5\% \times \frac{90}{365}) \times 1 = 10.247 。$$

(2) 權證有效槓桿效果 $= \dfrac{30}{10.247} = 2.928$ 倍。

(3) 標的證券收盤價已觸及限制價 24 元，且次一營業日所有成交價之簡單算術平均價為 23.5 元，則投資人可得之剩餘價值 = (結算價 − 履約價) × 行使比例 = (23.5 − 20) × 1 = 3.5 元。

投資人報酬率為 $= \dfrac{3.5 - 10.247}{10.247} = -65.84\%$

(4) 標的證券於存續期間無觸及限制價，到期日收盤漲至 40 元，則投資人可獲利
   之金額＝ (到期日收盤前均價－履約價)×行使比例＝ (40 − 20)×1 ＝ 20 元。

   投資人報酬率為＝ $\dfrac{20-10.247}{10.247}=95.18\%$

(5) 若展延 3 個月到期後，股價結算價為 50 元，則投資人可獲利之金額
   ＝ (結算價－履約價)×行使比例＝ (50 − 21)×1 ＝ 29 元。

📝 例題 11-2

》 熊證

假設某一券商發行熊證，其發行時標的證券市價為 30 元，權證限制價為 36
元，履約價 40 元，財務費用比率 5%，權證與標的證券行使比例 1：0.5，存續期
間 6 個月。請問：

(1) 權證發行價格為何？

(2) 權證有效槓桿效果為何？

(3) 若權證未到期前漲至限制價，且次一日結算價為 37 元，則投資人可回收多少
   剩餘價值？此時投資人報酬率為何？

(4) 若標的證券於存續期間無觸及限制價，且到期日收盤前跌至 15 元，此時投資
   人報酬率為何？

(5) 若權證 6 個月到期，投資人欲展延 6 個月，此時發行券商將履約價調整至
   38.8 元，以 1.2 元當作下期費用；若 6 個月到期後，股價結算價為 12 元，請
   問投資人可獲利多少元？

〔解答〕

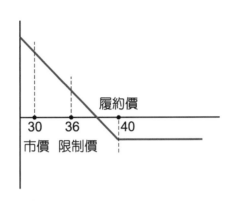

(1) 權證發行價格

$$= [\text{履約價} - \text{證券市價} + \text{履約價} \times \text{財務費用比率} \times (\frac{\text{距到期日}}{365})] \times \text{行使比例}$$

$$= (40 - 30 + 40 \times 5\% \times \frac{182}{365}) \times 0.5 = 5.449 \text{ 元} 。$$

(2) 權證有效槓桿效果 $= (\frac{30}{5.499}) \times 0.5 = 2.728$ 倍。

(3) 標的證券收盤價已觸及限制價 36 元,且次一營業日所有成交價之簡單算術平均價為 37 元,則投資人可得之剩餘價值 = (履約價 - 結算價) × 行使比例 = (40 - 37) × 0.5 = 1.5 元。

投資人報酬率為 $= \frac{1.5 - 5.499}{5.499} = -72.72\%$

(4) 標的證券於存續期間無觸及限制價,到期日收盤前跌至 15 元,則投資人可獲利之金額 = (履約價 - 到期日收盤前均價) × 行使比例 = (40 - 15) × 0.5 = 12.5 元。

投資人報酬率為 $= \frac{12.5 - 5.499}{5.499} = 127.31\%$

(5) 若展延 6 個月到期後,股價結算價為 12 元,則投資人可獲利之金額 = (履約價 - 結算價) × 行使比例 = (38.8 - 12) × 0.5 = 13.4 元。

市場焦點

存股證，賺填權息價差

除權息旺季即將到來，市場中長期持股的投資人，都引頸期盼持股公司能夠發布有利的配股配息政策，並且在除權息當日，股價還能上演填權息的行情，不僅手中持股價值不變，一個月後還有股息收入。

今年投資人除了在現貨市場持有股票能夠賺股利外，還能夠有另外的選擇，如在除權息前買進「展延型牛熊證」，又稱「存股證」，也是近年主管機關積極開放的衍生性金融商品之一。

雖然持有展延型牛熊證不能參與配股配息，但是，若除權息當日標的股票填權息，存股證會立即以價格反映。換句話說，就是除權息當日股息股利會直接反映在存股證的價格上漲中。雖不會獲得股利股息，但填權息當天的行情會立即反映在存股證價格上，不需等待一個月。

▶ 影片來源：https://www.youtube.com/watch?v=WJRb8g6ShWI

■ 資料來源：摘錄自經濟日報 2015/05/26

🔒 解說

臺灣近期所發行的可延展行牛熊證，又稱「存股證」。此種權證因價內發行，雖槓桿倍數不是很高，但與標的物股票百分百的連動效果，才是此種權證的賣點。此種權證提供投資人延展的機會，且標的股票除權息，牛熊證雖不會直接收到現金，但會將息值依照規定去調整履約價或行使比例，等同股利自動再投資。而且如果除息當日標的股票填息，那牛熊證就馬上跟著同比例上漲，這如同股利馬上進入自己投資帳戶般的感覺。

11-3 權證的價值評估

一般國內在衡量認購（售）權證的價值，以下列幾項評估工具為主：

一、溢價率

通常權證的溢價率（Premium）的意義有以下三：其一為權證的持有者，立即將權證換成股票且賣掉所產生的損失；另一為投資人買進權證時願意付出的時間價值；第三為欲補償投資人的支出，現股在到期時須上漲的百分率。其計算式如下式（11-1）：

$$溢價率 = \frac{權證價格 + 履約價格 - 現股價格}{現股價格} \tag{11-1}$$

通常溢價率愈高，投資人執行換股權利的可能性愈低，損失的可能性也愈大；反之，溢價率愈低，投資人執行換股權利的可能性就愈高，獲利的機會也愈大。故某權證具有高溢價率，其實是對投資人不利，因為若現在將權證轉換成股票並賣掉，所產生的損失較高；但若以另一觀點則表示該權證在未來具有相當上漲的潛力，所以投資人也願意付出相對高的時間價值來等待。

若某認購權證具有低溢價率，對投資人較具有投資價值，但這個標準的衡量需配合「標的股票的價格」及「距到期日的時間長短」兩因素的考慮，才能在不同條件下，比較兩相同標的物認購權證的投資價值。若以「標的股票的櫃格」來說，當認購權證處於「價內」時，即（現股價格 > 履約價格），其溢價率會比較低。其次，就「距到期日的時間長短」來說，愈接近到期日的權證其溢價比率會較低，所以，在投資低溢價率的權證時，也需檢視其是否因為「價內」的緣故或較其它認購權證接近到期日的因素，以免判斷失真。

二、對沖率

對沖率（Delta）的意義在衡量現股價格每變動一單位，權證的價格變動值，亦可衡量權證到期時成為價內的機率。其計算式如下式（11-2）：

$$對沖率（Delta） = \frac{認股權證價格變動}{股價的變動} = \frac{\Delta W}{\Delta S}（適用輕微變動） \tag{11-2}$$

　　當某權證 Delta 值為 0.8 時，表示今天現股漲 1 元，權證可以漲 0.8 元。所以當 Delta 值愈高的權證，其與現股的連動性就愈高，權證比較可以發揮槓桿效果。例如：某檔 50 元股票今天漲 3 元，若其 Delta 值為 0.8，價格 10 元的權證，可以漲 2.4 元（3×0.8），此時權證將有 24% 的漲幅。通常愈價外的權證，Delta 值愈低，愈價內的權證，Delta 值愈高。

　　對沖率另一含義為：可利用 Delta 值來決定避險策略的買賣數量。例如：某權證 Delta 值為 0.56，代表每買進 100 股權證所產生的損益，會和買進 56 股的股票所產生的損益相同，所以 Delta 值可供權證投資人用以避險操作的有利參考指標。但是權證的 Delta 值並非固定不變，通常它會隨股價的變動而變動，因此，從事避險操作時，必須隨避險比率的改變，動態修正買賣權證或股票的策略，故稱為「**動態對沖率避險策略**」（Dynamic Delta Hedging）。通常當股價上升時，認購權證的價格對股價的變動會變得更為敏感，例如：股價上升時，Delta 值可能由 0.56 上升至 0.68，代表權證持有人的獲利或損失的風險都較先前加大；相反的，當股價下跌時，權證對股價的變動即會變得較為遲鈍，Delta 值可能由 0.56 下降至 0.47，代表權證持有人獲利或損失的風險較先前都減小。

三、槓桿比率

　　槓桿比率（Gearing）是指投資權證資金成本的槓桿倍數。其計算式如下式（11-3）：

$$槓桿比率 = \frac{標的物股價}{認股權證價格} \times 行使比例 \qquad (11\text{-}3)$$

　　例如：某標的物市價 50 元，而其認股權證 10 元，且行使比例為 1：1，則其槓桿比率 5 倍（$\frac{50}{10} \times 1$）。以槓桿效應而言，購買權證與現股信用交易的融資（券）具有相同之處，都具以小博大的槓桿效果，但信用交易的融資的槓桿倍數是固定的，而權證的槓桿比率是變動的。一般來說，權證的槓桿比率則隨時而異，以認購權證來說槓桿比率會隨現股股價上漲而變小（因現股上漲時，權證漲幅通常大於現股漲幅），隨現股股價下跌而變大。

四、實際槓桿比率

　　實際槓桿比率（Effective Leverage）是衡量現股股價每變動一個百分點，權證價格實際變動的百分率。其計算式如下式（11-4）：

$$實際槓桿比率＝槓桿比率 \times Delta \qquad（11\text{-}4）$$

　　例如：某認購權證其槓桿比率為 6 倍，Delta 值為 70%，則實際槓桿比率為 4.2 倍（6×70%），亦即標的股價變動 1%，認購權證會變動 4.2%。權證的槓桿比率計算應與現股融資相同。但實際上，由於權證的價格變動與現股價波動不完全相同，而是由 0 與 1 之間的對沖比率（Delta）將二者連結起來，以形成實際槓桿比率，用來衡量權證的槓桿效果較貼切。

五、時間價值敏感度

　　權證價格對時間的敏感度（Theta；θ）是指當時間消是一單位時，對權證價格的影響變動幅度。一般而言，權證具時間價值，權證的 Theta 值，就是在衡量投資人買進一檔權證後，一天要付出的時間價值，也就是每天權證價格會減損的金額。通常 Theta 值為負值，且會隨時間增加，若權證的 Theta 值愈高，表示權證對時間消逝所產生的損失愈大。因此選擇一檔權證，須挑 Theta 為負值且越小愈好，表示權證價格對時間消逝的敏感度愈低。

六、隱含波動率

　　隱含波動率（Implied Volatility）是根據權證現在的波動價格反推隱含標的股票的股價波動性。隱含波動率則是由權證市場價格換算出的數據，反映市場對權證供需狀況，可代表目前市場對未來股價變動的看法與預期。通常隱含波動率愈大，其權證價格愈高。此外，權證的隱含波動率與歷史波動率（Historical Volatility）[1]之間的差距可以當作權證價格是否被高估的依據，一般實務上觀察通常隱含波動率大於歷史波動率。

　　例如：如果有二支相同標的物的權證 A 與 B，若 A 權證的隱含波動率與歷史波動率的兩者差距大於 B 權證，則表 A 權證的價格有被高估之嫌。投資人可利用隱含波動率來評估權證的合理價格，以免買到高估的權證而遭套牢。

　　此外，由於國內權證交易的流動性普遍不佳，所以券商必須擔負起「造市」的義務。通常須對權證的買賣價進行報價，因此券商可藉由控制隱含波動率的高低，間接的影響權證報價。通常隱含波動率愈穩定的權證，表示券商造市的穩定能力愈好，此權證愈值得投資。若隱含波動率變動過大的權證，投資人可能有時會買到被高估時的價格，又會賣到被

---

1. 歷史波動率是以擷取標的股票過去一段股價（通常是一年）算出它的波動性來做為未來股價波幅的預測。標的股票的歷史波動率較高表是此股票股性較活潑。通常歷史波動率都拿來與隱含波動率作比較。

低估時的價格,所以不利於投資人。因此穩定的隱含波動率,可使買賣價都控制在合理範圍內。所以權證隱含波動率的穩定性,亦是投資權證的重要參考指標。

七、委賣買價差比

所謂的「委賣買價差比」是指投資人買賣權證時委買與委賣價的差距,其公式計算如下:

$$委賣買價差比 = \frac{委賣價 - 委買價}{委賣價}$$

國內有些權證的交易並不是那麼活絡,使得投資人買賣的價格,價差報價過寬,這無形會增加投資人的交易成本。通常買賣價差比值越小越好,表示投資人多付出的交易成本較低。例如:有一 A 權證的委賣價為 5 元,委買價為 4.9 元,則委賣買價差比為 2%[(5 − 4.9)／ 5];另一 B 權證的委賣價為 2 元,委買價為 1.9 元,則委賣買價差比為 5%[(2 − 1.9)／ 2];則兩相比較 B 權證比 A 權證付出較多的交易成本。因此應選擇委賣買價差比愈低的權證,其交易成本愈低。

八、理論價格

認股權證的理論價格,是由 Black-Scholes 選擇權訂價模型延伸推展出來的,其計算式如下式(11-5):

$$W = Se^{-\delta t}N(d_1) - Ee^{-rt}N(d_2) \tag{11-5}$$

其中

$$d_1 = \frac{\ln\left(\dfrac{S}{E}\right) + \left(r - \delta + \dfrac{1}{2}\sigma^2\right)T}{\sigma\sqrt{T}}$$

$$d_2 = d_1 - \sigma\sqrt{T}$$

S:標的物股價。

E:履約價格。

t:距到期日時間。

s:股價報酬率的瞬間標準差。

d：股票現金股利分配率。

r：瞬間無風險利率。

ln：自然對數。

N（d₁）、N（d₂）：代表累積標準常態分配函數。

認股權證的理論價格是由 Black-Scholes 選擇權訂價模型延伸推展出來的，主要衡量認股權證的市價與理論價格的比較是否具合理性。若市價偏離理論價格太多，權證可能被高或低估，投資人可依此價格作為選擇權證的參考。

九、結論

綜合以上對認購權證價值的分析，要選擇一支好的權證，除了要考慮發行機構的信用、造市能力以及權證市場流動性外，尚須考慮以下幾點。

1. **選擇距到期日越長的權證**：因為履約的機會較大。

2. **選擇溢價比率較低的權證**：表示購買成本較低，但需考慮權證是否處於「價內」及權證是否距到期日很近之因素。

3. **選擇 Delta 值較高的認購權證**：Delta 愈高，表權證到期時成為價內的機率愈高，對投資者愈有利。

4. **選擇實際槓桿比率較高的權證**：實際槓桿比率愈高，表示權證價格對現股價格的變動敏感度愈高，投資人愈能享受權證以小搏大的槓桿效果。

5. **選擇權證價格對時間敏度（Theta；θ）小的權證**：表示權證價格對時間消逝的敏感度愈低。

6. **選擇較低且穩定的隱含波動率**：在兩種具有相同標的的權證比較下，應選擇較低的隱含波動率，表示權證價格相對較便宜。且須選擇權證的隱含波動率，還必須長期間的維持穩定，這樣買賣才比較合理。

7. **應選擇委賣買價差比愈低的權證**：其交易成本愈低。

8. **選擇較接近理論價格的權證**：權證市價與理論價格相距較近，表權證的市價較合理。

市場焦點

投資挑權證首重隱波不降

　　權證怎麼買才能避免吃虧，投資專家表示，要優先挑選「隱波不降」的權證，可以保障未來賣回權證時，投資權益不受損、獲利不縮水。

　　權證發行券商以「造市委買波動率」計算造市委買價格，這是權證合理價格的重心所在，不過，一般造市券商並不會公開「造市委買波動率」，如果投資人想知道，只能透過市場上已知的權證價格去「反推」可能的波動率，因為是「反推」所以稱為「隱含」波動率，來追蹤造市波動率是否有被調降的情形。在其他條件不變下，只要造市券商調低造市波動率，算出的權證價格就會變低，投資人在賣回時的價格就會吃虧。

　　舉例來說，某檔權證的履約價 300 元，半年後到期，行使比例 0.1，造市委買波動率是 30%，當標的股票價格同樣為 300 元時，其權證造市委買價格為 2.62 元。若投資人買進該權證後，造市委買波動率立刻被調降至 29%，結果就會造成標的股票價格明明同樣維持在 300 元，但權證造市委買價格立刻就跌到 2.54 元，等同投資人現賠掉 0.08 元，損失約 3%，這就是調降造市委買波動率所造成的損失。

　　理論上，只要造市券商能忠實依造市規定反應報價，投資人買賣權證時，就不須擔心有造市價格變動明顯不合理而吃虧的情形。但是權證商品結構相較一般股票複雜，交易規則也不太一樣，建議投資人先瞭解權證「造市規定」及「合理價格」再進場。

■ 資料來源：摘錄自工商時報 2022/06/23

🔒 **解說**

　　權證的價格，可藉由隱含波動率的調整而有所變動。因國內權證交易大都是由券商負責造市，有些券商會在投資人買入權證後，調降隱含波動率，讓投資人平白損失。所以投資權證必須選擇「隱波不降」的權證，才能保障賣回時價格不會減損，獲利不會縮水。

11-4　權證的交易策略

國內目前所發行的認購權證的投資方式，可採直接買入、或利用現股與權證互相轉換、以及利用對沖方式，達到獲利方式。其交易策略的說明如下幾種。

一、總金額對總金額

所謂的「總金額對總金額」（Cash for Cash）策略，是指投資人將原來欲買進股票的金額，全數改買認購權證。此種是具有高風險及高報酬的策略，由於槓桿作用的關係，獲利將高達數倍，然而一旦走勢不如預期，亦會造成很大損失，風險性很高。

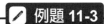例題 11-3

》總金額對總金額

某投資者擁有 $100,000，他可以運用全部資金以每股 50 元買入 A 股票 2,000 股，或是以每股 10 元買入 A 股票的認購權證 10,000 股。在「Cash for Cash」的策略下，投資股票與認購權證的損益表如下說明：

〔解答〕

	上漲時獲利	下跌時損失
股票	假設股票由 50 元上漲 55 元，則獲利 10,000 元 （55 － 50）×2,000 ＝ 10,000	假設股票由 50 元下跌至 45 元，則損失 10,000 元 （45 － 50）×2,000 ＝ － 10,000
認股權證	假設權證由 10 元上漲 13 元，則獲利 30,000 元 （13 － 10）×10,000 ＝ 30,000	假設權證由 10 元下跌至 7 元，則損失 30,000 元 （7 － 10）×10,000 ＝ － 30,000

由上表可知，在「Cash for Cash」的策略下，買入認股權證，投資者可能賺賠的金額會比直接買入股票要多。股價上升時，他所賺的會更多；但當股價下跌時，他所賠的也會更多。

二、總股數對總股數

所謂的「總股數對總股數」（Share for Share）是指投資人將手中持有的現股部位獲利了結，然後買進等量單位的權證，繼續享有股價上漲的收益。若手中無現股的投資人如擔心投資股票風險已過高，則可考慮買進與原先欲持有股數等量單位的權證，採取「Share for Share」策略損益較現股投資小，且風險也較低。

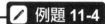
例題 11-4

》總股數對總股數

續上例 11-3，投資人仍有 100,000 元，可是這次他策略的是要買與現股等量的 2,000 單位權證，所用金額為 $20,000，其餘的 $80,000 可以放入銀行定存以賺取利息。在「Share for Share」的策略下，投資股票與認股權證的損益表如下說明：

〔解答〕

	上漲時獲利	下跌時損失
股票	假設股票由 50 元上漲至 55 元，則獲利 10,000 元 （55 － 50）×2,000 ＝ 10,000	假設股票由 50 元下跌至 45 元，則損失 10,000 元 （45 － 50）×2,000 ＝ － 10,000
認股權證	假設權證由 10 元上漲至 13 元，則獲利 6,000 元 （13 － 10）×2,000 ＝ 6,000	假設權證由 10 元下跌至 7 元，則損失 6,000 元 （7 － 10）×2,000 ＝ － 6,000

由上表可知，在「Share for Share」的策略下，投資者購買權證承受的風險比較低。當股價上漲的時候，卻不如買正股賺的那麼多；當股價下降時，卻不如買正股虧損的那麼多。

三、對沖率避險

對沖率是衡量權證價格與現股價格之間的變動關係，所以投資者可以利用對沖率來調整避險策略中，權證買賣的數量，使得權證部位的損益與現股部位相近，此稱為對沖率避

險（Delta Hedging）。此種投資策略使投資風險幾乎無增長，風險相當中立，此稱為「Delta Neutral」之避險效果。

> 📝 例題 11-5

》對沖率避險

續上例 11-3，假設某投資者可以用 $100,000 買入 A 股票 2,000 股，若 A 股的認購權證 Delta 值為 0.67，則必須買入 3,000 股認股權證（2,000 ／ 0.67≈3,000），此舉用了 $30,000，其餘的 $70,000 便存入銀行賺取利息。在「對沖率避險」的策略下，投資股票與認購權證的損益表如下：

〔解答〕

	上漲時獲利	下跌時損失
股票	假設股票由 50 元上漲至 55 元，則獲利 10,000 元 （55 － 50）×2,000 ＝ 10,000	假設股票由 50 元下跌至 45 元，則損失 10,000 元 （45 － 50）×2,000 ＝ － 10,000
認股權證	假設權證由 10 元上漲至 13 元，則獲利 9,000 元 （13 － 10）×3,000 ＝ 9,000	假設權證由 10 元下跌至 7 元，則損失 9,000 元 （7 － 10）×3,000 ＝ － 9,000

此種策略，明顯地這個策略並沒有增加或減低其投資的風險，買賣認股權證的損益與買賣股票的損益差不多。

四、動態對沖率避險

如前節所敘述認購權證的 Delta 值並非固定不變的，它會隨股價的變動而變動。因此利用對沖率來進行避險，必須隨時調整避險部位，所以稱為動態對沖率避險（Dynamic Delta Hedging）。

通常當股價上升時，認購權證的價格對股價的變動會變得更為敏感，Delta 值會上升，投資者便要減少認購權證的部位，以維持與標的股東的關係；當股價下跌時，權證對股價的變動即會變得較為遲鈍，Delta 值會下降，投資者便要增加認股權證部位，以維持與標的

股票的關係。故從事避險操作時，必須隨避險比率的改變，動態調整認股權證或股票的部位，以達到充分避險。

例題 11-6

》動態對沖率避險

續上例 11-5，假設一個月後，若 A 股票上漲，使得權證 Delta 值上升至 0.75、或 A 股票下跌，使得權證 Delta 值下降至 0.6，投資者因此而需要再次對沖，方法是當 Delta 值上升時，應賣出認股權證，當 Delta 值下降時，應買入認股權證。其部位調整如下表所示：

〔解答〕

	股價上漲	股價下跌
原有 Delta 值	0.67	0.67
原有權證部位	3,000	3,000
新的 Delta 值	0.75	0.60
所需權證部位	2,000／0.75＝2,667	2,000／0.6＝3,333
應調整的權證部位	3,000－2,667＝333（減少）	3,333－3,000＝333（增加）

此種策略，避險策略隨著價格改變，使 Delta 值改變而調整避險部位，使買賣權證的損益和買賣股票的損益能更相近，以達完全避險的功用。

市場焦點

善用避險策略，持盈保泰

近期世界經濟成長趨緩，各國央行無不善用貨幣政策的魔法棒，希望能藉此刺激國內景氣，但是當這樣的政策，等於宣告經濟景氣還待提振，多、空解讀下，造成股市的波動加劇。例如：美國Fed升息後，美股大漲隔天卻又拉回，增加股市操作難度。特別對新興國家衝擊更大，投資人不妨利用權證高槓桿的原理，與現貨多空避險搭配，可降低投資風險。

如何現股搭配權證做避險策略呢？最簡單的方式就是看行使比例，多頭避險（即賣出現股買入認購權證），只要將現股張數除於行使比例就等於買入認購權證的張數，例如擁有五張現股，可買入 50 張行使比例 0.1 的認購權證（5 ／ 0.1），空頭避險則是買入 50 張的認售權證。

然而，因為不同價內外的權證其 Delta 值各有差異，愈價外其 Delta 愈小，因此除了深價內 20% 以上或是牛熊證，較無法達到 100% 的避險功能。為了避免風險暴露過大，進階版的避險張數計算可以直接除於 Delta。例如：擁有 5 張現股，可買入 10 張 Delta 0.5 的認購權證（5 ／ 0.5）；空頭避險則是買入 10 張的認售權證。

■ 圖文來源：摘錄自經濟日報 2015/12/20

多、空頭避險操作原則		
	空頭避險	多頭避險
投資觀念	長線看好，心理成本	落袋為安，小賭宜情
操作方式	持有現股，以認售權證避險	出脫現股，以認購權證替代
操作時機	現股操作初升段（第 1 波）權證避險回檔波（第 2 波）	現股操作主升段（第 3 波）權證避險末升段（第 5 波）

資料來源：權證好好玩　廖賢龍／製表

🔒 解說

投資人可利用權證來進行現股的多空避險，並且搭配「行使比例」與「Delta 值」，可詳細的計算出避險比例。隨後投資人再依避險比例，進行多空避險，讓投資能持盈保泰。

本章習題

一、選擇題

( ) 1. 標的物市價為 90 元,執行價格 60 元,認購權證 50 元,則該認購權證之槓桿比率為何?　(A) 2.5　(B) 2　(C) 1.8　(D) 1.5。

【2010-1 證券商高級業務員】

( ) 2. 如果股價波動性增大,則:　(A) 認購權證及認售權證的價格均會上漲　(B) 認購權證及認售權證的價格均會下跌　(C) 認購權證價格上漲,認售權證價格會下跌　(D) 認購權證價格下跌,認售權證價格會上漲。

【2011-4 證券商高級業務員】

( ) 3. 隱含波動率愈大時,則權證的價格:
(A) 愈高　(B) 愈低　(C) 不變　(D) 不一定。

【2011-4 證券商高級業務員】

( ) 4. 認購權證中,槓桿倍數(Gearing)的定義為:　(A) 認購權證價格 ÷ 標的股價　(B) 標的股價 ÷ 認購權證價格　(C) 標的股價 ÷ 認購權證履約價格　(D) 標的股價變動百分比 ÷ 認購權證價格變動百分比。

【2013-2 證券商高級業務員】

( ) 5. 券商若發行指數型認售權證(Put Warrant),可在股價指數期貨上採何種部位避險?　(A) 買進部位　(B) 賣出部位　(C) 視大盤走勢而定　(D) 無法以指數期貨避險。

【2014-1 期貨業務員】

( ) 6. 其他條件相同下,標準型的認購權證和牛證的價格關係如何?　(A) 認購權證價格大於牛證價格　(B) 認購權證價格等於牛證價格　(C) 認購權證價格小於牛證價格　(D) 不一定。

【2014-1 期貨分析人員】

( ) 7. 認購權證之「發行者」相當於下列選擇權策略中哪一種角色?
(A) 買進買權　(B) 買進賣權　(C) 賣出買權　(D) 賣出賣權。

【2015-2 期貨業務員】

( ) 8. 依我國期貨交易法之規定，下列何者交易，不受期貨交易法之規範？
(A) 指數型認購權證 (B) 個股期貨契約 (C) 外匯選擇權契約 (D)店頭槓桿保
證金交易契約。

【2015-2 期貨業務員】

( ) 9. 牛熊權證的特色為何： (A) 是一種具有停利機制的權證 (B) 是一種具有停損機
制的權證 (C) 是一種具有停利及停損機制的權證 (D) 和一般權證一樣。

【2015-4 期貨分析人員】

( )10. 券商發行認購權證，若其欲達到 Delta Neutral 之避險效果，則隱含何種動態操作
策略？
(A) 買高賣低 (B) 買低賣高 (C) 持續買入不賣出 (D) 持續賣出不買入。

【2015-4 期貨分析人員】

( )11. 某券商發行以 x 股票為標的物之認售權證共 1,000 萬單位，其 Delta 值為 1.0，
該券商若欲達成 Delta Neutral，則需交易多少股 x 股票？ (A) 買進 500 萬股
(B) 放空 500 萬股 (C) 買進 1,000 萬股 (D) 放空 1,000 萬股。

【2015-4 期貨分析人員】

( )12. 關於牛熊證的設計原理，下列何者錯誤？ (A) 牛證與熊證是深價內的選擇權，
但失去大部分選擇權的特性 (B) 牛證是類似融資買股票 (C) 熊證是類似融券
放空股票 (D) 以上皆非。

【2018-4 期貨分析人員】

( )13. 某一券商發行大立光認購權證，若欲以小型大立光股票期貨從事避險，應採取何
種交易策略？ (A) 低買高賣 (B) 高買低賣 (C) 持續買入不賣出 (D) 持
續賣出不買入。

【2018-4 期貨分析人員】

( )14. 所謂隱含波動度（Implied Volatility），是利用下列何種數值代入選擇權公式
反推而得？ (A) 標的股票市價 (B) 選擇權市價 (C) 標的股票歷史平均價格
(D) 選擇權歷史平均價格。

【2021-2 期貨分析人員】

( )15. 綜合證券商發行認售權證，其 Delta 避險部位為： (A)「買進」標的證券之買
權 (B)「買進」標的證券 (C)「放空」標的證券 (D) 以上皆非。

【2021-2 期貨分析人員】

( )16. 券商若發行指數型認購權證（Call Warrant），可在指數上漲時如何操作指數期貨避險？ (A) 賣出指數期貨 (B) 視認購權證之價格變化來決定買或賣指數期貨 (C) 買進指數期貨 (D) 無法以指數期貨避險。

【2018-1 期貨業務員】

( )17. 某交易人買入認購權，則「交易人」相當於下列選擇權策略中哪一種角色？ (A) 買進買權 (B) 買進賣權 (C) 賣出賣權 (D) 賣出賣權。

【2021-2 期貨業務員】

( )18. 由於小恩看空未來 1 個月聯電股票之走勢，決定買進一張履約價格為 45 並賣出一張履約價格為 40 之聯電認購權證，每張權證可認購 1,000 股，權證價格分別是 5 與 8，請問其執行之最大可能獲利為：

(A) 0 (B) 5,000 (C) 3,000 (D) 8,000。

【2021-3 期貨業務員】

第 四 篇

選擇權進階篇

選擇權的買方與賣方所承擔的風險,並不相同,且有買權與賣權兩種型式之分,又有時間價值的因素。所以選擇權在評價與交易策略上,較其它的商品複雜與多元。本篇主要包含三大章,主要介紹選擇權的評價與交易策略。此內容為投資人操作選擇權時,所必須瞭解的進階常識與技能。

Chapter 12 選擇權評價

本章內容為選擇權評價，主要介紹二項式評價模式、Black-Scholes 評價模式、選擇權價值的組成成分、影響選擇權價值因素、，以及選擇權風險值衡量等內容，其內容詳見如下。

12-1 **二項式評價模式** 介紹二項式單一與多期的選擇權評價模式。

12-2 **Black-Scholes 評價模式** 介紹 Black-Scholes 的選擇權評價模式。

12-3 **選擇權價值的組成** 介紹選擇權的兩種價值組成。

12-4 **影響選擇權價值的因素** 介紹影響選擇權價值的六種因素。

12-5 **選擇權風險值的衡量** 介紹五種衡量選擇權的風險值。

🛒 章前導讀

選擇權商品的設計因具時間價值因素，使得選擇權的評價上，具有其特殊性。在本章中將首先介紹兩種選擇權評價模型，一種為「二項式評價模型」，另一種為「Black-Scholes 評價模型」。

二項式評價模型是屬於離散型時間模型，而 Black-Scholes 模型是屬於連續型時間模型，前者較容易為一般投資者了解其評價的程序及經濟涵意，而後者需要利用艱深的數學才能推演出的評價模型。但這兩個模型都僅是進入選擇權浩瀚多變型態的訂價基礎而已。

此外，我們可由選擇權的評價模式中，可以得知影響他的所有因素，且每個因素的變動都有其特殊的風險值來進行衡量。

本章將於前二節分別概要的介紹這兩種選擇權評價模型；其次，再介紹權利金的組成成分、以及影響選擇權價格之因素；最後將介紹選擇權的風險值之衡量。

12-1　二項式評價模式

　　二項式評價模式（Binomial Option Pricing Model），此一模型乃由 Cox，Ross，Rubinstein 於 1979 年所提出。該模式是假設股價未來的變動模式，每一期會出現「上漲」與「下跌」兩種變化，且將選擇權的存續期間分割成數個期間，當股價每期出現這兩種變動情形，其所對應的選擇權價格將隨之變動。

　　以下將介紹二項式評價模型所需的假設如下：

1. **股票市場是效率市場（Efficient Market）。**
2. **市場內不考慮交易成本及稅率。**
3. **股票在到期前不發放任何股利。**
4. **可無限制的放空（Short Selling）股票。**
5. **存在著無風險利率，且為一固定值。**

　　此外，要介紹二項式單期與多期評價模式的之前，我必須先知道，歐式選擇權下，契約到前日前，買權及賣權履約的價值分別為：

　　　　買權 C = max（S-E, O）

　　　　賣權 P = max（E-S, O）

S：表標的物到期時市價。

E：表標的物履約價格。

Max（a,b）：表 a 與 b 兩值中取最大值。

一、單期評價模式

　　單期的二項式評價模式（A Single Period Binomial Model）乃假設現在時點為 t = 0，下一期為 t = 1，若現在股價 t = 0 為 S，而下一期股價有可能波動，為可能上漲（u － 1）%，u ≧ 1，則股價為 uS；或為可能下跌（1 － d）%，d < 1，則股價為 dS。例如：現在股價

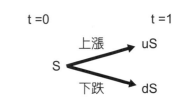

圖 12-1　單期評價模式股價變動

100 元，下一期可能若上漲 5%，則股價為 105 元，或下跌 3%，則股價為 97 元。所以股價可能變動可由如圖表示之。

此處對應至歐式選擇權買權價值，在 t = 0 時，買權價值對應為 C，在 t = 1 時，買權價值對應為 Cu 及 Cd，所以歐式買權價值可由下圖表示之。

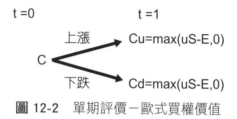

圖 12-2　單期評價－歐式買權價值

根據以上假設，現在我們建構一組投資組合（Portfolio），我們在 t = 0 時，借入一筆資金金額為 B，借款利率為無風險利率 i（r = 1 + i），去買入 h 單位的股票，每單位支付 S 金額及買入 1 單位的買權，支付權利金為 C，則我們可以下式（12-1）表之：

$$B = hS + C \tag{12-1}$$

經過一期（t = 1）之後，在無套利的情況下，不管股票如何漲跌其投資組合的資金結構不變，所以可得下列二式（12-2）與（12-3）。

股票上漲情況下：

$$rB = huS + Cu \tag{12-2}$$

股票下跌情況下：

$$rB = hdS + Cd \tag{12-3}$$

由（12-2）及（12-3）式解聯立方程式，經整理可得 h、B 兩值如下：

$$h = \frac{Cd - Cu}{S(u - d)} \tag{12-4}$$

$$B = \frac{uCd - dCu}{r(u - d)} \tag{12-5}$$

再將 h、B 代入式（12-1）整除可得下式：

$$C = \frac{1}{r}\left[\frac{(r-d)}{(u-d)}Cu + \frac{(u-r)}{(u-d)}Cd\right] = \frac{1}{r}\left[pCu + (1-p)Cd\right]$$　（12-6）

此處

$$p = \frac{r-d}{u-d} \text{ , } 1-p = \frac{u-r}{u-d}$$

上式（12-6）式，為歐式買權價值的單期評價模型，由（12-6）式得知買權的價值是由買權未來的價格（Cu 及 Cd）、股價的未來變動百分比（u 及 d）及無風險利率 i（r = 1 + i）決定之。

二、多期評價模式

同理，我們根據單一期評價模型可以推導求出兩個時期的買權評價模型，再進一步推展至多重期二項式評價模式（Multi Period Binomial Model），其推導圖示如下：

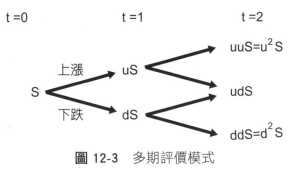

圖 12-3　多期評價模式

此處對應至歐式選擇權買權價值在 t = 0 時，買權價值對應為 C，在 t = 1 時，買權價值對應為 Cu 及 Cd，在 t = 2 時，買權價值對應為 Cuu、Cud 及 Cdd，圖示如下：

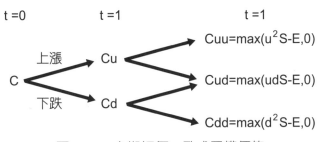

圖 12-4　多期評價－歐式買權價值

同理，根據單一期歐式買權評價模型推導，可將兩個時期的買權價值由下式（12-7）表之：

$$C = \frac{1}{r^2}\left[p^2 Cuu + 2p(1-p)Cud + (1-p)^2 Cdd\right]$$

$$= \frac{1}{r^2}\left[p^2 \max(u^2 S - E, 0) + 2p(1-p)\max(udS - E, 0) + (1-p)^2 \max(d^2 S - E, 0)\right]$$

（12-7）

然後，我們可運用統計上的二項分配函數，將（12-7）式重新改寫如下：

$$C = \frac{1}{r^2}\left[C_2^2 p^2 \max(u^2 d^0 S - E, 0) + C_1^2 p(1-p)\max(u^1 d^{2-1} S - E, 0)\right.$$

$$\left. + C_0^2 (1-p)^2 \max(d^2 u^0 S - E, 0)\right]$$

（12-8）

此處

$$C_j^n = \frac{n!}{n!(n-j)!}$$

現在我將 2 期延展至 n 期（多期），經整理簡化可得

$$C = S \times B(n,k,q) - Er^{-n} \times B(n,k,p)$$

（12-9）

此處

$$B(n,k,q) = \sum_{j=k}^{n} \frac{n!}{j!(n-j)!} q^j (1-q)^{n-j}$$

$$B(n,k,p) = \sum_{j=k}^{n} \frac{n!}{j!(n-j)!} p^j (1-p)^{n-j}$$

$$q = \frac{pu}{r} \quad, \quad 1-q = \frac{(1-p)d}{r} \quad, \quad k > \frac{\ln\left(E/Sd^n\right)}{\ln\left(u/d\right)}$$

至於歐式賣權的評價，我們可利用公式（12-9）與歐式買賣均衡公式（Put-Call Parity Theorem）求得。歐式賣權評價均衡公式如下：

$$P = C - S + Er^{-n} = S\left[B(n,k,q) - 1\right] + Er^{-n}\left[1 - B(n,k,p)\right]$$

（12-10）

此處 Er^{-n} 式在離散時間模型下，履約價格的折現值。

✏ 例題 12-1

》 二項式評模式

假設某股票的現在市價為 $50，若以該股票為標的物，發行六個月到期的歐式買權，其履約價格為 $45，該股票價格每個月可能上升 7% 或下降 4%，此時無險利率為 6%，則利用二項式評價模式，求出歐式買權的價格為何？

〔解答〕

$S = 50$，$n = 6$，$E = 45$，$u = 1.07$，$d = 0.96$，$r = 1.06$

$$p = \frac{r-d}{u-d} = \frac{1.06-0.96}{1.07-0.96} = 0.91 \text{，} 1-p = 0.09$$

$$q = \frac{pu}{r} = \frac{0.91 \times 1.07}{1.06} = 0.92 \text{，} 1-q = 0.08$$

$$k = \frac{\ln\left(\dfrac{E}{Sd^n}\right)}{\ln\left(\dfrac{u}{d}\right)} = \frac{\ln\left[\dfrac{45}{50(0.96)^6}\right]}{\ln\left(\dfrac{1.07}{0.96}\right)} = 1.28 < 2 \quad k \text{ 取 } 2$$

$$B(n, k, q) = B(6, 2, 0.92) = \sum_{j=2}^{6} \frac{6!}{j!(6-2)!} (0.92)^j (0.08)^{6-j} = 0.9999$$

$$B(n, k, p) = B(6, 2, 0.91) = \sum_{j=2}^{6} \frac{6!}{j!(6-2)!} (0.91)^j (0.09)^{6-j} = 0.9998$$

$$C = 50 \times (0.9999) - \frac{45}{(1.06)^6} \times (0.9998) = 18.2782$$

12-2 Black-Scholes 評價模式

　　Black-Scholes 評價模式（Black-Scholes Option Pricing Model），乃由 1973 年，由布雷克（Black）和休斯（Scholes）兩位學者共同發展出 Black-Scholes 選擇權訂價模式，主要用來計算「歐式」選擇權的買權價格，以下為其幾個基本假設及簡易的推導介紹：

　　Black-Scholes 評價模式基本假設：

1. **股票市場是完美市場，意即不考慮交易成本及稅率。**

2. **股價的瞬間（Instantaneous）變動符合對數常態分配（Log-normal Distribution）。**

3. **股價的瞬間波動服從隨機漫步（Random Walk）。**

4. **市場交易是連續進行（Continuous-Time Trading）。**

5. **股票可無限分割（Perfectly Divisible）買賣。**

6. **市場存在一無風險利率，投資者可無限制的借貸。**

7. **股票不限制放空（Short Selling）。**

8. **股票不發放股利。**

9. **選擇權為歐式選擇權。**

　　根據以上假設，假設股價瞬間報酬遵從下式（12-11）的隨機過程（Stochastic Process）：

$$ds = \mu sdt + \sigma sdw \tag{12-11}$$

此處：ds 為股票瞬間變動量。

　　　　μ 為股價瞬間平均報酬率，為一常數。

　　　　σ 為股價報酬率瞬間標準差，為一常數。

　　　　dt 為單位時間變量。

　　　　dw 為 Gauss-Wiener Process。

　　根據以上假設，我們建構一個投資組合，讓其淨投資額等於零。再利用隨機微分方程式（Stochastic Differential Equations）推導出歐式買權的評價模式，公式如下式（12-12）：

$$C = S \times N(d_1) - Ee^{-rt}N(d_2) \tag{12-12}$$

此處

$$d_1 = \frac{\ln\left(\dfrac{S}{E}\right) + rt}{\sigma\sqrt{t}} + \frac{1}{2}\sigma\sqrt{t}$$

$$d_2 = d_1 - \sigma\sqrt{t}$$

S：股票市價。

E：履約價格。

r：瞬間無風險利率。

t：距到期日時間。

s：股價報酬率的瞬間標準差。

ln：自然對數。

$N(d_1)$，$N(d_2)$：代表累積標準常態分配函數。

至於歐式賣權的評價，我們可利用 12-12 式與歐式買賣均衡公式求得。歐式賣權的評價公式如下：

$$P = C - S + Ee^{-rt} = -SN(-d_1) + Ee^{-rt}N(-d_2) \tag{12-13}$$

✎ 例題 **12-2**

》 **Black-Scholes 評價模式**

假設某股票的現在市價為 $80，若以該股票為標的物，發行六個月到期的歐式買權，其履約價格為 $70，股價的瞬間報酬率標準差為 0.2，此時無風險利率為 7%，求買權的合理價格？

〔解答〕

$S = 80$，$E = 70$，$r = 0.07$，$s = 0.2$，$t = 0.5$

$$d_1 = \frac{\ln\left(\dfrac{S}{E}\right) + rt}{\sigma\sqrt{t}} + \frac{1}{2}\sigma\sqrt{t} = \frac{\ln\left(\dfrac{80}{70}\right) + 0.07 \times 0.5}{0.2\sqrt{0.5}} + \frac{1}{2} \times 0.2 \times \sqrt{0.5} = 1.2620$$

$$d_2 = d_1 - \sigma\sqrt{t} = 1.262 - 0.2\sqrt{0.5} = 1.1206$$

$$N(d_1) = N(1.2620) = 0.8937$$

$$N(d_2) = N(1.1206) = 0.8687$$

$$C = 80 \times (0.8937) - 70 \times e^{-(0.07) \times (0.5)} \times (0.8687) = 12.78$$

12-3 選擇權價值的組成

　　選擇權與其他金融商品最大的差異點，在於選擇權合約具有「時間價值」。合約的價值會隨著時間的流逝，每日的遞減中，所以影響其價值多了一項時間因素。通常選擇權的價值（權利金）是由「履約價值」（Exercise Value），或稱「內含價值」（Intrinsic Value）加上「時間價值」（Time Value），這兩部分組合而成。以下將分別介紹之。

一、履約價值

　　所謂的履約價值，又稱內含價值（Intrinsic Value）就是選擇權的買方，若立即執行履約的權利，其所能實現的利得。通常履約價值取決於標的物價格與履約價格之間的差距。

　　以買權的買方而言，如果標的物價格大於履約價格，則該買權即具有履約價值，其履約價值為標的物價格減去履約價格的差額；反之，如果標的物價格小於或等於履約價格，其履約價值為零，則該買權的持有者不會有執行履約的誘因。

　　以賣權的買方而言，如果標的物價格小於履約價格，則該賣權具有履約價值，其履約價值為履約價格減去標的物價的差額；反之，如果標的物價格大於或等於履約價格，其履約價值為零，則該賣權的持有者不會執行履約的權利。

二、時間價值

　　所謂的時間價值就是選擇權的存續時間，所帶給持有者多少獲利機會的價值。一般而言，不管買權或賣權，距到期日時間愈長，買權與賣權雙方有更多的機會等待獲利，所以時間價值愈大；反之，距到期日時間愈短，選擇權的執行獲利時機減少，時間價值也跟著減少，至到期日時即降為零。

　　一般而言，選擇權的時間價值與距到期日時間的關係是成正比的，距到期日時間愈長，時間價值愈大；但隨著時間的流逝，時間價值會愈來愈小。而且合約剛開始時，時間價值下降幅度較小；但愈接近合約到期日時，時間價值下降幅度變大。此觀念就像自由落體的觀念一樣，物體從高處落下，剛開始落下的速度較慢，愈靠近地面時，由於重力加速度的關係，速度會愈來愈快。有關時間價值與距到期日時間的關係，如圖 12-5 所示。

　　此外，買權與賣權履約價值與時間價值的關係圖，分別見圖 12-6 與圖 12-7 所示。由這兩圖可看出，選擇權因有時間價值的存在，所以除了在到期日時，選擇權價值會等於履

約價值外，其餘的在存續時間內的任一時點，選擇權價值應大於履約價值。所以兩圖中，權利金與履約價值兩者之間的差額，即為時間價值。

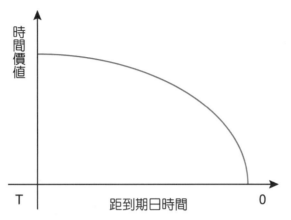

圖 12-5　時間價值與距到期日時間的關係

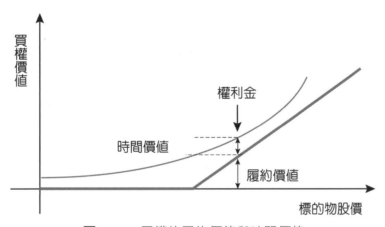

圖 12-6　買權的履約價值與時間價值

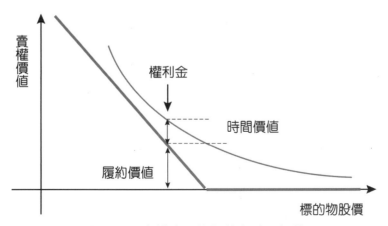

圖 12-7　賣權的履約價值與時間價值

12-4 影響選擇權價值的因素

　　根據 Black-Scholes 選擇權訂價模式的延伸，假設標的物有發放現金股利的情況下，影響選擇權價值的因素共有「標的物價格」、「履約價格」、「距到期日的時間」、「標的物價格的波動率」、「標的物的股利發放率」及「無風險利率」等六大因素。以下我們分別說明這六個因素對選擇權價值的影響。

一、標的物價格

　　就買權而言，標的物價格愈高，則履約的可能性愈高，買權價值相對亦隨之提高；反之，若標的物的價格愈低，買權愈無履約的機會，買權價值相對亦隨之降低。所以綜合上述，買權的價值與標的物價格成正比。

　　就賣權而言，標的物價格愈高，則履約的可能性愈低，賣權價值自然就低；反之，若標的物價格愈低，則履約的可能性愈高，則賣權價值相對亦隨之提高。所以綜合上述，賣權的價值與標的物價格成反比。

二、履約價格

　　就買權而言，履約價格訂定的愈低，買權愈容易形成價內，則履約價值自然就高，買權價值亦隨之提高；反之，若履約價格訂定的愈高，在到期前執行履約的機會愈小，則買權的價值亦隨之降低。所以綜合上述，買權的價值與履約價格成反比。

　　就賣權而言，履約價格訂定的愈低，賣權愈不容易形成價內，則履約價值自然就低，賣權的價值亦隨之降低；反之，若履約價格訂定的愈高，在到期前執行履約的機會愈大，則賣權價值相對亦隨之提高。所以綜合上述，賣權的價值與履約價格成正比。

三、距到期日的時間

　　不管是買權或賣權，選擇權距到期日時間愈長，買權與賣權雙方有更多的機會等待獲利，也就是時間價值愈大，選擇權的價值也就愈高；反之，選擇權距到期日時間愈短，選擇權的執行時機減少，選擇權價值也就愈低。所以綜合上述，不管買權與賣權的價值均與到期日長短成正比。

四、標的物價格的波動率

　　不管是買權或賣權，其標的物價格的波動率愈大，表示持有選擇權者在持有期間內，愈有機會去執行他們的權利，所以選擇權的價值愈高；反之，若標的物價格波動率愈小，則執行履約的時機會變少，自然選擇權價值就低。所以綜合上述，不管買權或賣權的價值與標的物價格的波動率成正比。

五、標的物的股利發放率

　　就買權而言，標的物的現金股利發放愈多，將使標的物的價格，被除息後往下調整的幅度愈大，對買權持有者愈不利，因此買權的價值相對亦會降低；反之，標的物的現金股利發放愈少，將使標的物的價格，被除息後往下調整的幅度愈小，對買權持有者愈有利，因此買權的價值相對亦會較高。所以綜合上述，買權的價值與標的物股利發放率成反比。

　　就賣權而言，標的物的現金股利發放愈多，將使標的物的價格，被除息後往下調整的幅度愈大，對賣權持有者愈有利，因此賣權的價值相對亦會增加；反之，標的物的現金股利發放愈少，將使標的物的價格，被除息後往下調整的幅度愈小，對賣權持有者愈不利，因此賣權的價值相對亦會較低。所以綜合上述，賣權的價值與標的物股利發放率成正比。

六、無風險利率

　　就買權而言，買權具有遞延購買標的物的功能，買權持有者將延遲購買標的物的資金，一直到履約時才付出，所以在市場利率較高時，遲付的資金能產生較高的利息收入，使買權的價值相對提高；反之，利率較低時，利息收入較少，買權的價值相對降低。所以綜合上述，買權的價值與無風險利率成正比。

　　就賣權而言，賣權具有遞延賣出標的物的功能，賣權持有者必須等到執行權利後才能收到資金，而當市場利率較高時，遲收到的資金所孳生的利息損失較大，故賣權的價值相對亦較低；反之，在市場利率較低時，遲收資金所孳生的利息損失較少，故賣權的價值相對亦較高。所以綜合上述，賣權的價值與無風險利率成反比。

表 12-1 影響權利金價格的主要因素

	買權的價值	賣權的價值
標的物價格	正比	反比
履約價格	反比	正比
距到期日時間	正比	正比
標的物價格的波動率	正比	正比
標的物的股利發放率	反比	正比
無風險利率	正比	反比

12-5 選擇權風險值的衡量

上述中，探討選擇權的價格受到許多種因素的影響，以下將利用選擇權訂價模式進一步說明，這些因素對選擇權價格，所產生的風險值衡量。

一、模式的介紹

根據 Black-Scholes 選擇權訂價模式的延伸得知，買（賣）權的價格受標的物的股價、履約價格、標的股價波動性、距到期日時間、標的股現金股利發放率及無風險利率的影響，所以我們可以將買（賣）權的價格以下式（12-14）表示：

$$W = W\,(S, E, \sigma, t, \delta, r) \tag{12-14}$$

W：買（賣）權價格。

S：標的股票價格。

E：履約價格。

σ：標的股價波動性。

t：距到期日時間。

δ：現金股利發放率。

r：無風險利率。

現在將（12-14）式由泰勒展開式（Taylor Series Expansion）展開，可將此函數表示如下式（12-15）：

$$W(S,E,\sigma,t,\delta,r) = W_\tau(S_\tau,E,\sigma_\tau,t_\tau,\delta,r_\tau) + \frac{\partial W}{\partial S}\Big|_{W_\tau}(S-S_\tau) + \frac{\partial W}{\partial \sigma}\Big|_{W_\tau}(\sigma-\sigma_\tau)$$
$$+ \frac{\partial W}{\partial t}\Big|_{W_\tau}(t-t_\tau) + \frac{\partial W}{\partial r}\Big|_{W_\tau}(r-r_\tau) + \frac{1}{2!}\frac{\partial^2 W}{\partial S^2}\Big|_{W_\tau}(S-S_\tau)^2 + \cdots$$

$$\partial W = \frac{\partial W}{\partial S}\partial S + \frac{\partial W}{\partial \sigma}\partial\sigma + \frac{\partial W}{\partial t}\partial t + \frac{\partial W}{\partial r}\partial r + \frac{1}{2}\frac{\partial^2 W}{\partial S^2}(\partial S)^2 \qquad (12\text{-}15)$$

由上式（12-15）可將進一步以實務上慣用的術語表達，如下式（12-16）：

$$dW = Delta \cdot \Delta S + Vega \cdot \Delta\sigma + Theta \cdot \Delta t + Rho \cdot \Delta r + \frac{1}{2}Gamma(\Delta S)^2 \qquad (12\text{-}16)$$

此處

$$Delta = \frac{買（賣）權價差}{股價的變化量}$$

$$Vega = \frac{買（賣）權價差}{股價波動性的變化量}$$

$$Tlleta = \frac{買（賣）權價差}{時間的變化量}$$

$$Rho = \frac{買（賣）權價差}{利率的變化量}$$

$$Gamma = \frac{Delta 的變化量}{股價的變化量}$$

二、風險值介紹

由上式 12-16，選擇權評價公式所推導出來的五種敏感度，通常用來衡量當標的物價格變動很小時，選擇權價格變動的風險值。以下將分別介紹這五種敏感度。

(一) Delta（Δ）

　　Delta（Δ）的定義為選擇權價格對標的股價變動的敏感度。Delta 值是指當標的股價變動一單位時，選擇權的價格變動幅度，亦即選擇權的價值對標的股價的一次偏微分。買（賣）權的 Delta 值，可分別由（12-12）及（12-13）式推導求得，其結果如下：

$$\Delta_C = \frac{\partial C}{\partial S} = N(d_1) > 0 \tag{12-17}$$

$$\Delta_P = \frac{\partial P}{\partial S} = -N(-d_1) < 0 \tag{12-18}$$

　　N（d_1）及 N（$-d_1$）代表標準常態機率分配。

　　由上兩式（12-17）及（12-18）得知，買權的 Delta 值（Δ_C）應介於 0～1 之間，而賣權的 Delta 值（Δ_P）應介於 0～-1 之間。Delta 也可說是買權到期時，成為價內的機率。若一個買權的 Delta 值為 0.5，表到期時有 50% 的機率成為價內，50% 的機率成為價外。

　　以買權而言，Delta 接近 0.5 時則買權是處「價平」；若 Delta 接近 1 時，則買權處於「深度價內」，表示買權到期時，維持於價內的機率相當高；若 Delta 接近 0 時，則買權處於「深度價外」，表示買權到期時，變成價內的機率幾乎為零。同理，以賣權而言，當 Delta 接近 -0.5 時，則賣權是處「價平」；若 Delta 接近 -1 時，則賣權處於「深度價內」；若 Delta 接近 0 時，則賣權處於「深度價外」。

　　此外，Delta 值又稱為「避險比例」，用來決定避險策略的買賣數量。例如：買權 Delta 值為 0.6，代表每買進 1 單位買權證所產生的損益，會和買進 0.6 單位標的物所產生的損益相同，所以 Delta 值可供選擇權投資人用以避險操作的有利參考指標。

(二) Gamma（Γ）

　　Gamma（Γ）的定義為 Delta 值對標的股價變動的敏感度。Gamma 值是指當標的股價變動一單位時，選擇權的 Delta 值變動幅度。「Gamma」和「Delta」兩值的關係，猶如物理學上的「加速度」和「速度」之關係，Delta 就如同「速度」，Gamma 就如同「加速度」表示一段時間內，速度的變化量。

　　Gamma 值即是 Delta 值對標的物股價的一次偏微分，或說是選擇權的價值對標的股價的兩次偏微分，Gamma 值可由（12-17）及（12-18）式，推導結果如下式：

$$\Gamma = \frac{\partial^2 C}{\partial S^2} = \frac{\partial^2 P}{\partial S^2} = \frac{1}{S\sigma\sqrt{t}}N'(d_1) > 0 \tag{12-19}$$

此處：

$$N'(d_1) = \frac{1}{\sqrt{2\pi}}e^{-\frac{d_1^2}{2}}$$

由上式（12-19）得知，買（賣）權的 Gamma 值相同且大於零。對買（賣）權而言，當 Gamma 值較大時，表示 Delta 值上漲幅度，也就是買（賣）權價格上漲速度，將會比標的物價格上漲幅度來得大，對選擇權買方有較大的投資吸引力，但相對的進行避險動作的困難也跟著提高。若 Gamma 值接近為零時，表示買（賣）權在深度價外（Delta 為 0）、或深度價內（Delta 為 1 或 − 1），此時標的物價格的變動將不會影響 Gamma 值。只有當買（賣）權處於價平時（Delta 為 0.5 或 − 0.5），此時標的物價格的變動受 Gamma 值的影響最大。

(三) Vega（Λ）

Vega（Λ）的定義為選擇權價格對標的股價波動性變動的敏感度，又稱 Kappa、Lambda 或 Sigma。Vega 值是指當標的股價波動性變動一單位時，選擇權價格變動幅度。其推導可由（12-12）及（12-13）式求得，結果如下：

$$\Lambda = \frac{\partial C}{\partial \sigma} = \frac{\partial P}{\partial \sigma} = S\sqrt{t}N'(d_1) > 0 \tag{12-20}$$

由上式（12-20）得知，買（賣）權其 Vega 值皆相同且大於零。Vega 值愈大，表示選擇權價格對標的物股價波動性之敏感度愈大；反之，Vega 值愈小，表示選擇權價格標的物股價波動性之敏感度愈小。

(四) Theta（θ）

Theta（θ）的定義為權證價格對時間之變動敏感度。Theta 值是指當時間每消逝一單位，選擇權價格的變動幅度。買（賣）權的 Theta 值，可分別由（12-12）及（12-13）式推導求得，其結果如下：

$$\theta_C = \frac{\partial C}{\partial t} = -\frac{S\sigma}{2\sqrt{t}}N'(d_1) - rEe^{-rt}N(d_2) < 0 \tag{12-21}$$

$$\theta_P = \frac{\partial P}{\partial t} = -\frac{S\sigma}{2\sqrt{t}}N'(d_1) + rEe^{-rt}N(-d_2) \overset{\leq}{_>} 0 \qquad (12\text{-}22)$$

由上式兩式（12-21）及（12-22）得知，對買權而言，θ_C 小於零，表買權的價值，隨時間消逝而減少。而對賣權而言，賣權價值，通常亦隨時間消逝而減少；但當履約價格（E）遠大於標的物股價（S）時，使得選擇權的履約價值上漲的變動幅度大於時間價值的下跌變動幅度時，會使 θ_P 出現大於零或等於零的情況。

通常選擇權剛上市的時候，Theta 值的流逝效應並不大，且 Theta 值通常為負值。此外，對於價平選擇權，其權利金價值全部為時間價值（即內含價值＝0），因此受到時間流逝的影響最大，此時 Theta 值也最大；當選擇權愈偏向價內或價外，其 Theta 值愈小。

(五) Rho（ρ）

Rho（ρ）的定義為權證價格對無風險利率變動的敏感度。Rho 值是指當無風險利率變動一單位時，權證價值變動幅度。買（賣）權的 Rho 值，可分別由（12-12）及（12-13）式推導求得，其結果如下：

$$\rho_C = \frac{\partial C}{\partial r} = tEe^{-rt}N(d_2) > 0 \qquad (12\text{-}23)$$

$$\rho_P = \frac{\partial P}{\partial r} = -tEe^{-rt}N(-d_2) < 0 \qquad (12\text{-}24)$$

由上兩式（12-23）及（12-24）得知，對買權而言，無風險利率愈高，其履約執行權利時，所付出的履約價值的折現值（Ee^{-rt}）較低，對其較有利，故 Rho 為正。對賣權而言，無風險利率愈高，其履約執行權利時所收到的履約價值的折現值較低，對其較不利，故 Rho 為負。

市場焦點

掌握選擇權交易時間竟然也能獲利？你不可不知的 3 大交易重點

選擇權交易時間重點一：選擇權交易時間對價格與時間價值的影響

過往選擇權只能在日盤交易時，他的隔日跳動會比較大，所以投資人會畏懼這樣非線性的價格跑動，自從夜盤開始後，隔夜波動就不會一下子跳動太快。交易的時間拉長，選擇權的時間價值交易的時段也變多，對於買、賣方在時間價值的掌握上也會更加彈性。

選擇權交易時間重點二：時間價值對於權利金的影響

選擇權權利金的價格因素由不同的希臘字母所組成，其中一項影響的關鍵就是時間價值（Theta 值），因為選擇權的權利金價格由內涵價值與時間價值所組成。

通常價外的股票就只有時間價值，而沒有內涵價值，越偏離價平的選擇權（深價外、價內）的時間價值也會越來越小，反之亦然。

選擇權交易時間重點三：買、賣方與時間價值的關聯性

這邊要談到如何賺取選擇權的「時間價值」，要賺取選擇權的時間價值，就得要做選擇權的賣方，如果你是做買方，你則需要支付時間價值給賣方。前面有談到影響選擇權權利金的參數（Theta 值），買方在買入時就是一直在流失這個時間價值，每天都會被扣 theta 值的點數，而賣方每天都可以收取這個點數。

結語：認識選擇權交易時間與時間價值，增加交易彈性

■ 資料來源：摘錄自知識獲利大聯盟 2022/02/10

🔒 解說

選擇權與其他商品最大的差異，在於其有「時間價值」。若投資人要獲利，須注意「時間價值」對買賣方權利金的影響，並須知道深度價內與價外的選擇權，其時間價值與權利金的關係。

本章習題

一、選擇題

( ) 1. 請問選擇權之 Theta 係衡量下列何項？ (A) 選擇權 Delta 隨資產價值的改變率 (B) 選擇權投資組合價值隨存在時期消逝之價值改變率 (C) 選擇權投資組合價值隨市場利率調整的敏感度 (D) 選擇權投資價格隨標的物之市場價格變動的敏感度。

【2013-4 期貨分析人員】

( ) 2. 理論上其他條件不變時，若利率水準越高，買權（Call Option）的價值會： (A) 越高 (B) 越低 (C) 不受影響 (D) 可能越高，也可能越低。

【2014-1 期貨業務員】

( ) 3. 價內（In-the-Money）美式賣權在下列何種情況下最可能提前履約？ (A) 利率下跌 (B) 預期標的股票現金股利上升 (C) 標的股價波動度下降 (D) 以上皆非。

【2014-1 期貨分析人員】

( ) 4. CME 的 3 月份歐洲美元期貨賣權履約價為 95.25，目前權利金為 0.2，而 3 月份歐洲美元期貨市價為 95.35，該賣權之內含價值為多少？
(A) 0 (B) 2,000 (C) 4,000 (D) 6,000。

【2014-3 期貨業務員】

( ) 5. 若 6 月份黃金期貨買權的履約價格為 $1,630，權利金為 $30，內含價值為 $25，則此 6 月份黃金期貨價格為多少？
(A) $1,600 (B) $1,630 (C) $1,660 (D) $1,655。

【2014-4 期貨業務員】

( ) 6. 下列何者會使期貨買權的權利金減少？ (A) 到期日增長 (B) 期貨價格上漲 (C) 利率上升 (D) 期貨價格波動性減少。

【2014-4 期貨業務員】

( ) 7. 下列何者會使歐洲美元期貨賣權的權利金增加？ (A) 歐洲美元利率下跌 (B) 歐洲美元期貨價格下跌 (C) 歐洲美元期貨價格波動性減少 (D) 到期日接近。

【2014-4 期貨業務員】

( ) 8. 下列何種情形下，美式賣權（American Put）不太可能提前執行此賣出權利：(A) 即將有大額現金股息之除息 (B) In-the-Money 且利率很高 (C) 標的物價格很低時 (D) 以上皆非。

【2014-4 期貨分析人員】

( ) 9. 假設其他條件不變下，當市場利率下降，買權與賣權價格將會如何變化？ (A) 買權下跌，賣權上漲 (B) 買權上漲，賣權下跌 (C) 皆上漲 (D) 皆下跌。

【2014-4 期貨分析人員】

( )10. 某一股票賣權的 delta 為 -0.25，表示在其他情況不變下，股票價格若下跌 1 元，賣權價格會： (A) 上漲 0.75 元 (B) 下跌 0.75 元 (C) 上漲 0.25 元 (D) 下跌 0.25 元。

【2014-4 期貨分析人員】

( )11. 設期貨賣權（Put）履約價格為 K，選擇權標的期貨市價 F，若 F ＞ K，則其內含價值等於： (A) K-F (B) F-K (C) 0 (D) K。

【2015-1 期貨業務員】

( )12. 若以黃金現貨為標的物買權之 Delta 為 0.7，則當賣出一單位的買權，該如何才能使兩者完全對沖？ (A) 買入一單位黃金 (B) 賣出一單位黃金 (C) 買入 0.7 單位黃金 (D) 賣出 0.7 單位黃金。

【2015-1 期貨分析人員】

( )13. 價內選擇權的意義為何？ (A) 履約價值＞ 0 (B) 履約價值＜ 0 (C)（履約價值－權利金）＞ 0 (D)（履約價值－權利金）＜ 0。

【2015-2 期貨業務員】

( )14. 選擇權交易中，何時 Put Options 愈低： (A) 距離到期日的時間愈長 (B) 本國利率相對提高 (C) 履約價格愈高 (D) 即期價格愈低時。

【2015-2 期貨分析人員】

( )15. 以下哪一種情境的時間價值最高？ (A) In the Money (B) Out of the Money (C) At the Money (D) On the Money。

【2016-2 期貨分析人員】

( )16. 下列哪一種情況下，美式買權的價格和歐式買權的價格一樣？ (A) 標的股票發放大額現金股利 (B) 標的股票不發放任何現金股利 (C) 標的股票發放小額現金股利 (D) 以上皆是。

【2016-4 期貨分析人員】

( )17. 期貨賣權（Put）的 Delta 為－0.7，表示在其他情況不變下，期貨價格若上漲 1 元，期貨買權（Call）價格會：
(A) 下跌 0.3 元 (B) 上漲 0.3 元 (C) 下跌 0.7 元 (D) 上漲 0.7 元。

【2018-2 期貨業務員】

( )18. 影響美式選擇權價格的因素包括：標的物市價、履約價格、到期時間長短、無風險利率。請問此四種因素越大，對於美式賣權契約價格的影響方向為何？（＋代表增加、－代表減少，假設其他條件不變） (A) －、＋、＋、－ (B) －、＋、＋、＋ (C) ＋、＋、＋、－ (D) ＋、－、＋、＋。

【2018-2 期貨分析人員】

( )19. 下列有關 Black-Scholes 公式的敘述何者為非？ (A) 假設無風險利率是連續複利 (B) 波動下降會降低買權的價格 (C) 評價公式跟 Put-Call Parity 可以相互配合 (D) 未來標的物的期望價格會影響目前買權的價格。

【2018-4 期貨分析人員】

( )20. 何種選擇權 Gamma 風險最高？
(A) 深價內賣權 (B) 價平賣權 (C) 深價外買權 (D) 無從比較。

【2019-1 期貨分析人員】

( )21. 下列有關選擇權希臘字母的敘述何者正確？ (A) 深度價內的賣權的 Delta 值為＋1 (B) Vega 值在價平而且距到期時間愈長時愈大 (C) Gamma 值在價內而且距到期時間愈長時愈大 (D) 買權的 Theta 值在價平時為正而且價值消失最不明顯。

【2021-2 期貨分析人員】

( )22. 其他條件不變時，歐元期貨賣權的時間價值一般會隨著到期日的接近：
(A) 呈比例遞增 (B) 呈加速遞增 (C) 呈比例遞減 (D) 呈加速遞減。

【2021-3 期貨業務員】

( )23. 下列敘述何者有誤？ (A) 理論上股票選擇權履約價值恆大於或等於 0
(B) 理論上股票買權時間價值恆大於或等於 0 (C) 理論上股票美式賣權價值高於
歐式賣權價值 (D) 理論上股票賣權時間價值恆大於或等於 0。

【2021-3 期貨分析人員】

( )24. 在其他條件不變下，假設甲股票的股價為 $100，無風險利率 10%（年），則下
列哪一個以甲股票為標的資產的選擇權，其價格最低？ (A) 履約價格為 $90 的
甲股買權 (B) 履約價格為 $100 的甲股買權 (C) 履約價格為 $100 的甲股賣權
(D) 履約價格為 $105 的甲股賣權。

【2021-3 期貨分析人員】

( )25. 12 月份黃金期貨市價為 1,680，則下列何種黃金期貨買權有較高之時間價值？
(A) 履約價格為 1,670 (B) 履約價格為 1,680 (C) 履約價格為 1,690 (D) 履約價
格為 1,700。

【2022-1 期貨業務員】

Note /

Chapter 13

選擇權交易策略

本章內容為選擇權交易策略，主要介紹選擇權的價差交
易、混合交易與合成交易策略等內容，其內容詳見如下。

13-1 價差交易　介紹選擇權的垂直、水平、對角、碟式、兀鷹、比
率、箱型及借貨等多種價差交易策略。

13-2 混合交易　介紹選擇權的跨騎與轉換策略。

13-3 合成交易　介紹由買賣期貨、買權與賣權所兩兩合成的交易策
略。

章前導讀

選擇權這個商品，除了有買賣權與發行時履約價格的差異，且具時間價值，這些特性都讓投資人有時感到很複雜。而且選擇權的交易策略也可從簡單到複雜，它不僅可以簡單的基本型態出現，亦可隨意複製、合成出各式各樣的策略，以符合投資人的需求。

尤其，當投資人對未來行情走勢不明時，選擇權的交易策略可以協助投資人控制風險。若選擇權的價格出現不合理情形時，選擇權的交易策略可以協助投資人進行套利。如果現貨市場無法進行的投資策略，也可利用選擇權的交易策略將之複製合成出來。因此，選擇權的交易型態真是包羅萬象。

本書前幾章已針對最簡單的單純作多或作空的交易型式，進行說明。本章將對針對選擇權較複雜的交易策略，如：價差交易、混合交易與合成交易等內容逐一作介紹。

13-1 價差交易

選擇權的價差交易一般可依「履約價格」、「月份」及「權利金」的不同，組合出垂直、水平、對角、碟式、兀鷹、比率、箱型及借貨等多種價差交易。以下我們將分別說明之。

一、垂直價差交易

垂直價差交易（Vertical Spread）是指選擇權交易中，同時買賣相同月份，但不同履約價格的價差交易。因選擇權報價行情表中，履約價格在縱軸，故買賣不同履約價格的合約，屬於垂直的交易方式。例如：買進（或賣出）9月黃金期貨買權（或賣權），履約價格1,400，並同時賣出（或買進）9月黃金期貨買權（或賣權），履約價格1,350。

通常垂直價差交易，又依買權與賣權，與適合多頭與空頭使用，又可分以下四種交易型態。

(一) 多頭買權價差交易

多頭買權價差交易（Bull Call Spread）是指選擇權交易中，同時買入一個履約價格較低的買權及賣出一個履約價格較高的買權，所組合而成的買權價差交易。由於買入履約價格較低的買權所支付的權利金，大於賣出履約價格較高的買權所的收到的權利金，所以當價差交易建立時，以及標的物價格下跌時，會有權利金的價差損失；但當標的物價格上漲時，會有交易價差收入。

有關多頭買權價差交易的示意圖，如圖 13-1 所示。當價差交易建立時，以及標的物價格下跌時，將有 $\overline{AB}$ 的損失；當標的物價格上漲時，即有 $\overline{CD}$ 的收入。

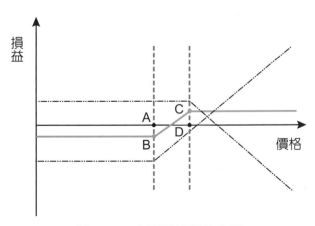

圖 13-1 多頭買權價差交易

✎ 例題 13-1

》多頭買權價差

買入 1 口 9 月台股指數買權履約價 9,500，權利金為 110，並賣出 1 口 9 月台股指數買權履約價 9,600，權利金為 62，則所組成的多頭買權價差損益情形為何？

〔解答〕

(1) 當股價為 9,500 時，兩選擇權權利金淨收支為－58（62 － 110）。

(2) 當股價為 9,600 時，兩選擇權損益淨收支為 52（100 ＋ 62 － 110）。

損益如下圖所示：

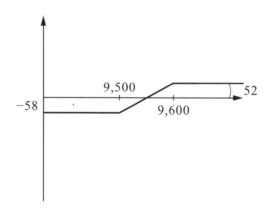

(二) 空頭買權價差交易

空頭買權價差交易（Bear Call Spread）是指選擇權交易中，同時買入一個履約價格同時較高的買權及賣出一個履約價格較低的買權，所組合而成的買權價差交易。由於賣出一個履約價格較低買權的權利金收入，大於買入一個履約價格較高買權的權利金支出，所以當價差交易建立時，以及標的物價格下跌時，會有權利金的價差收入；但當標的物價格上漲時，會有交易價差損失。

有關空頭買權價差交易的示意圖，如圖 13-2 所示。當價差交易建立時，以及標的物價格下跌時，有 $\overline{EF}$ 的收入；當標的物價格上漲時，則有 $\overline{GH}$ 的損失。

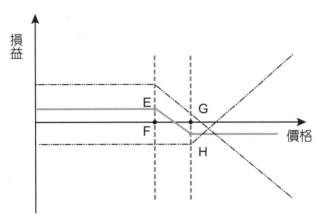

圖 13-2　空頭買權價差交易

✏ **例題 13-2**

» 空頭買權價差

買入 1 口 9 月台股指數買權履約價 9,600，權利金為 62，並賣出 1 口 9 月台股指數買權履約價 9,500，權利金為 110，則所組成的空頭買權價差損益情形為何？

〔解答〕

(1) 當股價為 9,500 時，兩選擇權權利金淨收支為 58（110 - 62）。

(2) 當股價為 9,600 時，兩選擇權損益淨收支為- 52（100 + 62 - 110）。

損益如下圖所示：

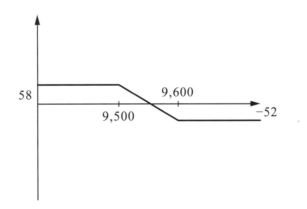

(三) 多頭賣權價差交易

多頭賣權價差交易（Bull Put Spread）是指選擇權交易中，同時買入一個履約價格較低的賣權及賣出一個履約價格較高的賣權，所組合而成的賣權價差交易。由於賣出一個履約價格較高的賣權的權利金收入，大於買入一個履約價格較低的賣權的權利金支出，所以當價差交易建立時，以及標的物價格上漲時，會有權利金的價差收入；但當標的物價格下跌時，會有交易價差損失。

有關多頭賣權價差交易的示意圖，如圖 13-3 所示。當標的物價格下跌時，將有 $\overline{IJ}$ 的損失；當價差交易建立時，以及標的物價格上漲時，即有 $\overline{KL}$ 的收入。

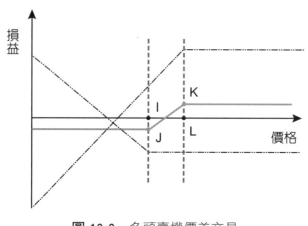

圖 13-3　多頭賣權價差交易

📝 例題 13-3

》 多頭賣權價差

　　買入 1 口 9 月台股指數賣權履約價 9,500，權利金為 112，並賣出 1 口 9 月股指數賣權履約價 9,600，權利金為 168，則所組成的多頭賣權價差損益情形為何？

〔解答〕

(1) 當股價為 9,500 時，兩選擇權損益淨收支為－44（168－100－112）。

(2) 當股價為 9,600 時，兩選擇權權利金淨收支為 56（168 － 112）。

損益如下圖所示：

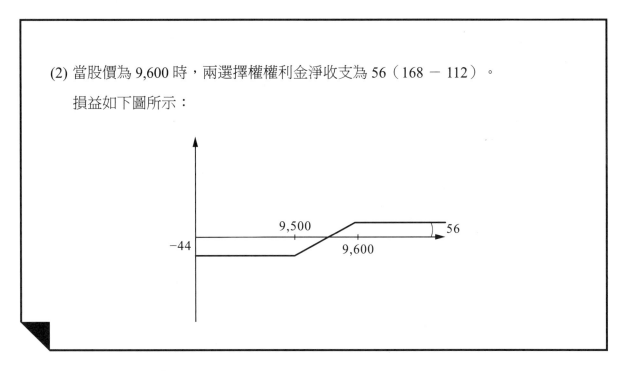

(四) 空頭賣權價差交易

空頭賣權價差交易（Bear Put Spread）是指選擇權交易中，同時買入一個履約價格較高的賣權及賣出一個履約價格較低的賣權，所組合而成的賣權價差交易。由於買入一個履約價格較高的賣權的權利金支出，大於賣出一個履約價格較低的賣權的權利金收入，所以當價差交易建立時，以及標的物價格下跌時，會有權利金的價差支出；但當標的物價格上漲時，會有交易價差收入。

有關空頭賣權價差交易的示意圖，如圖 13-4 所示。當標的物價格下跌時，有 $\overline{MN}$ 的收入；當價差交易建立時，以及標的物價格上漲時，即有 $\overline{OP}$ 的損失。

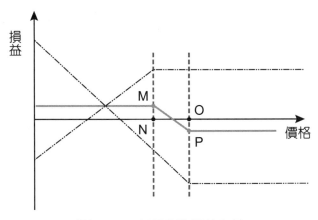

圖 13-4　空頭賣權價差交易

例題 13-4

》空頭賣權價差

買入 1 口 9 月台股指數賣權履約價 9,600，權利金為 168，並賣出 1 口 9 月台股指數賣權履約價 9,500，權利金為 112，則所組成的空頭賣權價差損益情形為何？

〔解答〕

(1) 當股價為 9,500 時，兩選擇權損益淨收支為 44（112 ＋ 100 － 168）。

(2) 當股價為 9,600 時，兩選擇權權利金淨收支為－ 56（112 － 168）。

損益如下圖所示：

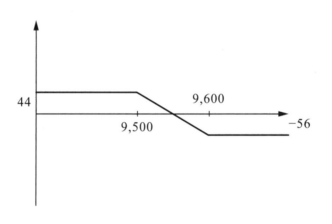

二、水平價差交易

水平價差交易（Horizontal Spread）是指選擇權交易中，同時買賣相同履約價格，但不同月份的價差交易。因選擇權報價行情表，契約的月份在橫軸，故買賣不同月份的選擇權來賺取價差，屬於水平的交易方式。此價差又稱「**時間價差交易（Time Spread）**」或「**曆差交易（Calendar Spread）**」。例如：買進 9 月之黃金期貨買權，履約價格 1,400，且同時賣出 6 月之黃金期貨買權，履約價格 1,400。

通常水平價差交易又依投資人操作買權或賣權，可分為買權水平價差交易與賣權水平價差交易。

(一) 買權水平價差交易

買權水平價差交易是指選擇權交易中，同時買進遠月的買權及賣出相同履約價格的近月買權，由於遠月買權的權利金支出大於近月買權的權利金收入，所以期初有權利金的淨支出。如果投資人預期標的物價格，在未來一段期間內，會在履約價格附近區間盤整，投資人就有獲利的機會，即使標的物價格波動過劇，投資人的最大損失亦不大，僅為期初權利金的淨支出。

有關買權水平價差交易的示意圖，如圖 13-5 所示。買權水平價差交易的損益報酬圖中遠月的買權的損益曲線為一平滑曲線，乃因為兩不同到期日的選擇權，當近月買權到期時，遠月的買權仍有其時間價值，所以遠月買權的價值為其「履約價值」加上「遠月的買權因近月與遠月時間落差所產生的時間價值」。（有關買權的履約價值與時間價值關係，見第 12 章圖 12-6）。

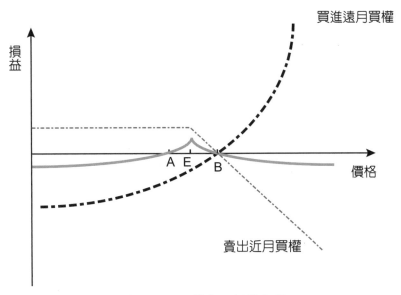

圖 13-5 買權水平價差交易

(二) 賣權水平價差交易

賣權水平價差交易是指選擇權交易中，同時買進遠月的賣權及賣出相同履約價格的近月賣權，由於遠月賣權的權利金支出大於近月賣權的權利金收入，所以期初有權利金的淨支出。如果投資人預期標的物價格，在未來一段期間內，會在履約價格附近區間盤整，投資人就有獲利的機會，即使標的物價格波動過劇，投資人的最大損失亦不大，僅為期初權利金的淨支出。有關賣權水平價差交易的示意圖，如圖 13-6 所示。

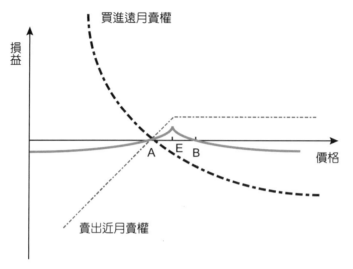

圖 13-6　賣權水平價差交易

三、對角價差交易

對角價差交易（Diagonal Spread）是指選擇權交易中，同時買賣不同履約價格及不同月份的兩種選擇權的價差交易行為。因選擇權行情表上，所買賣的兩個合約的位置是處於對角關係，故稱對角價差交易。例如：買進 9 月之黃金期貨買權，履約價格 1,380，同時賣出 6 月之黃金期貨買權，履約價格 1,400。

通常在操作對角價差交易，在時間差通常和水平價差一樣買遠月賣進月，在履約價格差通常可比照多頭或空頭垂直價差，若買入較低的履約價格（E_1），賣出較高的履約價格（E_2），便為多頭對角價差交易，反之為空頭對角價差交易。如圖 13-7 為多頭買權對角價差交易的示意圖。

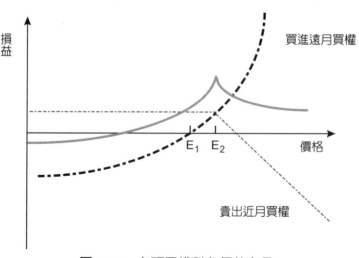

圖 13-7　多頭買權對角價差交易

四、蝶式價差交易

　　蝶式價差交易（Butterfly Spread）是指選擇權交易中，買賣四個契約期限相同，但有三種不同的履約價格的選擇權價差交易。其實蝶式價差交易是由一個「多頭買權價差交易」與一個「空頭買權價差交易」之組合。

　　例如：買入一個 6 月黃金期貨買權，履約價格 1,380、賣出二個 6 月黃金期貨買權，履約價格 1,400、買入一個 6 月黃金期貨買權，履約價格 1,420。上述亦即以下組合，[買入一個 6 月黃金期貨買權，履約價格 1,380 ＋賣出一個 6 月黃金期貨買權，履約價格 1,400]（多頭買權價差交易）＋ [買入一個 6 月黃金期貨買權，履約價格 1,420 ＋賣出一個 6 月黃金期貨買權，履約價格 1,400]（空頭買權價差交易）。

　　圖 13-8 為蝶式價差交易示意圖，由圖得知：如果標的物價格在這某個區間內小幅波動，投資人將會有獲利；若標的物價格波動幅度過大，投資人將有小幅的損失。

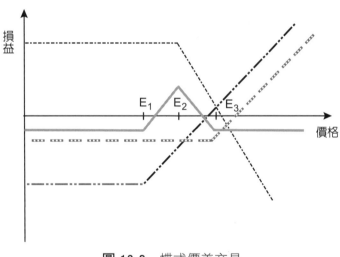

圖 13-8　蝶式價差交易

📝 例題 13-5

》蝶式價差

　　買入 1 口 9 月台股指數買權履約價 9,300，權利金為 254，並賣出 2 口 9 月台股指數賣權履約價 9,400，權利金為 176，再買入 1 口 9 月台股指數買權履約價 9,500，權利金為 110，則所組成的蝶式價差損益情形為何？

〔解答〕

(1) 當股價為 9,300 時，4 口選擇權損益淨收支為
－ 12（2×176 － 254 － 110）。

(2) 當股價為 9,400 時，4 口選擇權損益淨收支為
186（2×176 － 254 ＋ 100 － 110）。

(3) 當股價為 9,500 時，4 口選擇權損益淨收支為
－ 12（2×176 － 2　100 － 254 ＋ 200 － 110）。

損益如下圖所示：

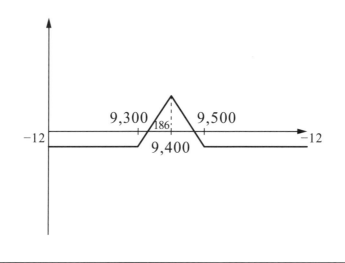

五、兀鷹價差交易

兀鷹價差交易（Condor Spread）是指買賣四個契約期限相同，但履約價格均不相同的選擇權價差交易，其實兀鷹價差交易是由一個多頭買權價差交易與一個空頭買權價差交易之組合。

例如：買進一個 9 月黃金期貨買權，履約價格 1,380、賣出一個 9 月黃金期貨買權，履約價格 1,390、賣出一個 9 月黃金期貨買權，履約價格 1,400，買進一個 9 月黃金期貨買權，履約價格 1,410。上述亦即以下組合，〔買進一個 9 月黃金期貨買權，履約價格 1,380，賣出一個 9 月黃金期貨買權，履約價格 1,390〕（多頭買權價差交易）＋〔買進一個 9 月

金期貨買權，履約價格 1,410，賣出一個 9 月黃金期貨買權，履約價格 1,400〕（空頭買權價差交易）。

　　圖 13-9 為兀鷹式價差交易示意圖，由圖得知：如果標的物價格在這某個區間內小幅波動，投資人將會有獲利；若標的物價格波動幅度過大，投資人將有小幅的損失。

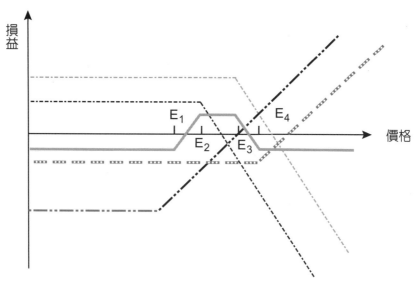

圖 13-9　兀鷹式價差交易

✐ 例題 13-6

≫ 兀鷹價差

　　買入 1 口 9 月台股指數買權履約價 9,300，權利金為 254，並賣出 1 口 9 月台股指數賣權履約價 9,400，權利金為 176，再賣出 1 口 9 月台股指數買權履約價 9,500，權利金為 110，再買入 1 口 9 月台股指數買權履約價 9,600，權利金為 62，則所組成的兀鷹價差損益情形為何？

〔解答〕

(1) 當股價為 9,300 時，4 口選擇權損益淨收支為
　　$-30 (176 + 110 - 62 - 254)$。

(2) 當股價為 9,400 時，4 口選擇權損益淨收支為
　　$70 (17 + 110 - 254 + 100 - 62)$。

(3) 當股價為 9,500 時，4 口選擇權損益淨收支為

70（176 − 100 − 2 + 110 − 254 + 200 − 62）。

(4) 當股價為 9,600 時，4 口選擇權損益淨收支為

− 30（176 − 200 + 110 − 100 − 254 + 300 − 62）。

損益如下圖所示：

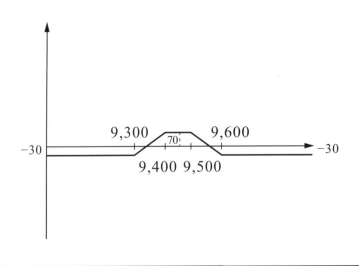

六、比例價差交易

比例價差交易（Ratio Spread）是指同時買進及賣出相同月份，但不同數量的選擇權所組合而成，假設我們以 1：2 比例的價差來說明。例如：買入一個 6 月黃金期貨買權，履約價格 1,380，並同時賣出二個 6 月黃金期貨買權，履約價格 1,400。

通常在 1：2 比例的價差交易中，若投資人操作的是買權，投資者買進 1 口履約價格 E_1 的買權，並同時賣出 2 口相同到期日，但履約價格為 E_2 的買權，其損益如圖 13-10。若投資人操作的是賣權，投資者買進 1 口履約價格 E_2 的賣權，並同時賣出 2 口相同到期日，但履約價格為 E_1 的賣權，其損益如圖 13-11。

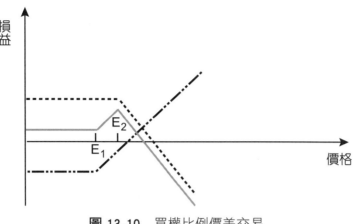

圖 13-10　買權比例價差交易

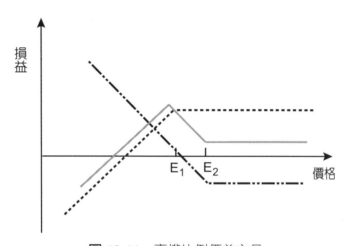

圖 13-11　賣權比例價差交易

✏️ 例題 **13-7**

》買權比例價差

　　買入 1 口 9 月台股指數買權履約價 9,500，權利金為 110，並賣出 2 口 9 月台股指數買權履約價 9,600，權利金為 62，則所組成的買權比例價差損益情形為何？

〔解答〕

(1) 當股價為 9,500 時，3 口選擇權損益淨收支為 14（62×2 － 110）。

(2) 當股價為 9,600 時，3 口選擇權損益淨收支為

　　114（62×2 － 110 ＋ 100）。

(3) 當股價為 9,700 時，3 口選擇權損益淨收支為
    14（62×2 － 110 ＋ 200 － 100×2）。

(4) 當股價為 9,800 時，3 口選擇權損益淨收支為
    － 86（62×2 － 110 ＋ 300 － 200×2）。

損益如下圖所示：

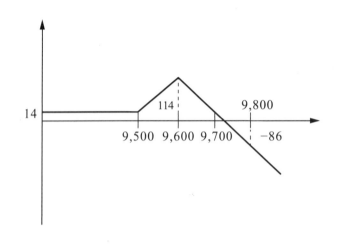

✏ 例題 13-8

》 賣權比例價差

　　買入 1 口 9 月台股指數賣權履約價 9,600，權利金為 168，並賣出 2 口 9 月台股指數賣權履約價 9,500，權利金為 112，則所組成的賣權比例價差損益情形為何？

〔解答〕

(1) 當股價為 9,600 時，3 口選擇權損益淨收支為 56（112×2 － 168）。

(2) 當股價為 9,500 時，3 口選擇權損益淨收支為
    156（112×2 － 168 ＋ 100）。

(3) 當股價為 9,400 時，3 口選擇權損益淨收支為
56（112×2 － 168 ＋ 200 － 100×2）。

(4) 當股價為 9,300 時，3 口選擇權損益淨收支為
－ 44（112×2 － 168 ＋ 300 － 200×2）。

損益如下圖所示：

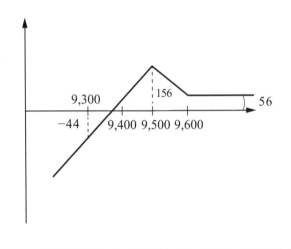

七、箱型價差交易

箱型價差交易（Box Spread）是由一個「多頭買權價差」交易、與一個「空頭賣權價差」交易之組合。因為在組合選擇權的過程中，會形成一個上下區間的箱型損益空間（如圖：13-12 所示）。

例如：買進一個 12 月黃金期貨買權，履約價格 1,380、賣出一個 12 月黃金期貨買權，履約價格 1,400、買進一個 12 月黃金期貨賣權，履約價格 1,420、賣出一個 12 月黃金期貨賣權，履約價格 1,440。上述亦即以下組合，〔買進一個 12 月黃金期貨買權，履約價格 1,380，賣出一個 12 月黃金期貨買權，履約價格 1,400〕（多頭買權價差交易）＋〔買進一個 12 月黃金期貨賣權，履約價格 1,420，賣出一個 12 月黃金期貨賣權，履約價格 1,440〕（空頭賣權價差交易）。

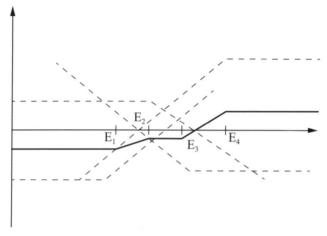

圖 13-12　箱型價差交易圖

✎ 例題 13-9

≫ 箱型價差

買入 1 口 9 月台股指數買權履約價 9,400，權利金為 176，賣出 1 口 9 月台股指數買權履約價 9,500，權利金為 110，買入 1 口 9 月台股指數賣權履約價 9,600，權利金為 168，賣出 1 口 9 月台股指數賣權履約價 9,700，權利金為 230，則所組成的箱型價差損益情形為何？

〔解答〕

(1) 當股價為 9,400 時，4 口選擇權損益淨收支為

　　$-104(-17+110-168+20+230-300)$。

(2) 當股價為 9,500 時，4 口選擇權損益淨收支為

　　$-4(-176+10+110-16+100+230-200)$。

(3) 當股價為 9,600 時，4 口選擇權損益淨收支

　　$-4(-176+200+110-100-168+230-100)$。

(4) 當股價為 9,700 時，4 口選擇權損益淨收支為

　　$96(-17+30+110-200-168+230)$。

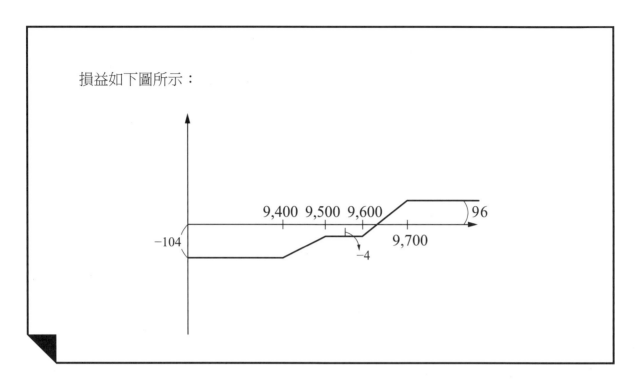

損益如下圖所示：

八、借貸價差交易

借貸價差交易依期初權利金的支出或收入，可分「借方價差交易」與「貸方價差交易」。

(一) 借方價差交易

借方價差交易（Debit Spread）是指買賣選擇權時，期初有權利金的支出。所以賣出選擇權所得到的權利金收入，應小於買入另一個選擇權的權利金支出。例如：多頭買權價差交易、空頭賣權價差交易。

(二) 貸方價差交易

貸方價差交易（Credit Spread）是指買賣選擇權時，期初有權利金的收入。所以賣出選擇權所得到的權利金收入，應大於買入另一個選擇權的權利金支出。例如：多頭賣權價差交易、空頭買權價差交易。

13-2 混合交易

　　選擇權的混合交易大致可分為「跨騎策略」與「轉換策略」這兩種型式。以下將分別介紹之：

一、跨騎策略

　　跨騎策略（Straddle）是指同時買進（或賣出）一個或數個買權與賣權所組合而成的操作策略。其中，又依買進（或賣出）選擇權數量或履約價格的不同，又可區分以下幾種類型：

(一) 下跨式策略

　　下跨式策略（Bottom Straddle）是指同時買進一個買權與一個賣權，其中買權與賣權的履約價格與到期日皆相同。其策略目的在於希望標的物大漲、大跌時能獲利，若在區間盤整則損失權利金，最大損失為兩個部位的權利金之和，如圖 13-13 的 $\overline{OA}$ 損失空間。

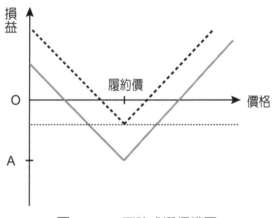

圖 13-13　下跨式選擇權圖

✎ 例題 13-10

》下跨式跨騎

買入 1 口 9 月台股指數買權履約價 9,500，權利金為 110，並買入 1 口 9 月台股指數賣權履約價 9,500，權利金為 112，則所組成的下跨式跨騎交易。

(1) 請問最大損失為何？

(2) 請問股價位於哪一階段才有機會獲利？

〔解答〕

(1) 當股價為 9,500 時，兩選擇權權利金淨收支為 - 222（- 110 - 112），此乃最大損失。

(2) 當股價為 9,278（9,500 - 222）以下、或 9,722（9,500 + 222）以上，才有機會獲利。

損益如下圖所示：

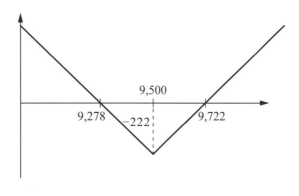

(二) 上跨式策略

上跨式策略（Top Straddle）是指同時賣出一個買權與一個賣權，其中買權與賣權的履約價格與到期日皆相同。其策略目的在於希望標的物區間盤整時能獲利，最大獲利的兩個部位權利金之和，如圖 13-14 的 $\overline{OB}$ 獲利空間，若標的物大漲或大跌，則有損失。

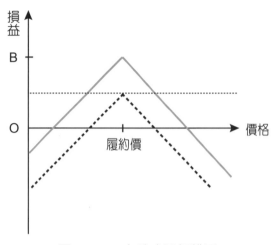

圖 13-14　上跨式選擇權圖

📝 例題 **13-11**

》 上跨式跨騎

　　賣出 1 口 9 月台股指數買權履約價 9,500，權利金為 110，並賣出 1 口 9 月台股指數賣權履約價 9,500，權利金為 112，則所組成的上跨式跨騎交易。

(1) 請問最大獲利為何？

(2) 請問股價位於哪一階段才有機會獲利？

〔解答〕

(1) 當股價為 9,500 時，兩選擇權權利金淨收支為 222（11 ＋ 112），此乃最大獲利。

(2) 當股價介於 9,278（9,500 － 222）、以及 9,722（9,500 ＋ 222）之間，才有機會獲利。

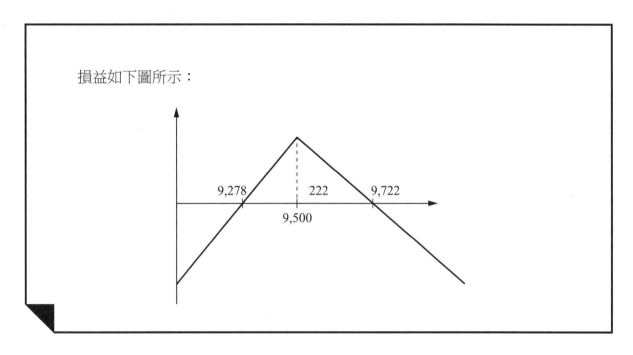

損益如下圖所示：

(三) 不平衡的跨騎策略

上述的跨騎策略是同時買進（或賣出）一個買權與賣權所組合而成，如果現在買權與賣權的數量不對等，稱為不平衡的跨騎策略。不平衡跨騎策略又依買權與賣權數量的不同，可區分為下列兩種。

1. 偏多跨式部位

偏多跨式部位（Strap）是指投資人買進買權數量為賣權的兩倍，其損益圖，如圖13-15。投資人在操作偏多跨式部位策略時，認為標的物價格將大幅上漲的機會較大，所以買進較多的買權。

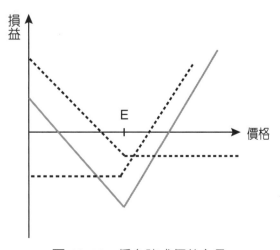

圖 13-15　偏多跨式價差交易

✏️ 例題 13-12

》 偏多跨式交易

　　買入 2 口 9 月台股指數買權履約價 9,500，權利金為 110，並買入 1 口 9 月台股指數賣權履約價 9,500，權利金為 112，則所組成的偏多跨式交易。

(1) 請問最大損失為何？

(2) 請問股價位於哪一階段，才有機會獲利？

〔解答〕

(1) 當股價為 9,500 時，兩選擇權權利金淨收支為 − 332（− 110×2 − 112），此乃最大損失。

(2) 當股價為 9,278（9,500 − 332）以下、或 9,666[950 +（332 ／ 2）] 以上，才有機會獲利。

　　損益如下圖所示：

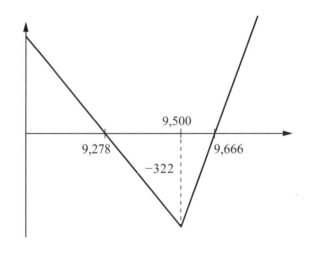

2. 偏空跨式部位

　　偏空跨式部位（Strip）是指投資人買進賣權數量為買權的兩倍，其損益圖如圖 13-16。投資人在操作偏空跨式部位策略時，認為標的物價格將大幅下跌的機會較大，所以買進較多的賣權。

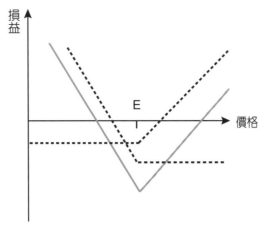

圖 13-16　偏空跨式價差交易

✎ 例題 **13-13**

》偏空跨式交易

買入 1 口 9 月台股指數買權履約價 9,500，權利金為 110，並買入 2 口 9 月台股指數賣權履約價 9,500，權利金為 112，則所組成的偏空跨式交易。

(1) 請問最大損失為何？

(2) 請問股價位於哪一階段，才有機會獲利？

〔解答〕

(1) 當股價為 9,500 時，兩選擇權權利金淨收支為－ 332（－ 110×2 － 112），此乃最大損失。

(2) 當股價為 9,334[9,500 －（332／2）] 以下、或 9,832（9,500 ＋ 332）以上，才有機會獲利。

損益如下圖所示：

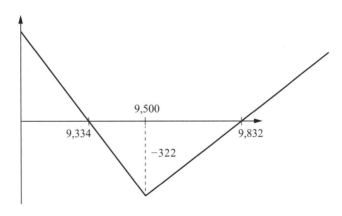

(四) 不同履約價格的跨騎部位

投資人同時買進（賣出）相同數量與到期日，但履約價格不同的買權與賣權，此種跨騎策略稱為「勒式策略」（Strangle）。此種策略又依投資人採買進或賣出的操作，又可區分以下兩種類型。

1. 作多勒式策略

作多勒式策略（Long Strangle）是指投資人是採「買進」相同數量，但履約價格不同的買權與賣權操作，此操作又稱為「下垂式混合策略」（Bottom Vertical Combination），其損益圖如圖 13-17。一般投資人操作「作多勒式策略」，是認為標的物價格會大幅上漲或下跌。

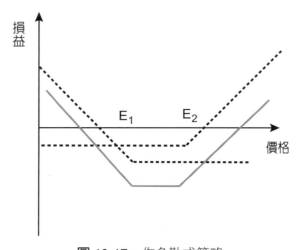

圖 13-17　作多勒式策略

✏ 例題 13-14

》作多勒式交易

買入 1 口 9 月台股指數買權履約價 9,600，權利金為 62，並買入 1 口 9 月台股指數賣權履約價 9,500，權利金為 112，則所組成的作多勒式策略交易損益情形為何？

〔解答〕

(1) 當股價介於 9,500 至 9,600 之間，兩選擇權權利金淨收支為
－ 174（－ 62 － 112）。

(2) 當股價為 9,326（9,500 － 174）以下、或 9,774（9,600 ＋ 174）以上，才有機會獲利。

損益如下圖所示：

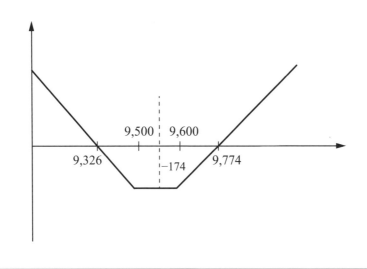

2. 作空勒式策略

　　作空勒式策略（Short Strangle）是指投資人是採「賣出」相同數量，但履約價格不同的買權與賣權操作，此操作又稱為「上垂式混合策略」（Top Vertical Combination），其損益圖如圖 13-18。一般投資人操作操作「作空勒式策略」，則是認為標的物價格會區間盤整。

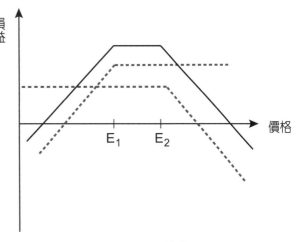

圖 13-18　作空勒式交易

✏ 例題 13-15

》作空勒式交易

賣出 1 口 9 月台股指數買權履約價 9,600，權利金為 62，並賣出 1 口 9 月台股指數賣權履約價 9,500，權利金為 112，則所組成的作空勒式交易損益情形為何？

〔解答〕

(1) 當股價介於 9,500 至 9,600 之間，兩選擇權權利金淨收支為 174（62 + 112），此乃最大獲利。

(2) 當股價為 9,326（9,500 − 174）以下、或 9,774（9,600 + 174）以上，才會出現損失。

損益如下圖所示：

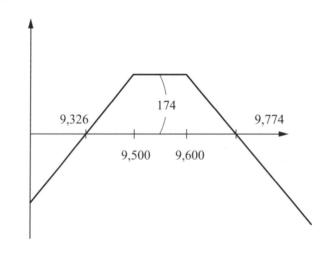

二、轉換策略

轉換（Conversions）策略指投資人同時買進（或賣出）相同數量、相同到期日的賣權、買權與期貨合約，所組合成的交易策略。其交易目的在於不管市場行情如何變化，可獲取依固定金額的穩定的獲利空間。該策略又依買進或賣出期貨部位的差別，可區分為正向與反向的轉換策略。

(一) 正向轉換策略

正向轉換策略是指投資人同時買入一個賣權、賣出一個買權及買入一個期貨合約，以組合成轉換策略，以上三種合約的到期日皆相同，且買賣權的履約價格與期貨合約買入價格也相同。如果投資人採此策略，當期貨合約上漲時，投資人將多頭期貨部位獲利平倉，持有的空頭買權部位，買方會要求履約，持有的多頭賣權部位，因期貨合約上漲而失去履約價值；當期貨合約下跌時，投資人將多頭期貨部位認賠平倉，持有的多頭賣權部位，投資人可以要求履約，持有的空頭買權部位，因期貨合約上漲而失去履約價值。

此種策略，不管期貨的漲跌，三種部位隨著買賣權的履約或失去履約價值而消失，所以稱轉換策略。其主要目的為當相同履約價格的賣出買權的權利金收入大於買入賣權的權利金支出時，會有如圖 13-19 中 $\overline{OC}$ 線段的獲利空間，投資者可利用轉換策略獲利。

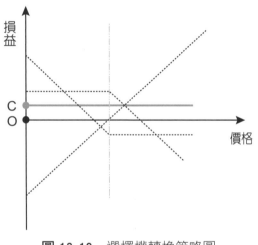

圖 13-19　選擇權轉換策略圖

📝 例題 13-16

》正向轉換策略

買入 1 口小型台股指數期貨價位為 9,480，買入 1 口 9 月台股指數賣權履約價 9,500，權利金為 112，並賣出 1 口 9 月台股指數買權履約價 9,500，權利金為 110，所組成的正向轉換策略損益情形為何？

〔解答〕

(1) 當股價為 9,400 時，三種部位淨收支為 18（－ 80 － 11 ＋ 100 ＋ 110）。

(2) 當股價為 9,500 時，三種部位淨收支為 18（20 － 112 ＋ 110）。

(3) 當股價為 9,600 時，三種部位淨收支為 18（120 － 112 ＋ 110 － 100）。

損益如下圖所示：

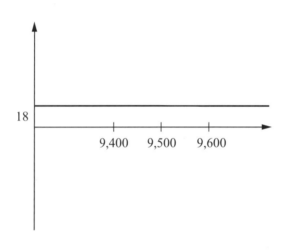

(二) 反向轉換策略

反向轉換策略（Reverse Conversions）是指投資人同時買入一個買權、賣出一個賣權及賣出一個期貨合約，以組合成反轉換策略，以上三種合約的到期日皆相同，且買賣權的履約價格與期貨合約賣出價格也相同。如果投資人採此策略，當期貨合約上漲時，投資人將空頭期貨部位認賠平倉，持有的多頭買權部位，投資人可以要求履約，持有的空頭賣權部位，因期貨合約上漲而失去履約價值；當期貨合約下跌時，投資人將多頭期貨部位獲利平倉，持有的空頭賣權部位，買方會要求履約，持有的多頭買權部位，因期貨合約上漲而失去履約價值。

此種操作策略與正向轉換策略相反，故稱反向轉換策略。其主要目的，為當相同的履約價格的賣出賣權的權利金收入大於買入買權的權利金支出時，會有如圖 13-20 中 $\overline{OD}$ 的獲利空間，投資人可利用反轉換策略獲利。

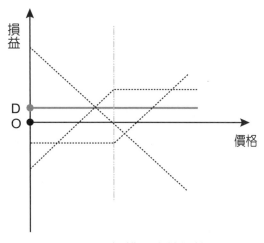

圖 13-20　選擇權反向轉換策略圖

✏ 例題 **13-17**

» 反向轉換策略

　　賣出 1 口小型台股指數期貨價位為 9,518，賣出 1 口 9 月台股指數賣權履約價 9,500，權利金為 112，並買入 1 口 9 月台股指數買權履約價 9,500，權利金為 110，所組成的反向轉換策略損益情形為何？

〔解答〕

(1) 當股價為 9,400 時，三種部位淨收支為 20（118 － 11 ＋ 112）。

(2) 當股價為 9,500 時，三種部位淨收支為 20（18 － 110 ＋ 112）。

(3) 當股價為 9,600 時，三種部位淨收支為 20（－ 82 － 110 ＋ 100 ＋ 112）。

損益如圖所示：

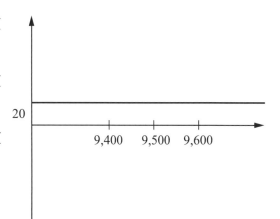

市場焦點

選擇權配期貨 操作更靈活

近年臺灣投資人越來越喜愛透過 ETF 進行操作，成交比重穩步成長，規模也逐漸增加，因此為了讓該商品有更多元的管道，期交所也決定推出 ETF 選擇權，讓民眾在 ETF 的布局上可以互相搭配，並能靈活運用。

期交所將於 12 月推出 ETF 選擇權，其掛牌標的原則上同 ETF 期貨，契約單位與 ETF 期貨相同為 10,000 個受益權單位，相當於 10 張現股。由於 ETF 選擇權之商品特性，無多空交易限制，不需先買後賣，可當日沖銷，且履約價格眾多、到期時間標準化，於各種行情下，均有對應之交易策略。

交易人於 ETF 選擇權上市後，除了單純看漲買進買權，以及看跌買進賣權外，亦可站在賣方採取賣出跨式、或賣出勒式之交易策略，賺取盤整行情時之時間價值。並可同時一買一賣同履約價之買權及賣權，即轉換或逆轉換組合，以選擇權合成期貨，與 ETF 期貨進行套利。所以持有之現股 ETF，可搭配 ETF 期貨及 ETF 選擇權進行避險，操作策略將更為靈活，交易人可多加運用。

▶ 影片來源：https://www.youtube.com/watch?v=b6Tk1Q_MH70

■ 資料來源：摘錄自工商時報　2015/12/04

🔒 **解說**

國內前陣子上市的 ETF 期貨與選擇權，投資人除了可單獨多空承作外，亦可互相搭配組合出跨式、勒式、轉換、逆轉換以及合成等策略，讓投資人的操作更加靈活。

13-3 合成交易

所謂的合成交易（Synthetic）是指期貨合約、買權與賣權的任一種多、空基本型態，均可由另兩種基本型態組合而成。其合成說明圖如圖 13-21 所示，其合成方式說明如下：

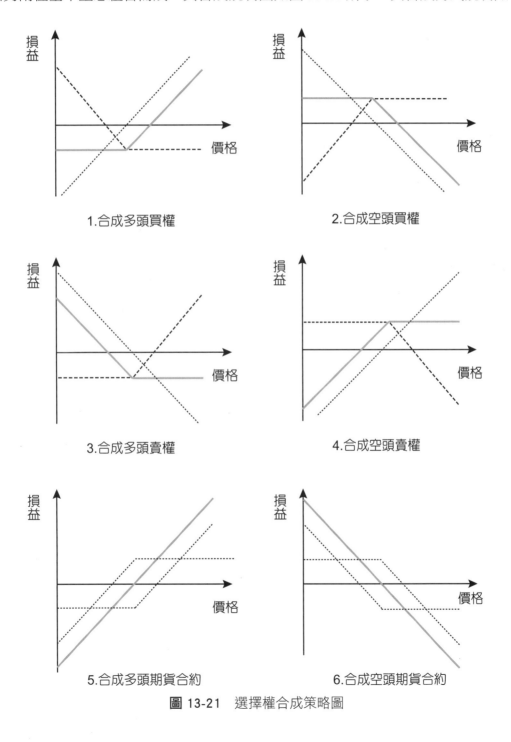

1.合成多頭買權

2.合成空頭買權

3.合成多頭賣權

4.合成空頭賣權

5.合成多頭期貨合約

6.合成空頭期貨合約

圖 13-21 選擇權合成策略圖

一、合成多頭買權

合成多頭買權是由買進一個期貨合約與買進一個賣權所組合而成。當投資人買進現貨部位時，擔心現貨價格持續下跌，故買入賣權進行避險，所以此合成方式，又稱「保護性賣權」（Protective Put）。

二、合成空頭買權

合成空頭買權是由賣出一個期貨合約與賣出一個賣權所組合而成。當投資人賣出（放空）現貨部位時，擔心現貨價格短期內不跌，故賣出賣權獲利，所以此合成方式，又稱「反向保護性賣權」（Reverse Protective Put）。

三、合成多頭賣權

合成多頭賣權是由賣出一個期貨合約與買進一個買權所組合而成。當投資人賣出（放空）現貨部位後，擔心現貨價格持續上漲，故買進買權進行避險，所以此合成方式，又稱「反向掩護性買權」（Reverse Covered Call）。

四、合成空頭賣權

合成空頭賣權是由買進一個期貨合約與賣出一個買權所組合而成。當投資人買進現貨部位時，擔心現貨價格短期內不漲，故賣出買權獲利，所以此合成方式，又稱「掩護性買權」（Covered Call）。

五、合成多頭期貨合約

合成多頭期貨合約是由買進一個買權與賣出一個賣權所組合而成。當投資人預期現貨價格會大漲時，可進行這兩種選擇權合約的合成，以獲取多項時的利益。

六、合成空頭期貨合約

合成空頭期貨合約是由買進一個賣權與賣出一個買權所組合而成。當投資人預期現貨價格會大跌時，可進行這兩種選擇權合約的合成，以獲取多項時的利益。

本章習題

一、選擇題

( ) 1. 某人預期利率將下降，因此對歐洲美元期權做買權價差交易。買進九月履約價 97.25，權利金 0.45，並賣出九月履約價 98.50，權利金 0.21，各買賣一口，則此 人的最大獲利為：
(A) 2,525　(B) 2,505　(C) 2,600　(D) 選項 (A)(B)(C) 皆非。

【2010-1 期貨業務員】

( ) 2. 依據賣權買權平價定理（Put-Call Parity），買進一個賣權相當於：　(A) 賣出 一個買權、買股票現貨、借入款項　(B) 買入一個買權、賣股票現貨、借出款項 (C) 賣出一個買權、買股票現貨、借出款項　(D) 賣出一個買權、賣股票現貨、 借入款項。

【2010-4 期貨業務員】

( ) 3. 以標的物與到期日相同的兩個賣權為例，甲賣權之履約價格高於乙賣權，請問 空頭價差策略之操作方式為何？　(A) 同時買進甲與乙　(B) 同時賣出甲與乙 (C) 買進乙，並同時賣出甲　(D) 買進甲，並同時賣出乙。

【2011-1 期貨業務員】

( ) 4. 若某甲買一個履約價為 100 的期貨買權，權利金為 10；同時賣一個履約價為 140 的期貨買權，權利金為 7，則該交易人是：
(A) 漲　(B) 看跌　(C) 預期市場波動性增加　(D) 預期市場波動性減少。

【2013-3 期貨業務員】

( ) 5. 標的物價格下跌幅度極大時，下列何種選擇權策略能夠獲利？　(A) 買進蝶狀價 差策略　(B) 買進水平價差策略　(C) 買進混合價差策略　(D) 放空跨式部位。

【2013-3 期貨業務員】

( ) 6. 下列何者是多頭價差（Bull Spread）交易？　(A) 買入低執行價買權並賣出高執 行價買權　(B) 買入高執行價買權並賣出低執行價買權　(C) 買入低執行價買權 並賣出高執行價賣權　(D) 買入低執行價賣權並賣出高執行價買權。

【2014-1 期貨分析人員】

( ) 7. 買進期貨買權，同時賣出相同履約價格之賣權，其損益類似： (A) 買入期貨，賣出期貨買權 (B) 買入期貨，買入期貨賣權 (C) 買入期貨 (D) 賣出期貨。

【2015-1 期貨業務員】

( ) 8. 買入一單位歐式賣權加上買入一單位現股，於選擇權到期日之報酬（Payoff）型態，和下列哪一種交易相似？ (A) 買入一單位歐式買權 (B) 買入一單位債券 (C) 買入一單位歐式賣權 (D) 賣出一單位歐式賣權。

【2015-1 期貨分析人員】

( ) 9. 預期未來股市會大變動，但漲跌方向不確定，則他可以採用下列哪一種交易策略來獲利？ (A) Long Straddle (B) Short Straddle (C) Bull Vertical Spread (D) Short Vertical Spread。

【2015-1 期貨分析人員】

( )10. 多頭垂直價差策略適用於預期標的物： (A) 價格將會大漲 (B) 會漲但漲幅不大時 (C) 價格將會大跌 (D) 會跌但跌幅不大時。

【2015-2 期貨業務員】

( )11. 若某甲買一個履約價為 100 的期貨買權，權利金為 10；同時賣一個履約價為 140 的期貨買權，權利金為 7，則該交易人是：
(A) 看漲 (B) 看跌 (C) 預期市場波動性增加 (D) 預期市場波動性減少。

【2016-2 期貨業務員】

( )12. 選擇權之放空跨式部位可用於： (A) 看空標的物價格 (B) 看多標的物價格 (C) 標的物價格持平 (D) 選項 (A)(B)(C) 皆非。

【2016-2 期貨業務員】

( )13. 若交易人同時買一個履約價為100的期貨買權，賣一個履約價為140的期貨買權，不考慮權利金下，則該交易人的最大可能收益為：
(A) 無窮大 (B) 40 (C) 兩執行價之和 (D) 80。

【2016-3 期貨業務員】

( )14. 上跨式（Top Straddle）策略主要用於： (A) 多頭市場 (B) 空頭市場 (C) 預期未來標的期貨價格將維持平穩 (D) 預期未來標的期貨價格將大幅波動。

【2016-4 期貨業務員】

（　）15. 買進股票後，又賣出以之爲標的的買權：　(A) 稱爲被掩護買權（Covered Call）策略　(B) 稱爲保護性買權（Protective Call）策略　(C) 可將損失控制在權利金的額度範圍內　(D) 可保留上方之獲利空間。

【2016-4 期貨業務員】

（　）16. 買進混合價差策略中，買進之買權的履約價格較買進之賣權爲高，因此：(A) 買權與賣權的履約價格差距愈大，其下檔風險愈大　(B) 當標的物價格波動幅度很大時，投資人可獲利　(C) 當買權與賣權的履約價格相同，則下檔風險最小　(D) 選項 (A)(B)(C) 皆是。

【2018-1 期貨業務員】

（　）17. 由於小恩看空未來 1 個月長期公債期貨價格的走勢，決定買進履約價格爲 100 並賣出履約價格爲 96 之利率期貨買權，價格分別是 C1 與 C2，請問其最大可能執行獲利爲：

(A)C1 ＋ C2　(B) － C1 ＋ C2　(C) － C1 ＋ C2 ＋ 4　(D) － C1 ＋ C2 － 4。

【2018-2 期貨業務員】

（　）18. 下列何者屬於保護性賣權（Protective Put）的交易策略？　(A) 賣出期貨及買入期貨賣權　(B) 賣出期貨及期貨賣權　(C) 買入期貨及賣出期貨賣權　(D) 買入期貨及期貨賣權。

【2018-2 期貨業務員】

（　）19. 如果預期黃金價格將大幅波動，但不確定其方向是上漲或下跌，可採取下列何種交易？　(A) 買入黃金期貨買權，同時買入黃金期貨賣權　(B) 買入黃金期貨買權，同時賣出黃金期貨賣權　(C) 買入黃金期貨賣權，同時賣出黃金期貨買權　(D) 賣出黃金期貨買權，同時賣出黃金期貨賣權。

【2018-2 期貨業務員】

（　）20. 某人買進五月份到期的台股買權契約之履約價格爲 10,600，同時賣出六月份到期的台股買權契約之履約價格爲 10,600，這是一種：

(A) 水平價差交易　(B) 垂直價差交易　(C) 跨式交易　(D) 掩護性買權交易。

【2018-2 期貨分析人員】

（　）21. 期權價差委託，對於權利金淨收入的敘述通常以何種方式爲之？

(A) 借方（Debit）　(B) 貸方（Credit）　(C) 垂直價差　(D) 水平價差。

【2018-4 期貨業務員】

(　　)22. 買進混合價差策略要產生獲利時，其標的物價格波動的幅度必須：　(A) 很小　(B) 大於採取買進跨式部位時的幅度　(C) 小於採取買進跨式部位時的幅度　(D) 等於採取買進跨式部位時的幅度。

【2019-1 期貨業務員】

(　　)23. 某一交易人買入 3 月份履約價格 1,350 之 S&P 500 期貨買權，同時賣出 3 月份履約價格 1,370 之 S&P 500 期貨買權，此為：　(A) 看多買權價差交易（Bull Call Spread）　(B) 看空買權價差交易（Bear Call Spread）　(C) 對角價差交易（Diagonal Spread）　(D) 賣出跨式部位（Short Straddle）。

【2019-1 期貨業務員】

(　　)24. 投資人買進十一月履約價格 17,000 點之台指買權，同時賣出十二月履約價格 17,100 點之台指買權，請問此種選擇權交易策略稱為：　(A) 水平價差交易（Horizontal Spread）　(B) 垂直價差交易（Vertical Spread）　(C) 對角價差交易（Diagonal Spread）　(D) 買入跨式交易（Long Straddle）。

【2021-3 期貨分析人員】

(　　)25. 賣出一口台指買權並同時買進一口相同到期日且相同履約價格的台指賣權，請問其報酬型態如同：　(A) 買入一口相同到期日的台指期貨（TX）　(B) 賣出一口相同到期日的台指期貨（TX）　(C) 賣出一口相同到期日的小型台指期貨（MTX）　(D) 賣出一口相同到期日的臺灣 50 期貨（T5F）。

【2021-3 期貨分析人員】

Chapter 14 異形選擇權

本章內容為異形選擇權，主要介紹路徑相依、時間相依、
多重因子與其他異形選擇權等內容，其內容詳見如下。

14-1 路徑相依選擇權　介紹六種路徑相依選擇權。

14-2 時間相依選擇權　介紹三種時間相依選擇權。

14-3 多重因子選擇權　介紹三種多重因子選擇權。

14-4 其他異形選擇權　介紹五種其他異形選擇權。

🛒 章前導讀

通常選擇權的基本特性，包括：須事先設定履約價格、價值（權利金）會隨著到期日遞減、到期日事先約定等。基本上，選擇權的應用非常的廣泛，實務上，可依發行者本身的需要常將標準型式的選擇權，在履約價格、權利金、或標的物等條件上進行調整變化，產生許多變形的選擇權，稱之為「異形選擇權」（Exotic Option）。

通常異形選擇權大都在店頭市場發行與交易，並根據買賣雙方的特殊需求量身訂作，以滿足客戶的投機、避險與套利需求。因而在市場上逐漸蓬勃發展，促使異形選擇權的多元發行樣貌。

以下本章將針對為數眾多的異形選擇權，大致分成以下幾種形式進行介紹，分別為路徑相依、時間相依、多重因子與其他異形選擇權。

14-1 路徑相依選擇權

　　一般而言，標準歐式選擇權的價值，取決於到期時，標的物價格與期初所約定的履約價格之差。路徑相依選擇權（Path-dependent Option）的價值，則與存續期間內，標的物的價格路徑軌跡有關。以下將介紹幾種與路徑相依相關的選擇權形式。

一、平均價格選擇權

　　通常以標準的選擇權而言，其到期時的損益取決於履約價格與標的物價格的差額。平均價格選擇權（Average Price Option）則不採取到期時標的物的價格，當作結算價格，而是採取到期日前一段期間內（1 週或 1 個月）標的物的平均價格，作為計算損益的依據。

　　此種選擇權僅能在到期日交割，由於它具歐式選擇權到期交割的特性，但買方又享有，以到期前一段期間內的平均價格來履約，所以又被稱為「亞洲式選擇權」（Asian Option），用以區分美式及歐式選擇權的不同。有關平均價格選擇權的損益示意圖，詳見圖 14-1。

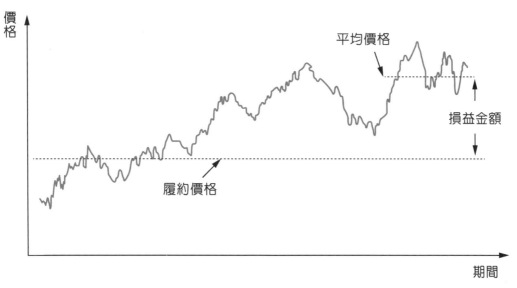

圖 14-1　平均價格選擇權圖

二、平均履約價格選擇權

上述，平均價格選擇權其標的物的結算價格，是取到期日前某一段期間內的平均價格來當做計算損益的標準。平均履約價格選擇權（Average Strike Option）則是採取標的物到期日前，某一段時間內的平均價格，來當作履約價格，所以其損益即是該平均履約價與到期時標的物價格之間的差值。

由於此種選擇權並沒有事先約定履約價格，所以又稱為「浮動履約價格選擇權」（Floating Strike Option）。有關平均履約價格選擇權的損益示意圖，詳見圖 14-2。

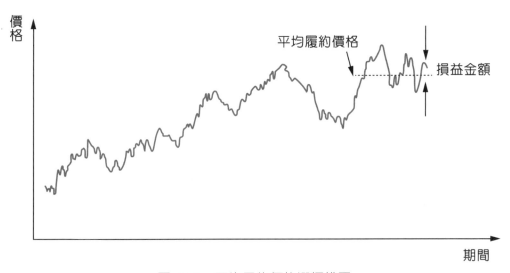

圖 14-2　平均履約價格選擇權圖

三、回顧式選擇權

回顧式選擇權（Lookback Option）是指選擇權的履約價格，可由投資人在契約期間內選擇最有利的價格，來當作履約價格。若以回顧式買權來說，其履約價格為選擇權契約期間內曾經出現的最低價格；回顧式賣權，則是採用最高價格。

顯然的，回顧式選擇權的履約條件優於美式選擇權，因為投資人不用擔心會錯過持有期間內最佳的執行時機，回顧式選擇權一定可以在最佳的價格執行，故權利金會較一般標準型選擇權高。所以該商品其到期損益，即為標的物到期價格與期間內最佳履約價格之差距。

若以買權價值來說明「標準選擇權」、「平均價格選擇權」、「平均履約價格選擇權」、「回顧式選擇權」這四者的差異如下：

標準選擇權：max(ST-E,0)

平均價格選擇權：max(SA-E,0)

平均履約價格選擇權：max(ST-SA,0)

回顧式選擇權：max(ST-SB)

ST：標的物到期日的價格。

SA：標的物在到期前，某段期間內的平均價格。

SB：標的物在契約期間對投資人最有利價格。

E：履約價格。

四、階梯選擇權

階梯選擇權（Ladder Option）是指選擇權交易雙方，在期初約定履約價格後，並先預設「一組階梯式價格」時，當未來當價格觸及階梯式價格時，便重新設定履約價格，使履約價格等於當時標的物市價。至於階梯價格的調整方向，可以議定同方向（向上或下調整），亦可作不同方向，可隨當時標的物之市價變動調整。有關階梯選擇權的示意圖，詳見圖 14-3。

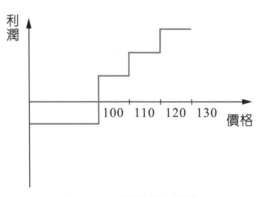

圖 14-3 階梯式選擇權

📝 例題 14-1

≫ 階梯選擇權

假設有一階梯式買權,履約價格最初為 100 元,若此選擇權權利金為 15 元,並約定以 10 元為單位,重新設定一組階梯價格 [110、120、130]。

〔解答〕

(1) 若標的物價格上漲至 110 元,則履約價格重新設定為 110 元,投資人有 10 元的獲利價差。

(2) 若標的物價格上漲至 120 元,則履約價格重新設定為 120 元,且投資人有 10 元的獲利價差。

(3) 若標的物價格,在選擇權到期前均未觸及 130 元,則無須在重設履約價。

(4) 若選擇權到期時,標的物價格為 115 元,投資人則可鎖定 20 元(10 + 10)的價差,此時投資人總共可獲利 5 元(20 − 15 = 5)。

五、喊價式選擇權

喊價式選擇權(Shout Option)是指選擇權交易雙方,對於履約價格的重新設定並非依照預定條件,而是取決於買方的認可,買方在作交易前不必事先決定履約價,只要在契約期間內,當標的物的市價對買方有利,他便可以「喊價」(Shout),應將當時的市價,當作履約價格。

📝 例題 14-2

≫ 喊價式選擇權

假設有一喊價式買權,履約價格最初為 50 元,若此選擇權權利金為 10 元,並享有在選擇權到期前有 3 次喊價的權利。

〔解答〕

(1) 當標的物價格上漲至 58 元，投資人若實現第一次喊價，則履約價格重新設定為 58 元，投資人有 8 元的獲利價差。

(2) 若標的物價格又上漲至 62 元，則履約價格重新設定為 62 元，投資人若實現第二次喊價，且投資人有 4 元的獲利價差。

(3) 若標的物價格又上漲至 65 元，則履約價格重新設定為 65 元，投資人若實現最後一次喊價，且投資人有 3 元的獲利價差。投資人在 3 次喊價後可得 15 元價差，此時投資人總共可獲利 15 元（15 － 10 ＝ 5）。

(4) 若標的物價格在選擇權到期前，又繼續往上攀升至 70，則投資人此時已無喊價的權利，錯過更高的獲利機會。

六、障礙式選擇權

障礙式選擇權（Barrier Option）是指選擇權期初發行時，要設定兩個價格；其一是正常的履約價，另一則是特定的障礙價。若標的物價格觸及或穿越該障礙價時，選擇權即開始生效者，即稱為敲入選擇權（Knock-in Option），其履約價格即為敲入履約價（Instrike）；若標的物價格觸及或穿越該障礙價時，選擇權即失效者，即稱為敲出選擇權（Knock-out Option），其履約價格即為敲出履約價（Outstrike）。若將敲出與敲入的型式，依標的物的上漲或下跌，可區分為下列四種類型，詳見表 14-1 之說明。

現行國內權證市場所發行的「上下限型權證」、以及「牛熊證」，皆有設定上下限的障礙價，此乃障礙式選擇權的運用。

表 14-1　障礙式選擇權之型式

型式	說明
下降敲出式（Down-and-out）	表示當標的物價格下跌超過障礙價格時，該選擇權即開始失效。
下降敲入式（Down-and-in）	表示當標的物價格下跌超過障礙價格時，該選擇權即開始生效。
上升敲出式（Up-and-out）	表示當標的物價格上漲超過障礙價格時，該選擇權即開始失效。
上升敲入式（Up-and-in）	表示當標的物價格上漲超出障礙價格時，該選擇權即開始生效。

14-2 時間相依選擇權

　　時間相依選擇權（Time-dependent Option）的價值，則於存續期間內，某一時間標的物的價格有關。以下將介紹幾種與時間相依相關的選擇權形式。

一、齒輪選擇權

　　齒輪選擇權（Cliquet or Ratchet option）是指選擇權交易雙方，在期初約定履約價格後，並預設在未來「一組特定時間」，可以重新設定履約價格，使履約價格等於當時標的物的市價。由於重新設定的履約價格，不見得對投資者有利，但投資者仍須接受，所以權利金較一般為低。

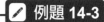 **例題 14-3**

》齒輪選擇權

　　假設有一個 6 個月期的齒輪選擇權，設定每個月最後一日重新設定履約價，若此選擇權權利金為 12 元，假設最初設定的履約價格為 60 元。

〔解答〕

(1) 若在第一個重新設定日時，當時標的物為 68 元，則履約價格重新設定為 68 元，此時投資人有 8 元獲利價差。

(2) 若在第二個重新設定日時，當時標的物的價格 52 元，則履約價格重新設定為 52 元，但投資人則無獲利的價差。

(3) 若在第三個重新設定日時，當時標的物的價格 63 元，則履約價格重新設定為 63 元，且投資人有 11 元（63 － 52）的價差，此時投資人總共可獲利 7 元（8 ＋ 11 － 12 ＝ 7）。

二、抉擇型選擇權

抉擇型選擇權（Chooser Option）是指選擇權持有者，可在契約期間內某些預先約定的日期，再決定要從事買權或賣權的交易。所以此類選擇權的買方，可以不必急於期初就決定要執行買權或賣權，可以降低期初誤判標的物走勢時所產生的風險，故此選擇權又稱為「隨心所欲選擇權」（As-you-like-it Option）。

三、遠期生效選擇權

遠期生效選擇權（Forward Start Option）是指選擇權的買方在期初支付權利金後，並約定未來的某一時點（例如：1個月後），該選擇權才正式生效。所以該選擇權的履約價格，在期初並沒有被決定，而是以未來選擇權生效的當時標的物價格，作為履約價的參考。

14-3 多重因子選擇權

通常一般型式的選擇權價值，都是取決於單一資產的價格變動，多重因子選擇權（Multi-factor Option）的價值，則是取決於多種資產的價格變動。以下將介紹幾種與多重資產價格相關的選擇權形式。

一、彩虹選擇權

彩虹選擇權（Rainbow Option）是指選擇權的履約價格，是由兩種或兩種以上的標的物所組成，而其損益將取決於標的物中，對投資人最有利的價格來履約，又稱為「傑出績效選擇權」（Outperformance Option）。彩虹買進選擇權（Rainbow Call）其損益，取決於標的資產中的最高價格；彩虹賣出選擇權的損益，取決於標的物資產中的最低價格者。

通常若由兩種標的物的價格決定稱為「二色彩虹選擇權」（Two-color Rainbow Option），若三種標的物稱為「三色彩虹選擇權」（Three-color Rainbow Option），若由三色以上則稱為「多重彩虹選擇權」（Multifactor Rainbow Option）。

例如：投資人買進「多重彩虹選擇權」，其標的物為 TW77、S&P 500、CAC40、Nikke225，則投資者可由這些股價指數中，選擇績效表現最好的報酬率來進行結算。

二、一籃子選擇權

一籃子選擇權（Basket Option）是指選擇權的損益，乃取決於一籃子標的物（例如：債券、股票、股價指數及外匯等）的加權平均價格與其履約價的差價。通常指數類的選擇權，都是屬於一籃子的概念。

三、雙重因子選擇權

雙重因子選擇權（Quanto Option）是指此種選擇權的損益計算，除了取決於標的物的價格外，又取決於另一種標的資產的價格，所以影響其損益將取決於雙重因素。

例如：歐洲地區的投資人至歐洲期交所（Eurex），交易新台幣計價的「1 天台指選擇權」，就是典形的雙重因子選擇權。此合約投資者的損益，除取決於台股指數的漲跌外，仍須考慮歐元兌新台幣的匯率波動風險。

14-4 其他異形選擇權

除了上述路徑相依、時間相依、多重因子選擇權外，尚有其他型式的異形選擇權，以下將介紹之。

一、或有型選擇權

或有型選擇權（Contingent Option）是指選擇權買方在到期時，選擇權處於價內的情況，才須繳交權利金；若在契約期間內一直處於價外，則買方將不須支付任何權利金給賣方。所以此類型選擇權，買方不一定會有權利金的支出，所以對投資人有利，因此權利金會較標準型式的選擇權高；但此類選擇權到期時，雖處價內，若獲利金額太少，仍無法覆蓋權利金時，依然是虧損。有關或有型選擇權的示意圖，詳見圖 14-4。

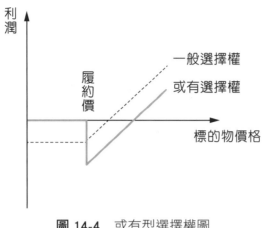

圖 14-4 或有型選擇權圖

二、延遲型選擇權

延遲型選擇權（Delayed Option）是指買方的權利金可以在到期時，再支付給賣方。延遲型與或有型選擇權，都是期初不必支付權利金。或有型選擇權則是到期時，選擇權處於價內，才須支付權利金，價外則不用支付；但延遲型選擇權是到期時，不論處於價內外，皆須支付權利金，但價內時權利金可從獲利金扣除，價外仍須另付權利金。所以延遲型選擇權，只是權利金可以延遲支付而已。

三、百慕達式選擇權

百慕達式選擇權（Bermudan Option）是指選擇權的買方，僅能在契約期間內的某特定日期，才可執行權利。所以有別於歐式選擇權只准在到期日執行、以及美式選擇權可以在契約時間內的任何時間執行，故又稱為「準美式選擇權」（Semi-American Option）。所以該類選擇權的權利金，比歐式選擇權高，但比美式選擇權低。

一般來說，此類選擇權常被應用附加於，可轉換、可贖回與可賣回等類型的公司債。債券發行人會設定一年當中，在某幾個特別時點，才能執行轉換、贖回與賣回權利。

四、定額型選擇權

定額型選擇權（Digital Option）是指買方在支付一筆權利金後，若選擇權到期時，只要處於價內情況，不管價內的獲利金額多寡，買方有權獲得一筆事先議定的定額收益；若處於價外，則無獲利金額。一般而言，若到期時定額收益愈高，則期初付出的權利金則愈多。

通常定額選擇權，又可區分「全有或全無定額選擇權」（All-or Nothing Digital Option）與「單一觸價定額選擇權」（One-touch Digital Option）。「全有或全無」型式，須選擇權到期時處於價內，持有者才有收入，屬於歐式選擇權的概念。「單一觸價」型式，只要在契約期間內，曾經觸及履約價，便即有收入，屬於美式選擇權概念。有關定額型選擇權的示意圖，詳見圖 14-5。

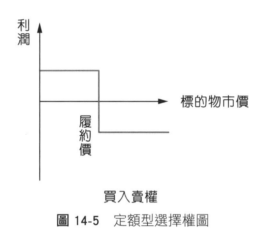

圖 14-5　定額型選擇權圖

五、複合型選擇權

複合型選擇權（Compound Option）是指選擇權的買方（賣方），在期初支付（收取）一筆權利金後，取得在未來的一段時間後，可以以某一價格買進（或賣出）另一選擇權的權利。複合型選擇權是一種選擇權的選擇權（Option on Option）的觀念。通常複合型選擇權可分為四種，亦即買權的買權（Call on Call）、買權的賣權（Put on Call）、賣權的買權（Call on Put）、賣權的賣權（Put on Put）。

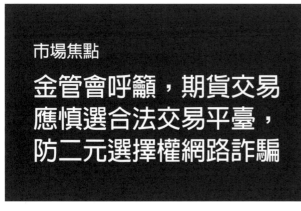

市場焦點

金管會呼籲，期貨交易應慎選合法交易平臺，防二元選擇權網路詐騙

近來傳出有民眾透過網路進行國外期貨交易遭詐騙案例，金管會提醒，應選擇國內合法交易平臺，才能避免求償無門情事，並提醒投資人當心二元選擇權（Binary Options）背後風險，慎防詐騙案例發生。金管會指出，近來有民眾反映，將保證金匯出國外，透過國外公司提供外匯交易平臺從事外幣保證金交易，事後申請出金卻無法領回款項的糾紛情況。

金管會表示，從事國外期貨交易應透過國內合法期貨業者進行交易，若採取未經金管會核准在國內從事期貨業務相關平臺，如有交易糾紛經常求償無門。至於國內合法期貨業者名單，金管會建議投資人可至證券期貨局官網搜尋，慎選合法管道才能保障自身權益。

二元選擇權屬於衍生性投資商品，投資人下注一定時間後標的資產是「漲」或「跌」，而交易結果不是取得一筆固定金額，就是什麼都沒得到，意味此投資工具不具備避險、投資的經濟意義。二元選擇權多透過網路或未受規範管道進行交易，許多擁有二元選擇權的經紀商，其實並非實際真正的經紀商，直白說就是客戶跟經紀商之間的對賭行為。

■ 資料來源：摘錄自財訊快報 2019/02/13

🔒 解說

前陣子，國內的投資市場出現一種「二元選擇權」的投資商品。它的獲利結構與「定額型選擇權」相似。由於它是一種店頭式商品，若投資人在未經規範的管道進行交易，常常受騙，所以金管會提出警示。

一、選擇題

( ) 1. 在所有條件都一樣的情況下，下列那一個選擇權比一個價平的普通歐式選擇權便宜？ I. Chooser Options; II. Asian Options; III. Look-back Options; IV. Barrier Options; V. Reset Options　(A) I, II, IV　(B) II, IV　(C) IV　(D) IV, V。

【2012-1 期貨分析師】

( ) 2. 如果回顧型選擇權的回顧頻率由每週改為每天（其他條件不變），請問該選擇權價值將會：　(A) 減少　(B) 提高　(C) 不變　(D) 無法判斷。

【2013-1 期貨分析師】

( ) 3. 請問喊價選擇權（Shout Option）就其價格特性而言，最接近下列何種特殊選擇權？　(A) 彩虹選擇權　(B) 抉擇型選擇權　(C) 階梯選擇權　(D) 遠期生效選擇權。

【2013-1 期貨分析師】

( ) 4. 以標的物在選擇權有效期間之最高價或最低價作為最後結算依據的選擇權稱為：
(A) Maximum Options　(B) Barrier Options　(C) Asian Options　(D) Lookback Options。

【2013-3 期貨分析師】

( ) 5. 當設定的障礙更容易被感受（觸及）到時，請問出局式選擇權（Knock Out Option）的價值將為如何（假設其他情境不變）？
(A) 價值更高　(B) 價值更低　(C) 沒有影響　(D) 可能更多或可能更少。

【2013-4 期貨分析師】

( ) 6. 如果某喊價式買權（Shout Call Option）之履約價格為 30 元，且持有者於參照標的資產之市價為 40 元時對其喊價，請問當此標的資產最後的市價為 35 元時，買權持有人應可獲得多少報償（Payoff）？
(A) 0　(B) 5　(C) 10　(D) 15。

【2013-4 期貨分析師】

(　) 7. 以標的物在選擇權有效期間之平均價格作為最後結算依據的選擇權稱為：
(A) Bermudan Options　(B) Digital Options　(C) Asian Options　(D) Lookback Options。

【2015-3 期貨分析師】

(　) 8. 標的物、履約價格及到期期限皆相同的一般買權和亞洲式買權兩者之價格關係為何？　(A) 一般買權價格 = 亞洲式買權價格　(B) 一般買權價格 > 亞洲式買權價格　(C) 一般買權價格 < 亞洲式買權價格　(D) 不一定。

【2016-4 期貨分析師】

(　) 9. 以標的物在選擇權有效期間之最高價作為履約價格的選擇權稱為：
(A) Minimum Call Options　(B) Minimum Put Options　(C) Lookback Call Options
(D) Lookback Put Options。

【2016-4 期貨分析師】

(　)10. 階梯式選擇權（Ladder Options）是下列哪一種選擇權的一種變體？
(A) Asian Options　(B) Barrier Options　(C) Lookback Options　(D) Quanto Options。

【2016-4 期貨分析師】

(　)11. 假設觀察期間，標的物最高價 S_{max}，最低價為 S_{min}，最後收盤價 S_T。請問在相同到期期間，持有一單位浮動回顧買權（Floating Lookback Call）合約與一單位浮動回顧賣權（Floating Lookback Put）合約，其資產組合的收益（Payoffs）為？
(A) $S_{max} - S_T$　(B) $S_T - S_{min}$　(C) $S_{max} - S_{min}$　(D)（$S_{max} - S_{min}$）／2。

【2019-1 期貨分析人員】

(　)12. 在所有條件都一樣的情況下，下列哪一個選擇權比一個價平的普通歐式選擇權便宜？　I.Asianoptions；II.Reset Options；III.Barrier Options；IV.Chooser Options；V.Look-back Options；
(A) 僅 III　(B) 僅 II、III　(C) 僅 I、III　(D) 僅 I、III、IV。

【2021-2 期貨分析人員】

Note /

附錄 A

中英文索引

Note /

附錄 B

各章教學影片明細

章節	影片主題、網址、日期、長度、語言與出處				影片重點簡介
CH01 衍生性金融商品	Archegos 基金爆倉　瑞信野村受害大				一位避險基金經理人，因衍生性商品操作不當，連帶嚴重影響許多全球大型金融公司。專家指出，全球金融海嘯後，衍生性商品的設計依舊存在漏洞。
	https://www.youtube.com/watch?v=oaW5X5fs4KM				
	2021/04/13	2 分 24 秒	華語	華視新聞	
	期交所辦衍生性商品論壇結算制度接軌國際				許多衍生性金融商品都採店頭市場交易。國內的集中保管結算所，將逐漸提供各種店頭衍生性商品的結算，希望降低風險與成本。
	https://www.youtube.com/watch?v=NafMIRFyPGs				
	2020/12/16	2 分 06 秒	華語	東森財經新聞	
CH02 期貨概論	博士生寫程式投資期貨！大數據分析 "跟著大戶走"				近年來，臺灣期貨交易越來越夯，不少人利用程式交易來進行操作。有一博士生以大戶籌碼面做為重要指標，並搭大數據資料判斷市場動向操作，獲利頗豐。
	https://www.youtube.com/watch?v=prpJc1KdHmA				
	2019/10/30	2 分 34 秒	華語	非凡新聞	
	糧食供應鏈危機燒黃小玉驚驚漲 ... 小麥期貨飆逾 13 年新高				俄烏兩國是全球最大的小麥出口國，因兩國戰爭，推升國際小麥期貨價格，並創下 2013 年以來新高，也影響小麥的現貨價格。
	https://www.youtube.com/watch?v=eoz9YMk8dyI				
	2022/02/25	2 分 58 秒	華語	非凡新聞	
	原油市場波動大　投資人靠期貨避險				前些日子，國際原油價格波動大，期交所為提供投資人獲利與避險管道，早一步推布蘭特原油期貨，再加上可進行夜盤交易，讓投資人操作能更靈活。
	https://www.youtube.com/watch?v=XjVxfeWhg0E				
	2018/11/28	1 分 19 秒	華語	三立新聞台	
	投資新手必看！期交所 APP 陪你練武功				期交所是負責期貨交易的單位，臺灣期交所建置「虛擬交易所 APP」，讓小資族可以「模擬體驗」期貨交易，以了解風險如何控管。
	https://www.youtube.com/watch?v=whv-j8_-oY8				
	2019/12/02	1 分 51 秒	華語	東森財經新聞	

章節	影片主題、網址、日期、長度、語言與出處				影片重點簡介
CH03 期貨合約 與交易所	ICE 同意 82 億美元收購紐約證交所				2012 年洲際交易所（ICE）收購，紐約證券交易所的運營商泛歐交易所集團。此舉將使洲際交易所（ICE），成為一個更加多元化的交易所。
	https://www.youtube.com/watch?v=0LapBfB5Yds				
	2012/12/21	3 分 02 秒	華語	新唐人新聞	
	東京和大阪證交所明年將合併				日本東京證券交易收購大阪證券交易所，2013 年兩家證券交易所將合併為「日本交易所集團」，將成為亞洲最大，也是世界第三大的交易所。
	https://www.youtube.com/watch?v=IVEjl5-jRyU				
	2012/11/21	1 分 17 秒	華語	新唐人新聞	
	港交所欲併購英國倫交所擬第二上市 打造亞歐美交易所集團				近期，全球各交易所積極合併，香港交易所欲收購倫敦證券交易所，希望能成為全球更舉足輕重的交易所。雖然最後失敗，但交易所的整併是市場趨勢。
	https://www.youtube.com/watch?v=q5YpGM42_z4				
	2019/09/11	2 分 01 秒	華語	通視	
CH04 期貨商品	玉米期貨漲牽動肉價　農委會：飼料用米替代				玉米是當作飼料的主要農作物，由於俄烏戰爭導致玉米期貨價格大漲，連帶影響肉價。國內農委會預備使用米替代玉米，以穩定物價。
	https://www.youtube.com/watch?v=CjH0jlTgSB4				
	2022/04/14	1 分 38 秒	華語	三立新聞	
	史上首見！紐約原油期貨價跌到「－ 37.63 美元」				2020 年 4 月 20 日，美國西德州原油期貨交割價跌至每桶負 37.63 美元，創下史上第一次負油價紀錄，但這只是短期的現象。
	https://www.youtube.com/watch?v=g8GiBvoCSAM				
	2020/04/21	2 分 29 秒	華語	東森財經新聞	
	國際鎳價漲瘋了！昨漲 9 成今翻 1.1 倍　LME 鎳交易急喊停				俄烏戰爭帶動國際鎳價狂飆，因為寫下有史以來最極端的價格波動，倫敦金屬交易所（LME）宣布，暫停鎳期貨交易。業者說，從來也沒看過這種現象。
	https://www.youtube.com/watch?v=HNIVfyZ7NUM				
	2022/03/08	2 分 04 秒	華語	非凡財經新聞	

章節	影片主題、網址、日期、長度、語言與出處				影片重點簡介
CH04 期貨商品	首檔比特幣期貨 ETF 通過　創 6 萬 7 美金天價還能漲？				近期，虛擬貨幣熱，期交所除了上市比特幣期貨外，美國 SEC 已通過三檔比特幣期貨的 ETF，這使得比特幣價格一度逼近歷史天價。
	https://www.youtube.com/watch?v=NJEDKg267eA				
	2021/10/27	3 分 22 秒	華語	寰宇新聞	
CH05 期貨市場交易實務	胖手指惹禍？台積電期貨閃崩 9%　秒賠 40 萬				台積電期貨出現閃崩，來回震幅達 11%，期貨商透露，投資人急下單按錯，為了避免這樣的情況發生，下期貨單時，最好採範圍市價，才不會導致價格急跌。
	https://www.youtube.com/watch?v=y4Xn3PiKAYA				
	2020/11/24	3 分 01 秒	華語	台視新聞	
	不想在期貨交易市場翻車，保證金控管 2 大秘訣要知道！				期貨採保證金交易具有槓桿作用，若不想在期貨市場翻車，保證金控管有 2 大秘訣。其一，隨時控管保證金，最好準備 3 倍保證金，另一要設好停損點。
	https://www.youtube.com/watch?v=tFn0AMsSAas				
	2021/04/01	13 分 34 秒	華語	風傳媒	
	LME 布局亞洲攜手臺灣 遞交港大幅縮短金屬交貨時間				高雄港於 2013 年 6 月已成為了 LME 第 9 個遞交港，提供實體交割需求。因此，臺灣也是倫敦金屬交易所，在亞洲的重要夥伴。
	https://www.youtube.com/watch?v=NXORo_QqG7o				
	2019/09/04	2 分 30 秒	華語	非凡新聞	
	什麼是未平倉持倉量？來自 CME 的詳細介紹				期貨的「未平倉合約量」（OI）是用來計算目前市場所存在的合約量，並進而推斷期貨價格的未來走勢。影片中，CME 有詳細說明。
	https://www.youtube.com/watch?v=-M3PT1g8Kak				
	2021/08/18	3 分 24 秒	美語	文思財經	
CH06 臺灣期貨市場	推永續期貨、生技期貨　期交所滿足避險需求				近期，臺灣期貨交易所上市 2 項新商品，分別是「臺灣永續指數期貨」以及「生技醫療指數期貨」，提供投資人多元商品，滿足避險需求。
	https://www.youtube.com/watch?v=6Vv5LtF0-LU				
	2020/06/08	1 分 39 秒	華語	三立新聞	

章節	影片主題、網址、日期、長度、語言與出處				影片重點簡介
CH06 臺灣期貨市場	小型金融期貨上市　交易門檻為原型 1/4				近期，期交所推出新的交易商品「小型金融期貨」，它的契約規模是金融期貨的四分之一，讓投資人較好入手；同時也推動三大新制度，以防胖手指穩定交易。
	https://www.youtube.com/watch?v=MtHnrLt2SYA				
	2021/12/07	1 分 39 秒	華語	東森財經新聞	
	期貨夜盤交易上線三周年　可交易商品逐步增加				期交所成立夜盤交易已三年，不僅掛盤商品逐步增加，還提供交易人更多避險管道。如今夜盤交易人，散戶佔了 5 成，也顯現出夜盤交易越來越普及化。
	https://www.youtube.com/watch?v=48vAaa_HXr4				
	2020/05/15	2 分 11 秒	華語	東森財經新聞	
CH07 期貨價格分析	咖啡也要漲價？咖啡豆「期貨價格」狂飆				因為受到極端氣候與疫情影響，咖啡期貨價格日前衝上 2012 年 1 月以來的新高，連帶使得國際咖啡現貨飆漲，導致國內咖啡品牌苦哈哈。
	https://www.youtube.com/watch?v=c1ncvnhe4Q8				
	2021/11/24	2 分 14 秒	華語	三立新聞	
	烏俄小麥出口佔全球 29%　麵粉奶油成本飆漲				俄烏戰爭引發全球糧食恐慌，尤其小麥期貨更飆到每蒲式耳 10 美元以上，也創下自 2008 年以來的新高紀錄，連帶使小麥現貨價格衝高，恐推升另一波通膨再起。
	https://www.youtube.com/watch?v=YRumg7hswcA				
	2022/03/03	1 分 47 秒	華語	民視新聞	
CH08 期貨交易策略	銅鋁金屬庫存拉警報　期貨市場驚見逆價差				通常期貨價格比現貨高。由於俄羅斯身為原物料輸出大國，但俄烏戰爭，使得銅鋁鎳等金屬庫存，已經低到拉警報，期貨市場還出現逆價差的狀況。
	https://www.youtube.com/watch?v=_8XWNMVWsgc				
	2022/02/15	2 分 24 秒	華語	東森財經新聞	
	燃油占營運成本 3 成！國際油價回落航空業受惠				前陣子，西德州原油期貨跌破每桶 100 美元，連帶的也使得油價現貨價格持續走跌，運輸業者會因為油料成本降低而受惠，尤其航空業者影響最大。
	https://www.youtube.com/watch?v=a3ed-xC2wSw				
	2022/04/25	2 分 45 秒	華語	非凡新聞	

章節	影片主題、網址、日期、長度、語言與出處				影片重點簡介
CH09 選擇權概論	賺有限但勝率高 選擇權賣方實戰教學！				選擇權的買方與賣方被賦予的權利與義務不同。通常賣方獲利有限，但風險卻很大，因此賣方的操作更需謹慎。影片教導選擇權賣方的注意事項。
	https://www.youtube.com/watch?v=AVmdpzGmPK0				
	2020/07/21	11 分 25 秒	華語	非凡新聞	
	選擇權未平倉				選擇權的未平倉量高低，可以觀察未來多空的走勢。買權最大未平倉量是上檔的壓力所在，賣權最大未平倉量是下檔的支撐所在。
	https://www.youtube.com/watch?v=kxVDmBApI44&t=24s				
	2018/06/13	3 分 48 秒	華語	非凡新聞	
CH10 臺灣的選擇權市場	2/6 台股大跌引發「選擇權屠殺」 百人慘賠				2018 年 2 月 6 日台股大跌，理論上，台股股價指數買權應大跌，賣權應大漲才對。但市場卻發生買賣權均大跌，因此造成有些投資人損失，而跑出來抗議。
	https://www.youtube.com/watch?v=0FI2otxY9EI				
	2018/03/07	1 分 42 秒	華語	TVBS 新聞	
	控管風險促健全期貨 選擇權保證金上調				前陣子，臺灣期交所為了避免期貨與選擇權交易不受到非理性因素干擾而出現震盪。期交所針對交易制度實施新規範，將來深度價外的選擇權需加收保證金。
	https://www.youtube.com/watch?v=Ag2OYWV0I6Q				
	2018/08/01	2 分 45 秒	華語	非凡新聞	
CH11 臺灣的權證市場	權證小哥公開獨門密招，教你輕鬆挑到賺錢權證				知名權證小哥傳授操作權證的秘訣，建議買權證須注意波動性高的股票，且權證具時間價值，在投資操作上，跟一般股票投資有所不同。
	https://www.youtube.com/watch?v=KCUd4nZPI3U				
	2015/08/25	4 分 50 秒	華語	智富月刊	
	存股證讓你晉升市場包租婆！！				延展型牛熊證，就是俗稱的存股證。投資人可藉由存股證，長期持有股票，且臺灣上市公司的配息優於國際，所以買存股證，除具槓桿效果，且可領優渥的股息。
	https://www.youtube.com/watch?v=WJRb8g6ShWI				
	2015/04/13	12 分 14 秒	華語	東森綜合台	

章節	影片主題、網址、日期、長度、語言與出處				影片重點簡介
CH12 選擇權評價	什麼是 Delta、Gamma、Theta、Vega？				選擇權的價格受到許多種因素的影響。其中，我們會用以種希臘字來替代並解釋之，通常較常利用 Delta、Gamma、Theta、Vega 等幾種。
	https://www.youtube.com/watch?v=5zmTARc-ScY				
	2021/12/24	5 分 02 秒	華語	Slash Traders	
	時間價值對權證的重要性				權證是選擇權的一種，其價值同樣具有隨時間消逝而的特性。報導中，教導不要買快到期的權證，因為此種權證的價值受時間影響很大。
	https://www.youtube.com/watch?v=BvqL2C9GB0o				
	2016/07/26	4 分 44 秒	華語	非凡新聞	
CH13 選擇權交易策略	台股史高若劇震　選擇權"買賣權"避險！				當股市指數創新高，將來可能會在高檔震盪，因此操作困難。投資人可以進行買進賣權，防止股市回檔，並對原先的多頭部位進行避險
	https://www.youtube.com/watch?v=uglkWcP39vI				
	2020/11/12	10 分 34 秒	華語	非凡新聞	
	選擇權操作再進化　善用價差單框住獲利！				利用價差操作選擇權，具有槓桿大、成本低與損失有限的好處。當市場行情波動不大時，投資人可利用選擇權的垂直價差交易，框住獲利。
	https://www.youtube.com/watch?v=kEzH2JuixiY				
	2020/08/11	13 分 02 秒	華語	非凡新聞	
CH14 異形選擇權	二元期權				二元期權是運用股價將來上漲或下跌兩種情形，給予買賣該選擇權投資人一筆定額的收益，所以損益較為單純。這就是「定額式選擇權」的應用。
	https://www.youtube.com/watch?v=kOCVgiLZBRQ				
	2014/11/03	4 分 42 秒	華語	Mega Option	
	牛熊證				牛熊證具有設定停損的機制，當權證未到期前，標的物價格觸到「限制價」時，權證就會進行終止結算。這就是「障礙式選擇權」的應用。
	https://www.youtube.com/watch?v=VwjJTRV2n5g				
	2016/08/23	5 分 19 秒	華語	非凡新聞	

國家圖書館出版品預行編目（CIP）資料

期貨與選擇權 / 李顯儀編著. -- 三版. -- 新北
市：全華圖書股份有限公司, 2022.10
面； 公分
ISBN 978-626-328-311-4(平裝)

1.CST: 期貨 2.CST: 選擇權

563.534　　　　　　　　　111014123

期貨與選擇權（第三版）

作者 / 李顯儀

發行人 / 陳本源

執行編輯 / 楊玲馨

封面設計 / 盧怡瑄

出版者 / 全華圖書股份有限公司

郵政帳號 / 0100836-1 號

印刷者 / 宏懋打字印刷股份有限公司

圖書編號 / 0823002

三版一刷 / 2022 年 12 月

定價 / 新台幣 520 元

ISBN / 978-626-328-311-4

全華圖書 / www.chwa.com.tw

全華網路書店 Open Tech / www.opentech.com.tw

若您對本書有任何問題，歡迎來信指導 book@chwa.com.tw

臺北總公司(北區營業處)
地址：23671 新北市土城區忠義路 21 號
電話：(02) 2262-5666
傳真：(02) 6637-3695、6637-3696

南區營業處
地址：80769 高雄市三民區應安街 12 號
電話：(07) 381-1377
傳真：(07) 862-5562

中區營業處
地址：40256 臺中市南區樹義一巷 26 號
電話：(04) 2261-8485
傳真：(04) 3600-9806(高中職)
　　　(04) 3601-8600(大專)

版權所有 · 翻印必究

全華圖書 (版權所有，翻印必究)

得 分

期貨與選擇權
學後評量
CH01 衍生性金融商品

班級：＿＿＿＿＿＿＿＿

學號：＿＿＿＿＿＿＿＿

姓名：＿＿＿＿＿＿＿＿

一、選擇題

( ) 1. 下列何者屬於實體現貨商品？
(A)國庫券 (B)黃金 (C)日圓 (D)股價指數

( ) 2. 下列何者屬於金融現貨商品？
(A)糖 (B)黃金 (C)原油 (D)歐元

( ) 3. 下列何者非屬於衍生性金融商品？
(A)交換 (B)特別股 (C)遠期 (D)期貨

( ) 4. 下列何者屬於衍生性金融商品？
(A)選擇權 (B)ETF (C)存託憑證 (D)日圓

( ) 5. 黃金是屬於何種商品？
(A)選擇權 (B)外匯 (C)金屬 (D)利率

( ) 6. 下列何者為衍生性金融工具，但不具標準化契約？
(A)利率期貨 (B)遠期利率 (C)股票選擇權 (D)黃金期貨

( ) 7. 金融交換是由何種商品串連而成？
(A)遠期 (B)期貨 (C)選擇權 (D)黃金

( ) 8. 下列何者非衍生性金融商品的特性？
(A)具槓桿 (B)風險低 (C)訂價複雜 (D)交易策略多

( ) 9. 下列何者為衍生性金融商品的特性？
(A)高槓桿 (B)風險低 (C)訂價簡單 (D)交易策略單純

( ) 10.下列何種商品具有價格預測的功能？
(A)人民幣 (B)基金 (C)股票 (D)股價期貨

( ) 11.下列何種商品可用於避險？

(A)遠期　(B)基金　(C)ETF　(D)特別股

( ) 12.下列金融商品何者風險最高？

(A)特別股　(B)政府債券　(C)選擇權　(D)公司債

( ) 13.假設投資人偏好風險較低的商品，請問下列哪一種商品較不適合？

(A)普通股　(B)期貨　(C)公司債　(D)政府債券

( ) 14.下列哪一項金融商品的風險最高，同時亦具有較高的潛在報酬？

(A)利率期貨　(B)普通股　(C)特別股　(D)債券

( ) 15.下列商品何者須在集中市場交易？

(A)共同基金　(B)債券　(C)利率交換　(D)期貨

( ) 16.下列何者為店頭市場交易的特性？

(A)可議價　(B)需競價　(C)交易具效率　(D)不可避險

( ) 17.下列對衍生性商品的敘述何者有誤？

(A)金融交換是其中一種　　　　　(B)具避險功能

(C)一定須在集中市場交易　　　　(D)具投機功能

( ) 18.下列對衍生性商品的敘述何者正確？

(A)一定須在店頭市場交易　　　　(B)股票是其中一種

(C)可供價格預測　　　　　　　　(D)不具避險功能

( ) 19.下列敘述何者有誤？

(A)黃金屬於金融商品　　　　　　(B)歐元屬於金融商品

(C)期貨風險高於股票　　　　　　(D)選擇權具投機功能

( ) 20.下列敘述何者正確？

(A)衍生性金融商品一定須在集中市場交易

(B)交換合約是由一連串選擇權串連而成

(C)期貨可在店頭市場交易

(D)店頭市場交易可以議價

得　分

全華圖書（版權所有，翻印必究）

期貨與選擇權
學後評量
CH02 期貨概論

班級：＿＿＿＿＿＿＿＿
學號：＿＿＿＿＿＿＿＿
姓名：＿＿＿＿＿＿＿＿

一、選擇題

（　　）1. 期貨合約是何種商品標準化而來？
　　　　(A)選擇權　(B)金融交換　(C)權證　(D)遠期

（　　）2. 期貨合約解決遠期合約的那種問題？
　　　　(A)流動性風險　(B)違約風險　(C)交易成本過高　(D)以上皆是

（　　）3. 下列對於期貨合約的敘述何者有誤？
　　　　(A)標準化商品　(B)採保證金交易　(C)店頭市場交易　(D)可以避險

（　　）4. 下列何種屬於商品期貨？
　　　　(A)黃金　(B)利率　(C)外匯　(D)股價

（　　）5. 下列何種不屬於商品期貨？
　　　　(A)能源　(B)黃金　(C)雨量　(D)咖啡

（　　）6. 下列何種屬於金融期貨？
　　　　(A)黃金　(B)利率　(C)溫度　(D)原油

（　　）7. VIX期貨屬於何類型期貨商品？
　　　　(A)金屬　(B)外匯　(C)能源　(D)以上皆非

（　　）8. 下列何者非期貨的特性？
　　　　(A)具結算制度　(B)合約量身訂作　(C)集中市場交易　(D)具避險功能

（　　）9. 下列何者為期貨的功能？
　　　　(A)避險　(B)投機　(C)價格發現　(D)以上皆是

（　　）10.若期貨交易成交，原先買賣兩邊關係會由誰取代？
　　　　(A)交易所　(B)期貨商　(C)結算所　(D)結算會員

（請沿虛線撕下）

（　）11.臺灣的期貨市場的主管機關為何？

　　　　(A)財政部　　　　　　　　　　(B)金融監督管理委員會

　　　　(C)行政院經濟建設委員會　　　　(D)中央銀行

（　）12.美國期貨業的主管機構為何？

　　　　(A)NFA　(B)CFTC　(C)SEC　(D)以上皆是

（　）13.下列何項非證券經紀商可經營之期貨業務項目？

　　　　(A)期貨經紀商　(B)期貨交易輔助人　(C)期貨顧問事業　(D)期貨經理事業

（　）14.期貨經紀商在期貨交易中扮演的角色為何？

　　　　(A)造市者　(B)結算損益　(C)居間仲介　(D)代客操作

（　）15.一般在期貨市場稱為IB是指何種機構？

　　　　(A)期貨經紀商　(B)期貨自營商　(C)仲介經紀商　(D)期貨投資信託公司

（　）16.一般在期貨市場稱為FCM是指何種機構？

　　　　(A)期貨經紀商　　　　　　　　(B)期貨自營商

　　　　(C)期貨投資信託公司　　　　　(D)期貨投資顧問公司

（　）17.在國內期貨營業員不得從事下列何種行為？

　　　　(A)提供客戶資訊及建議　　　　(B)接受客戶下單指示

　　　　(C)代客操作　　　　　　　　　(D)通知客戶追繳保證金

（　）18.下列敘述何者有誤？

　　　　(A)美國期貨市場自律組織為NFA　(B)臺灣期貨結算所與交易所相互獨立

　　　　(C)場內自營商又稱搶帽客　　　(D)CPO是指期貨信託公司

（　）19.下列敘述何者正確？

　　　　(A)黃金屬於金融期貨　　　　　(B)比特幣屬於金屬期貨

　　　　(C)期貨採集中市場交易　　　　(D)碳權排放權屬於能源期貨

（　）20.下列敘述何者正確？

　　　　(A)期貨合約的交易成本會高於遠期合約

　　　　(B)期貨具投機功能但不具避險功能

　　　　(C)期貨採店頭市場交易

　　　　(D)我國的期貨交易所是採公司制

得　分

全華圖書（版權所有，翻印必究）

期貨與選擇權
學後評量
CH03 期貨合約與交易所

班級：＿＿＿＿＿＿＿＿＿
學號：＿＿＿＿＿＿＿＿＿
姓名：＿＿＿＿＿＿＿＿＿

一、選擇題

(　　) 1. 下列何項非期貨合約標準化的項目？
(A)交易價格　(B)交割月份　(C)報價方式　(D)最小跳動點

(　　) 2. 下列何項為期貨合約標準化的項目？
(A)最後交易日　(B)交割月份　(C)單位合約　(D)以上皆是

(　　) 3. 若CBOT規定玉米期貨交割的標準品質為2號玉米，交割者若以較佳的品質1號之玉米來交割，應採何者方式？
(A)折價方式　(B)溢價方式　(C)交割者自由決定　(D)以上皆非

(　　) 4. 通常期貨合約數量大小會與商品何種特徵成反比？
(A)交割方式　(B)最後交易日　(C)價格變動率　(D)最後交割日

(　　) 5. 通常期貨合約的交割日期會以何種單位為區分？
(A)天　(B)週　(C)月　(D)年

(　　) 6. 通常期貨交易的交割方式為何？
(A)實物交割　(B)現金交割　(C)以上皆是　(D)以上皆非

(　　) 7. 國際上，糖期貨最小跳動單位是以何種計價？
(A)公斤　(B)磅　(C)台兩　(D)公噸

(　　) 8. 國際上，原油期貨最小跳動單位是以何種計價？
(A)桶　(B)加侖　(C)公升　(D)公噸

(　　) 9. CME是指哪一個期貨交易集團？
(A)紐約交易所　(B)芝加哥商業交易所　(C)日本交易所　(D)洲際交易所

(　　) 10.全世界最早成立期貨的交易所為何者？
(A)CME　(B)CBOT　(C)NYMEX　(D)COMEX

( ) 11. 全世界最早推出外匯期貨為何者？

(A)CME　(B)CBOT　(C)NYMEX　(D)COMEX

( ) 12. 全球第一個虛擬貨幣期貨商品－比特幣（Bitcoin）期貨為哪一交易所推出？

(A)CBOE　(B)CME　(C)NYMEX　(D)COMEX

( ) 13. 全世界基本金屬成交量最大的期貨交易所為何？

(A)CME　(B)LME　(C)NYMEX　(D)IPE

( ) 14. 下列哪一期貨交易所採圓桌交易？

(A)CME　(B)LME　(C)LIFFE　(D)IPE

( ) 15. 哪一個國家的期貨商品會採取定盤交易？

(A)美國　(B)中國　(C)日本　(D)臺灣

( ) 16. 新加坡交易所（SGX）與哪一期貨交易所集團可相互沖銷期貨部位？

(A)CME　(B)ICE　(C)JPX　(D)DBAG

( ) 17. 下列敘述何者有誤？

(A)期貨合約數量大小與價格波動率有關

(B)期貨交割日期會以月份為基礎

(C)玉米期貨報價以蒲式爾為主

(D)期貨交易採實物交割為主

( ) 18. 下列敘述何者有誤？

(A)原油期貨報價以桶為主　　　　　(B)國際黃金期貨報價以兩為主

(C)外匯期貨報價以美元為主　　　　(D)期貨交易採現金交割為主

( ) 19. 下列敘述何者正確？

(A)CME是全世界最早成立的交易所　(B)ICE與SGX有簽訂期貨沖銷合約

(C)NYMEX是全球能源期貨交易的霸主　(D)LME是全球貴金屬的交易重鎮

( ) 20. 下列敘述何者正確？

(A)CME主要採圓桌交易為主

(B)中國的期貨交易會以定盤交易為主

(C)香港交易所是亞洲第一個金融期貨交易所

(D)COMEX是全球貴金屬的交易重鎮

全華圖書（版權所有，翻印必究）

得　分

期貨與選擇權
學後評量
CH04 期貨商品

班級：＿＿＿＿＿＿＿＿

學號：＿＿＿＿＿＿＿＿

姓名：＿＿＿＿＿＿＿＿

一、選擇題

(　　) 1. 下列哪種期貨價格容易受到氣候的影響？

(A)小麥　(B)石油　(C)黃金　(D)銅

(　　) 2. 國際黃金期貨每單位合約為何？

(A)10公噸　(B)100兩　(C)100盎司　(D)100公斤

(　　) 3. 下列何者非基本金屬期貨？

(A)銅　(B)白金　(C)鎳　(D)鋅

(　　) 4. 西德州輕原油期貨在哪一交易所交易？

(A)CME　(B)IPE　(C)LME　(D)NYMEX

(　　) 5. 國際咖啡期貨的計價單位為何？

(A)公噸　(B)磅　(C)盎司　(D)公斤

(　　) 6. 下列何者非軟性期貨商品？

(A)玉米　(B)咖啡　(C)糖　(D)棉花

(　　) 7. 一般外匯期貨是採何種報價方式？

(A)直接報價　(B)間接報價　(C)美式報價　(D)以上皆是

(　　) 8. 下列非外匯期貨商品之一？

(A)日圓　(B)歐元　(C)美元　(D)人民幣

(　　) 9. CME的歐元期貨合約規格為何？

(A)125,000歐元　(B)62,500歐元　(C)100,000歐元　(D)250,000歐元

(　　) 10.下列何者不是CBOT所上市的美國長期公債期貨正確報價？

(A)110-16/32　(B)110-4/32　(C)110　(D)110-2/20

(　　) 11.美國國庫券期貨契約是以幾天期的國庫券為標的物？

(A)30天　(B)91天　(C)180天　(D)365天

(　　) 12. 歐洲美元期貨是何種商品？

(A)外匯期貨　(B)利率期貨　(C)股價指數期貨　(D)虛擬貨幣期貨

(　　) 13. CBOT上市的美國長期公債期貨契約規定可交割債券期限距到期日不得少於
何年？

(A)10年　(B)15年　(C)20年　(D)30年

(　　) 14. 某基金經理人決定投入資金於美國的股市，若他想用股價指數期貨避險，則
應以下列何種為主？

(A)FTSE 100　(B)NiKKei 225　(C)CAC 40　(D)S&P 500

(　　) 15. VIX期貨是何種類型期貨商品？

(A)氣候期貨　(B)特殊指數期貨　(C)股價指數期貨　(D)虛擬貨幣期貨

(　　) 16. 比特幣期貨是何種類型期貨商品？

(A)氣候期貨　(B)特殊指數期貨　(C)股價指數期貨　(D)虛擬貨幣期貨

(　　) 17. 下列敘述何者有誤？

(A)美國公債期貨合約規格為100,000美元

(B)美國國庫券期貨合約規格為1,000,000美元

(C)白金屬於貴金屬期貨

(D)SGX為全球最大的金融期貨交易所

(　　) 18. 下列敘述何者有誤？

(A)以太幣是一種外匯期貨　　(B)VIX是一種波動率指數期貨

(C)S&P 500是股價指數期貨　(D)LME為全球最大的基本金屬期貨交易所

(　　) 19. 下列敘述何者正確？

(A)歐洲美元是一種外匯期貨　(B)可可是屬於軟性商品期貨

(C)銅屬於貴金屬期貨　　　　(D)LME為全球最大的貴金屬期貨交易所

(　　) 20. 下列敘述何者正確？

(A)美國國庫券期貨與長期公債期貨的報價方式相同

(B)英磅期貨的合約規格125,000英磅

(C)VIX是一種股價指數期貨

(D)CBOE是全球最早推出比特幣期貨的交易所

得　分

全華圖書（版權所有，翻印必究）

期貨與選擇權
學後評量
CH05 期貨市場交易實務

班級：＿＿＿＿＿＿＿＿

學號：＿＿＿＿＿＿＿＿

姓名：＿＿＿＿＿＿＿＿

一、選擇題

(　　) 1. 通常避險帳戶的保證金額度會比投機帳戶？
(A)少　(B)多　(C)相同　(D)以上皆非

(　　) 2. 當要開期貨戶前，業務員須瞭解客戶哪些事項，以判斷是否適合從事期貨交易？
(A)風險承受度　(B)交易經驗　(C)財務狀況　(D)以上皆是

(　　) 3. 下列哪一種帳戶，可防止期貨上手經紀商搶奪下手經紀商客戶？
(A)概括授權帳戶　(B)避險帳戶　(C)綜合帳戶　(D)完全揭露帳戶

(　　) 4. 當市場處於交投熱絡以及交易狀況混亂時，稱之為何？
(A)快市　(B)暫停交易　(C)完全交易　(D)以上皆非

(　　) 5. 下列委託單，何者不一定保證成交？
(A)限價單　(B)停損單　(C)觸價單　(D)以上皆是

(　　) 6. 若有投資人下一張買單價格為100元的限價單，請問下列哪一價位不可能成為成交價格？
(A)100元　(B)99元　(C)100.5元　(D)99.5元

(　　) 7. 停損單與觸價單，當觸及限定價格時，便自動成為何種單執行？
(A)限價單　(B)市價單　(C)二擇一單　(D)取消單

(　　) 8. 若台指期貨目前市價為15,150，若行情往上漲至15,200，客戶就想要買進，但買價不能高於15,205，請問客戶應以下列何種委託單來下單？
(A)停損買單　(B)停損賣單　(C)停損限價買單　(D)停損限價賣單

(　　) 9. 通常停損賣單的使用範圍為下列何者？
(A)只能將原有的多頭部位平倉　　(B)只能增加空頭部位
(C)可以是平倉，亦可以是新倉　　(D)以上皆非

( ) 10. 下列何種委託單的價格於市場價格之上發出？
(A)停損買單 (B)觸價買單 (C) 停損賣單 (D)以上皆非

( ) 11. 通常代換委託單用於改變委託的內容，下列何者不適用於代換委託更改的項目？
(A)價格 (B)數量 (C)月份 (D)買賣方向

( ) 12. 在美國的期貨交易實務上，委託單未特別註明有效期間時，該委託將被視為何？
(A)當日委託單 (B)開盤市價單 (C)收盤市價單 (D)取消前有效單

( ) 13. 下列何者現貨轉期貨單（EFP）的特性？
(A)可視為實物交割 (B)以外匯商品為主 (C)買賣雙方相互選擇交易價格與時間 (D)以上皆是

( ) 14. 通常期貨交易保證金金額以低於須追繳保證金水準，此水準稱為何？
(A)原始保證金 (B)維持保證金 (C)差異保證金 (D)結算保證金

( ) 15. 期貨商對客戶之保證金低於所需維持保證金的追繳動作為何？
(A)每天處理 (B)三天處理一次 (C)每週處理一次 (D)每月處理一次

( ) 16. 若某臺灣期交所結算會員期貨商，其所有的客戶在期貨擁有3,000口多頭部位及5,000口空頭部位，則臺灣期交所向該結算會員收取的保證金是以多少口計算？
(A)3,000口 (B)5,000口 (C)2,000口 (D)8,000口

( ) 17. 若期貨交易欲採取實物交割，交易所會賦予何方具有主導交割的權利？
(A)買方 (B)賣方 (C)買賣方兩者皆可 (D)買賣方兩者皆不可

( ) 18. 期貨市場在計算未平倉數量是以何種當基準？
(A)未沖銷的多頭部位 (B)未沖銷的空頭部位 (C)以上皆可 (D)以上皆不可

( ) 19. 若某期貨市場有A、B與C三位交易人，若今天A向B買2口黃豆期貨契約，今天B又賣2口黃豆期貨給C，請問今天黃豆的未平倉數量應為何？
(A)0口 (B)1口 (C)2口 (D)4口

( ) 20. 下列敘述何者正確？
(A)投機帳戶的保證金低於避險帳戶 (B)觸價單與停損單，當觸及所設定價格時會轉成限價單 (C)客戶繳交保證金給期貨商稱為結算保證金 (D)實務上，歐洲美元期貨會採取現金交割為主

得　分

全華圖書 (版權所有，翻印必究)

期貨與選擇權
學後評量
CH06 臺灣期貨市場

班級：＿＿＿＿＿＿＿＿

學號：＿＿＿＿＿＿＿＿

姓名：＿＿＿＿＿＿＿＿

一、選擇題

(　) 1. 臺灣期交所最早推出的期貨商品為何？

(A)大台指　(B)小台指　(C)臺灣50　(D)黃金

(　) 2. 大台指期貨的契約價值為小台指期貨的幾倍？

(A)10　(B)4　(C)3　(D)2

(　) 3. 大台指的契約價值為台股指數乘以新台幣多少元？

(A)50元　(B)100元　(C)200元　(D)500元

(　) 4. 下列何者為大台指期貨的交易合約月份

(A)連續二個近月及最近三個季月　　　(B)連續三個近月及最近三個季月

(C)連續三個近月及最近四個季月　　　(D)連續三個近月

(　) 5. 大台指期貨與小台指期貨的合約規格，在下列何項不同？

(A)最後交易日　(B)漲跌幅限制　(C)交割月份　(D)契約價值

(　) 6. 現行臺灣期交所推出的電子類股指數期貨，其漲跌幅限制為何？

(A)7%　(B)10%　(C)5%　(D)15%

(　) 7. 臺灣期貨市場第一個掛牌的國外指數期貨商品為何？

(A)日本東京證券　(B)美國道瓊工業　(C)美國標普500　(D)英國富時100

(　) 8. 下列何種符合國內個股期貨的標的證券？

(A)普通股　(B)國內指數ETF　(C)國外指數ETF　(D)以上皆可

(　) 9. 臺灣期交所推出的小型人民幣匯率期貨合約規格為何？

(A)20,000美元　(B)10,000美元　(C)5,000美元　(D)1,000美元

(　) 10.臺灣期貨交易所推出的台幣版黃金期貨合約規格為何？

(A)5台兩　(B)1台兩　(C)10台兩　(D)10盎司

(　) 11.臺灣期貨交易所推出美元版黃金期貨合約規格為何？

(A)5盎司　(B)1盎司　(C)10盎司　(D)100盎司

(請沿虛線撕下)

(　　) 12. 臺灣期貨交易所推出布蘭特原油期貨合約規格為何？

(A)100桶　(B)200桶　(C)300桶　(D)500桶

(　　) 13. 若投資人購買台積電股票要進行避險，下列哪一種期貨商品較不適合？

(A)台積電個股期貨　　　　　　　(B)大台指期貨

(C)小台指期貨　　　　　　　　　(D)櫃買富櫃200指數期貨

(　　) 14. 若投資人在小台股期貨指數15,000點購入一口，於15,200點賣出一口，則投資人損益為何？

(A)獲利10,000元　(B)獲利40,000元　(C)損失10,000元　(D)損失10,000元

(　　) 15. 臺灣期交所上市的股價類期貨，其交易稅率為每次交易之契約金額多少比例？

(A)萬分之2　(B)百萬分之2　(C)十萬分之2　(D)十萬分之2.5

(　　) 16. 臺灣期交所上市的大台指期貨，其夜盤交易時段從何時開盤？

(A)當日14:00　(B)當日15:00　(C)當日16:00　(D)當日17:00

(　　) 17. 下列敘述何者有誤？

(A)新加坡交易所（SGX）比臺灣期交所更早推出台股期貨相關商品　(B)小台指期貨合約規格是大台指期貨的1/4　(C)台幣版黃金期貨的合約規格為10盎司　(D)日本東證指數是國內最一個推出的外國指數期貨商品

(　　) 18. 下列敘述何者有誤？

(A)臺灣最早推出的期貨商品是股價指數類　(B)臺灣期交所推出的金融類股指數期貨漲跌幅限制為10%　(C)臺灣期貨交易所推出布蘭特原油期貨合約規格為100桶　(D)臺灣的期貨交易是免徵交易稅率

(　　) 19. 下列敘述何者正確？

(A)臺灣期交所上市的大台指期貨夜盤交易時段從當日17:00開始　(B)現行臺灣期交所推出的原油期貨標地物是布蘭特原油　(C)臺灣期交所所推出的台幣版黃金期貨是採實物交割　(D)美國道瓊指數是國內最一個推出的外國指數期貨商品

(　　) 20. 下列敘述何者正確？

(A)臺灣期交所所推出的黃金期貨是採現金交割　(B)現行臺灣期交所推出的原油期貨標地物是西德州中級原油　(C)臺灣最早推出的期貨商品是外匯類　(D)臺灣期交所推出的臺灣永續指數期貨漲跌幅限制為7%

得　分

全華圖書（版權所有，翻印必究）
期貨與選擇權
學後評量
CH07 期貨價格分析

班級：＿＿＿＿＿＿＿＿
學號：＿＿＿＿＿＿＿＿
姓名：＿＿＿＿＿＿＿＿

一、選擇題

（　　）1. 在合理的情形，期貨價格要比現貨價格如何？
　　　　　(A)高　(B)低　(C)相同　(D)無關

（　　）2. 期貨市場中，若期貨價格比現貨價格低，稱之為何？
　　　　　(A)正常市場　(B)反常市場　(C)合理市場　(D)以上皆非

（　　）3. 若現貨價格比期貨價格高估甚多，則投資人要如何進行套利？
　　　　　(A)買現貨，賣期貨　　　　　　　　(B)賣現貨，買期貨
　　　　　(C)同時買進現貨與期貨　　　　　　(D)同時賣出現貨與期貨

（　　）4. 在期貨價格的持有成本模型中，持有成本包括何項？
　　　　　(A)資金成本　(B)倉儲成本　(C)保險成本　(D)以上皆是

（　　）5. 當價差超過何種成本時，通常價差交易便很可能有獲利空間？
　　　　　(A)持有成本　(B)商品購買成本　(C)倉儲成本　(D)融資成本

（　　）6. 下列何者會造成在不同交易所交易之同一種期貨商品價格的差異？
　　　　　(A)地理位置　(B)交割品質的規定　(C)運輸成本　(D)以上皆是

（　　）7. 現貨市場不虞匱乏，倉儲之供給量夠大，則不同交割月份之同一商品期貨價
　　　　　格之間的差距，在理論上應反應在何項？
　　　　　(A)倉儲成本　　　　　　　　　　　(B)融資成本
　　　　　(C)兩個交割月份間的持有成本　　　(D)商品供需之季節性因素

（　　）8. 在期貨價格的持有成本模型中，持有成本的組成中，何項是最基本一定會存
　　　　　在的成本？
　　　　　(A)資金成本　(B)倉儲成本　(C)保險成本　(D)運輸成本

（　　）9. 下列何項為持有成本理論的假設？
　　　　　(A)市場是完全的　　　　　　　　　(B)市場不考慮交易成本
　　　　　(C)投資人可用無風險利率進行借貸　(D)以上皆是

( ) 10.在期貨價格的持有成本模型中，若某些商品會對持有者產生收益，稱之為何？

(A)股利收益　(B)利息收益　(C)便利收益　(D)銷售收益

( ) 11.在期貨價格的持有成本模型中，便利收益的來源可能來自何項？

(A)股利收益　(B)利息收益　(C)債息收益　(D)以上皆是

( ) 12.在期貨價格的持有成本模型中，下列何種商品的便利收益較不明顯？

(A)外匯期貨　(B)利率期貨　(C)股價指數期貨　(D)商品期貨

( ) 13.在期貨價格的持有成本模型中，下列何種商品的持有成本會較明顯？

(A)外匯期貨　(B)利率期貨　(C)股價指數期貨　(D)商品期貨

( ) 14.在期貨價格的持有成本模型中，外匯期貨的便利收益會來自何項？

(A)外幣利息　(B)債券利息　(C)股利收益　(D)銀行利息

( ) 15.在期貨價格的持有成本模型中，利率期貨的便利收益會來自何項？

(A)外幣利息　(B)債券利息　(C)股利收益　(D)銀行利息

( ) 16.在期貨價格的持有成本模型中，股價指數期貨的便利收益會來自何項？

(A)外幣利息　(B)債券利息　(C)股利收益　(D)銀行利息

( ) 17.在期貨價格的持有成本模型中，那些限制是可能存在？

(A)交易成本存在　(B)借貸利率不同　(C)賣空行為被限制　(D)以上皆是

( ) 18.在期貨價格的持有成本模型中會存在某些限制，請問哪一種限制是比較不合理？

(A)交易成本存在　(B)借貸利率相同　(C)儲存商品的限制　(D)賣空行為被限制

( ) 19.下列敘述何者有誤？

(A)在正常市場，期貨價格應高於現貨價格

(B)資金成本是持有成本的一種

(C)商品期貨的便利收益會較金融期貨明顯

(D)外匯期貨的便利收益是來自債息收益

( ) 20.下列敘述何者正確？

(A)股價指數期貨的便利收益是來自股利收益

(B)持有成本理論中，每項商品的持有成本都相同

(C)持有成本理論中，每項商品的持有成本會等於便利收益

(D)在反常市場，期貨價格應高於現貨價格

全華圖書（版權所有，翻印必究）

得　分

期貨與選擇權
學後評量
CH08 期貨交易策略

班級：＿＿＿＿＿＿＿＿

學號：＿＿＿＿＿＿＿＿

姓名：＿＿＿＿＿＿＿＿

一、選擇題

（　　）1. 下列有關期貨投機策略的敘述何者有誤？
　　　　(A)屬買低賣高之操作策略　　　　　　(B)承受期貨避險者之風險
　　　　(C)持有現貨部位　　　　　　　　　　(D)根據預期賺取價差利潤

（　　）2. 何謂期貨的空頭投機操作？
　　　　(A)買進期貨　(B)賣出期貨　(C)同時買進期貨與現貨　(D)同時賣出期貨與現貨

（　　）3. 基差（Basis）值是哪兩者價格差異？　(A)期貨價格與現貨價格　(B)期貨價格與選擇權價格　(C)現貨價格與選擇履約價格　(D)現貨價格與遠期價格

（　　）4. 下列何者基差之變化，稱為基差變大？
　　　　(A)−5→−4　(B)−4→−3　(C)5→−3　(D)5→−6

（　　）5. 在逆向市場中，基差由3變為2，表示對何者有利？
　　　　(A)多頭避險者　(B)空頭避險者　(C)交叉避險者　(D)不避險者

（　　）6. 某人進行多頭避險，基差應如何變化才會有利潤？
　　　　(A)轉弱（由−4變−5）　(B)轉強（由+1變+3）　(C)不變　(D)不一定

（　　）7. 在逆向市場中，以賣出期貨避險者，會希望避險出場日基差如何變化？
　　　　(A)轉弱　(B)轉強　(C)不變　(D)無所謂

（　　）8. 下列哪一類人會採多頭避險？　(A)半導體出口商　(B)發行公司債的公司　(C)預期未來會持有現貨者　(D)金礦開採者

（　　）9. 某公司預期未來要發行公司債，而以長期公債來避險稱之為何？
　　　　(A)直接避險　(B)交叉避險　(C)內生避險　(D)多頭避險

（　　）10.在期貨進行交叉避險時須考慮何項？
　　　　(A)現貨價格與期貨標的物之間的關係　(B)現貨價格與期貨價格的關係
　　　　(C)期貨價格與期貨標的物之間的關係　(D)以上皆是

( ) 11.在計算期貨避險比例的用意在於何者？ (A)減少基差風險 (B)降低避險標的與期貨標的物之吻合度問題 (C)以上皆是 (D)以上皆非

( ) 12.當找不到與現貨相同之期貨商品時，可以使用與現貨商品相關性高之其他期貨契約作避險，稱之為何？
(A)間接避險 (B)直接避險 (C)完全避險 (D)交叉避險

( ) 13.在計算最適避險合約數目應考慮何項？
(A)現貨部位總價值　　　　　　　　(B)期貨合約每單位價值
(C)避險比例（β值）　　　　　　(D)以上皆是

( ) 14.最小風險避險比例的估計式為「－」符號之意義為何？
(A)表示期貨部位與現貨部位相反　　(B)表示賣空期貨契約
(C)表示期貨部位將產生虧損　　　　(D)表示買進期貨契約

( ) 15.若進行期貨的價差交易要如何操作？
(A)同時買進與賣出兩個以上不同的期貨合約 (B)同時買進兩個以上不同的期貨合約 (C)同時賣出兩個以上不同的期貨合約 (D)同時買進與賣出兩個以上不同的現貨合約

( ) 16.下列何者屬於商品間價差交易？
(A)買CBOT三月玉米期貨，同時賣出CBOT六月玉米期貨 (B)買CBOT六月小麥期貨，同時賣出KCBT六月小麥期貨 (C)買CBOT三月燕麥期貨，同時賣出CBOT六月玉米期貨 (D)買黃豆油期貨，賣黃豆期貨

( ) 17.下列何者由兩組價差交易所組成？
(A)縱列價差 (B)蝶狀價差 (C)兀鷹價差 (D)以上皆是

( ) 18.若同市場價差交易是否能獲利，將取決於兩個不同交割月份期貨的什麼因素？
(A)商品價格 (B)商品特性 (C)到期時間 (D)持有成本

( ) 19.投資人預期美國國庫券與歐洲美元之利差將會縮小，其應如何操作？
(A)買進國庫券期貨 (B)賣出歐洲美元期貨 (C)買進歐洲美元期貨、賣出國庫券期貨 (D)賣出歐洲美元期貨、買進國庫券期貨

( ) 20.通常油品煉製商之適當的油品避險策略，可如何操作？
(A)買原油期貨　　　　　　　　　　(B)賣無鉛汽油期貨
(C)買原油期貨、賣無鉛汽油期貨　　(D)賣燃油期貨、賣無鉛汽油期貨

全華圖書（版權所有，翻印必究）

得　分

期貨與選擇權

學後評量

CH09 選擇權概論

班級：＿＿＿＿＿＿＿＿

學號：＿＿＿＿＿＿＿＿

姓名：＿＿＿＿＿＿＿＿

一、選擇題

（　　）1. 下列何種代表選擇權的價值？

(A)履約價格　(B)權利金　(C)內含價值　(D)履約價值

（　　）2. 下列對操作買進買權的敘述何者有誤？

(A)支付權利金　(B)最大獲利無上限　(C)最大損失為權利金　(D)預期標地物大跌

（　　）3. 下列對操作賣出買權的敘述何者有誤？

(A)收取權利金　　　　　　　　　(B)最大獲利無上限

(C)損益平衡點為履約價格加權利金價格　(D)預期標的物小幅下跌或持平

（　　）4. 下列對操作買進賣權的敘述何者有誤？

(A)收取權利金　　　　　　　　　(B)最大獲利為履約價格減權利金價格

(C)最大損失權利金支出　　　　　　(D)預期標的物大跌

（　　）5. 下列對操作賣出買權的敘述何者有誤？

(A)收取權利金　　　　　　　　　(B)最大獲利為權利金

(C)損益平衡點為履約價格加權利金價格　(D)預期標的物小幅上漲或持平

（　　）6. 買入履約價格為100之原油期貨買權，權利金為12，則最大可能獲利為多少？

(A)100　(B)88　(C)12　(D)112

（　　）7. 選擇權的權利金是由履約價值與何項組合而成？

(A)內含價值　(B)時間價值　(C)保證金　(D)結算金

（　　）8. 選擇權的價值何項會隨著時間消逝？

(A)內含價值　(B)履約價值　(C)時間價值　(D)保證金

（　　）9. 通常交易選擇權哪一方僅須支付權利金即可交易？

(A)買方　(B)賣方　(C)兩方都需要　(D)兩方都不需要

（　　）10.通常交易選擇權哪一方僅須支付保證金才可交易？

(A)買方　(B)賣方　(C)兩方都需要　(D)兩方都不需要

（　　）11.買進選擇權只能在履約日期到期，才能執行權利是下列哪一種？

(A)歐式　(B)美式　(C)亞洲式　(D)百慕達式

（　　）12.買進選擇權只要在履約日期到期前，都可執行權利是下列哪一種？

(A)歐式　(B)美式　(C)亞洲式　(D)百慕達式

（　　）13.通常買進買權，選擇權處於價內則表示？

(A)市價大於履約價　(B)市價等於履約價　(C)市價小於履約價　(D)以上皆非

（　　）14.通常買進買權，選擇權處於價平則表示？

(A)市價大於履約價　(B)市價等於履約價　(C)市價小於履約價　(D)以上皆非

（　　）15.通常買進買權，選擇權處於價外則表示？

(A)市價大於履約價　(B)市價等於履約價　(C)市價小於履約價　(D)以上皆非

（　　）16.在國內選權權交易，結算會員經紀商須繳交何種給結算所？

(A)原始保證金　(B)差異保證金　(C)維持保證金　(D)結算保證金

（　　）17.通常利用選擇權交易資訊，如：賣權／買權成交比值、賣權／買權未平倉比值，須以何種交易人的角度研判比較容易抓住趨勢？

(A)散戶投資人　(B)法人　(C)小額投資人　(D)投機客

（　　）18.下列敘述何者有誤？

(A)買進買權最大獲利為權利金　(B)選擇權權利金等於時間價值減履約價值
(C)買進買權，選擇權處於價內則表示市價大於履約　(D)選擇權買方僅須繳權利金即可

（　　）19.下列敘述何者有誤？

(A)買進賣權最大損失為權利金支出　(B)賣出賣權最大獲利為權利金收入
(C)歐式選擇權較美式選擇權具有較多履約機會　(D)選擇權的價值會隨時間消逝

（　　）20.下列敘述何者正確？

(A)期貨買權之賣方須交保證金，賣權之買方則須交權利金　(B)選擇權之買賣雙方皆須交保證金　(C)期貨與選擇權交易只有賣方須交保證金　(D)期貨之買方只須交權利金，賣權之買方須交保證金

全華圖書（版權所有，翻印必究）

得　分

期貨與選擇權
學後評量
CH10 臺灣的選擇權市場

班級：＿＿＿＿＿＿＿＿

學號：＿＿＿＿＿＿＿＿

姓名：＿＿＿＿＿＿＿＿

一、選擇題

(　　) 1. 臺灣期交所最早推出的選擇權合約為何？

(A)台指選擇權　(B)匯率選擇權　(C)黃金選擇權　(D)電子股選擇權

(　　) 2. 台指選擇權的合約規格為指數乘以新台幣50元與下列哪一種期貨商品相同？

(A)大台指期貨　(B)小台指期貨　(C)電子股期貨　(D)臺灣50期貨

(　　) 3. 台指選擇權合約每跳動一點損益為何？

(A)100元　(B)200元　(C)500元　(D)50元

(　　) 4. 台指選擇權的履約型態是採取何種方式？

(A)美式　(B)歐式　(C)亞洲式　(D)百慕達式

(　　) 5. 台指選擇權的最後交易日是以交割月份的哪一日為主？

(A)最後一個交易日　　　　　　　(B)最後二個交易日

(C)第三個星期的星期三　　　　　(D)第四個星期的星期三

(　　) 6. 臺灣期交所編製一套的波動率指數（VIX）是以何種商品當基礎所編製？

(A)大台指期貨　(B)小台指期貨　(C)台指選擇權　(D)電子類股選擇權

(　　) 7. 臺灣期交所推出的新台幣計價黃金選擇權，其每口合約規模為何？

(A)1台兩　(B)5台兩　(C)10台兩　(D)10盎司

(　　) 8. 新台幣計價黃金選擇權的履約型態是採取何種方式？

(A)美式　(B)歐式　(C)亞洲式　(D)百慕達式

(　　) 9. 臺灣期交所推出的小型人民幣匯率選擇權的每口合約規模為何？

(A)100,000美元　(B)10,000美元　(C)50,000美元　(D)20,000美元

(　　) 10.臺灣期交所推出的小型人民幣匯率選擇權履約型態是採取何種方式？

(A)美式　(B)歐式　(C)亞洲　(D)百慕達式

(　　) 11.台指選擇權交易可接受的組合式委託單，不包括下列何者？

(A)市場間價差委託　(B)價格價差委託　(C)跨式委託　(D)時間價差委託

( ) 12.若投資人買進1口台指選擇權履約價格為15,000點的買權,支付權利金200點,則投資人付出多少金額的權利金?

(A)10,000元　(B)40,000元　(C)1,000元　(D)4,000元

( ) 13.若投資人買進1口台指選擇權履約價格為15,500點的賣權,支付權利金150點,到期時,下列何種點數,投資人才有機會獲利?

(A)15,400　(B)15,650　(C)15,500　(D)15,250

( ) 14.若投資人賣出1口台指選擇權買權,權利金200點,但在到期前,權利金漲為250點,則此時投資人平倉後損益為何?

(A)獲利2,500元　(B)損失2,500元　(C)獲利10,000元　(D)損失10,000元

( ) 15.若投資人賣出1口台指選擇權履約價格為15,000點賣權,權利金250點,到期結算時,指數為15,000點,則投資人損益為何?

(A)獲利12,500元　(B)損失12,500元　(C)無獲利　(D)以上皆非

( ) 16.下列敘述何者有誤?

(A)台指選擇權可接受跨式委託單　(B)新台幣計價的黃金選擇權的每口合約規模為5台兩　(C)台指選擇權是採美式履約方式　(D)台指選擇權合約每跳動一點損益為50元

( ) 17.下列敘述何者有誤?

(A)買進選擇權需支付權利金　(B)台指選擇權可接受市場間委託單　(C)台指選擇權是採歐式履約方式　(D)新台幣計價的黃金選擇權是採歐式履約方式

( ) 18.下列敘述何者有誤?

(A)台指選擇權可接受價差委託單　(B)人民幣匯率選擇權是採歐式履約方式　(C)賣出選擇權需支付保證金　(D)台指選擇權合約每跳動一點損益為200元

( ) 19.下列敘述何者正確?

(A)台指選擇權可接受時間價差委託單　(B)新台幣計價的黃金選擇權的每口合約規模為10台兩　(C)小型人民幣匯率選擇權是採美式履約方式　(D)賣出選擇權時需先支付權利金

( ) 20.下列敘述何者正確?

(A)台指選擇權合約每跳動一點損益為100元　(B)小型人民幣匯率選擇權的每口合約規模為10萬美元　(C)新台幣計價的黃金選擇權的每口合約規模為5台兩　(D)VIX波動率指數是由大台指期貨價格反推而來

得　分　**全華圖書**（版權所有，翻印必究）

期貨與選擇權
學後評量
CH11 臺灣的權證市場

班級：＿＿＿＿＿＿＿＿＿

學號：＿＿＿＿＿＿＿＿＿

姓名：＿＿＿＿＿＿＿＿＿

一、選擇題

(　　) 1. 下列何者非權證的特性？
(A)具槓桿功能　(B)選擇權的一種　(C)可以投機　(D)價值不隨時間改變

(　　) 2. 若投資人買進認購權證，通常認為將來股市會如何變動？
(A)上漲　(B)下跌　(C)盤整　(D)持平

(　　) 3. 若投資人買進認售權證，通常認為將來股市會如何變動？
(A)上漲　(B)下跌　(C)盤整　(D)持平

(　　) 4. 某投資人賣出認購權證，則此投資人相當於下列哪一種角色？
(A)買進買權　(B)買進賣權　(C)賣出買權　(D)賣出賣權

(　　) 5. 認售權證的發行者具有何種權利或義務？
(A)依履約價格買進股票的義務　　　　(B)依履約價格買進股票的權利
(C)依履約價格賣出股票的權利　　　　(D)依履約價格賣出股票的義務

(　　) 6. 下列何者為美式認購權證的特色？
(A)通常隨債券發行　(B)到期才可履約　(C)隨時可以履約　(D)以上皆是

(　　) 7. 下列何種權證的波動性比較高？
(A)組合型權證　(B)單一個股型權證　(C)指數型權證　(D)以上都沒差異

(　　) 8. 下列何者為價外認購權證的特性？
(A)權利金較價外為低　　　　　　(B)可提早履約
(C)股價等於履約價　　　　　　　(D)股價大於履約價

(　　) 9. 下列何種認購權證最可能提早履約？
(A)價內認購權證　(B)歐式認購權證　(C)價外認購權證　(D)價平認購權證

(　　) 10.重設型的認購權證是指何者可以重設？
(A)履約價格　(B)權證價格　(C)權利金　(D)行使比例

（請沿虛線撕下）

( ) 11.上限型認購權證是指下列哪項有設上限價？

(A)漲跌幅　(B)權證價格　(C)履約價格　(D)投資人的獲利

( ) 12.下列何者非國內發行牛熊證的特性？

(A)權證漲跌貼近市價　(B)訂價透明　(C)具停損機制　(D)價外發行

( ) 13.請問國內的延展牛熊證，若投資人欲須延展時，無須再支付下一期的財務相關費用，通常調整何種項目來替代？

(A)權證價格　(B)履約價格　(C)權利金　(D)行使比例

( ) 14.若權證的溢價率愈高表示？

(A)被執行的機會愈低　(B)現在被執行損失愈小　(C)權證的履約價很高
(D)權證價格愈高

( ) 15.認購權證之槓桿比率為何？

(A)標的物市價除以認購權證價格　　(B)標的物市價除以執行價格
(C)認購權證價格除以執行價格　　(D)執行價格除以標的物市價

( ) 16.如果某檔權證槓桿比率為4，Delta為0.6，則實際槓桿比率為何？

(A)4　(B)6.67　(C)2.4　(D)0.6

( ) 17.權證的隱含波動率愈大，表示如何？

(A)權證價格愈貴　　　　　　　(B)權證履約價格愈高
(C)權證距到期日愈久　　　　　(D)無風險利率愈高

( ) 18.下列何種因素對權證的理論價格沒有影響？

(A)無風險利率　(B)權證履約價格　(C)權證距到期日　(D)權證發行者的信用

( ) 19.下列敘述何者有誤？

(A)美式權證的價格通常較歐式高　(B)單一型權證波動度較指數型高
(C)重設型權證的訂價應較一般型高　(D)上限型認購權證的訂價應較一般型高

( ) 20.下列敘述何者正確？

(A)價外權證的價格通常較價內高　(B)牛熊證在發行時採價外發行　(C)牛熊證的價格無一般選擇權因隨著到期日的逼近，而使時間價值逐漸遞減之情形
(D)權證的隱含波動率愈大，表示權證價格愈便宜

得　分

全華圖書（版權所有，翻印必究）
期貨與選擇權
學後評量
CH12 選擇權評價

班級：＿＿＿＿＿＿＿＿

學號：＿＿＿＿＿＿＿＿

姓名：＿＿＿＿＿＿＿＿

一、選擇題

（　　）1. 二項式選擇權評價模式是假設未來股價的變動會有幾種方式？

　　　　(A)1　(B)2　(C)3　(D)4

（　　）2. Black-Scholes選擇權模型的假設中，股價的瞬間波動是服從何種方式？

　　　　(A)卡方分配　(B)二項式分配　(C)隨機漫步　(D)幾何分配

（　　）3. Black-Scholes選擇權模型是對哪一種選擇權進行評價？

　　　　(A)美式　(B)歐式　(C)亞洲式　(D)百慕達式

（　　）4. 選擇權的價值是由哪兩項價值所組合而成？

　　　　(A)股利與履約　(B)股利與時間　(C)內含與履約　(D)時間與履約

（　　）5. 下列對選擇權的時間價值敘述何者有誤？

　　　　(A)與履約價值組成權利金　(B)距到期日愈長的選擇權時間價值愈高　(C)愈接近到期日的選擇權時間價值下降愈慢　(D)選擇權到期時間價值變零

（　　）6. 其他條件不考慮，到期期限越長之買權，其價格應如何？

　　　　(A)越低　(B)越高　(C)不一定　(D)不受影響

（　　）7. 下列何者會使買權的權利金增加？

　　　　(A)到期日接近　(B)標的物價格下跌　(C)標的物價格波動性加大　(D)利率下跌

（　　）8. 標的物價格的波動度增大，則賣權的價值會如何？

　　　　(A)增加　(B)減少　(C)不受影響　(D)有時增加，有時減少

（　　）9. 賣權的履約價格越高，其他條件不變，賣權的價格應該如何？

　　　　(A)越高　(B)越低　(C)不一定　(D)不受影響

（　　）10.標的物的股利發放率愈高，則賣權價格如何變化？

　　　　(A)越高　(B)越低　(C)不一定　(D)不受影響

( ) 11. 下列因素哪些與買權價值成正比？

(a)標的物價格　(b)履約價格　(c)距到期日時間長短

(d)標的物價格的變動幅度　(e)標的物的股利發放率　(f)無風險利率

(A)acdf　(B)acd　(C)bcde　(D)bcdf

( ) 12. 承上題，哪些與賣權價值成正比？

(A)acd　(B)bcde　(C)acdf　(D)bcdf

( ) 13. 下列哪一數值在衡量選擇權價格對標的物變動的敏感度？

(A)Gamma　(B)Vega　(C)Delta　(D)Theta

( ) 14. 下列哪一數值在衡量選擇權價格對時間變動的敏感度？

(A)Gamma　(B)Vega　(C)Delta　(D)Theta

( ) 15. 下列哪一數值在衡量選擇權價格對標的物波動性變動的敏感度？

(A)Gamma　(B)Vega　(C)Delta　(D)Theta

( ) 16. 下列哪一數值在衡量選擇權價格對利率變動的敏感度？

(A)Gamma　(B)Vega　(C)Delta　(D)Rho

( ) 17. 下列敘述何者有誤？

(A)買權價值與距到期日時間成正比　(B)權利金＝時間價值＋內含價值

(C)賣權價值與無風險利率成正比　(D)Delta是衡量選擇權價格對標的物變動的敏感度

( ) 18. 下列敘述何者有誤？

(A)賣權價值與標的物股利發放率成反比　(B)愈接近到期日的選擇權時間價值下降愈快　(C)Vega在衡量選擇權價格對標的物波動性變動的敏感度

(D)Theta在衡量選擇權價格對時間變動的敏感度

( ) 19. 下列敘述何者為正確？

(A)買權價值與標的物價格成反比　(B)美式選擇權價格較歐式高　(C)Black-Scholes選擇權訂價模式是一個離散型模型　(D)時間價值＝權利金＋內含價值

( ) 20. 下列敘述何者正確？

(A)買權價值與無風險利率成反比　(B)賣權價值與履約價格成反比　(C)Rho的定義為選擇權價格對時間變動的敏感度　(D)Vega值愈大，表示選擇權價格對標的物股價波動性之敏感度愈大

全華圖書（版權所有，翻印必究）

得　分

期貨與選擇權
學後評量
CH13 選擇權交易策略

班級：＿＿＿＿＿＿＿＿＿

學號：＿＿＿＿＿＿＿＿＿

姓名：＿＿＿＿＿＿＿＿＿

一、選擇題

( )1. 選擇權的垂直價差交易是指買賣相同月份，但何種不同的價差交易？
(A)履約價格　(B)權利金　(C)標的物　(D)買賣權

( )2. 空頭垂直價差策略適用於預期標的物會如何？
(A)價格將會大漲　　　　　　　　(B)會漲但漲幅不大時
(C)價格將會大跌　　　　　　　　(D)會跌但跌幅不大時

( )3. 選擇權的水平價差交易是指買賣相同履約價格，但何種不同的價差交易？
(A)買賣權　(B)權利金　(C)標的物　(D)月份

( )4. 選擇權的對角價差交易是指買賣哪兩種不同的價差交易？
(A)履約價格與權利金　　　　　　(B)月份與權利金
(C)履約價格與月份　　　　　　　(D)履約價格與標的物

( )5. 選擇權的蝶式價差交易是指買賣4個契約期限相同，但有幾種不同的履約價格的交易？　(A)2　(B)3　(C)4　(D)5

( )6. 選擇權的兀鷹價差交易是指買賣4個契約期限相同，但有幾種不同的履約價格的交易？　(A)2　(B)3　(C)4　(D)5

( )7. 選擇權價差委託，期初就有權利金淨支出，通常以何種方式為之？
(A)借方價差　(B)貸方價差　(C)垂直價差　(D)水平價差

( )8. 下跨式策略主要用於？
(A)多頭市場　(B)空頭市場　(C)預期未來標的期貨價格將維持平穩　(D)預期未來標的期貨價格將大漲或大跌

( )9. 若預期將來標的物價格會維持平穩，投資人想獲利可操作何種策略？
(A)下跨式　(B)上跨式　(C)多頭買權價差　(D)空頭買權價差

( ) 10. 通常操作選擇權的轉換策略須那些商品同時運作？
(A)買權 (B)賣權 (C)期貨合約 (D)以上皆是

( ) 11. 買進一個期貨合約與買進一個賣權可以組合成何種？
(A)合成多頭買權 (B)合成空頭買權 (C)合成多頭賣權 (D)合成空頭賣權

( ) 12. 賣出一個期貨合約與賣出一個賣權可以組合成何種？
(A)合成多頭買權 (B)合成空頭買權 (C)合成多頭賣權 (D)合成空頭賣權

( ) 13. 賣出一個期貨合約與買進一個買權可以組合成何種？
(A)合成多頭買權 (B)合成空頭買權 (C)合成多頭賣權 (D)合成空頭賣權

( ) 14. 買進一個期貨合約與賣出一個買權可以組合成何種？
(A)合成多頭買權 (B)合成空頭買權 (C)合成多頭賣權 (D)合成空頭賣權

( ) 15. 買進一個買權與賣出一個賣權可以組合成何種？
(A)合成多頭買權 (B)合成多頭期貨 (C)合成多頭賣權 (D)合成空頭期貨

( ) 16. 買進一個賣權與賣出一個買權可以組合成何種？
(A)合成多頭買權 (B)合成多頭期貨 (C)合成多頭賣權 (D)合成空頭期貨

( ) 17. 下列敘述何者有誤？
(A)空頭買權價差是屬於貸方價差 (B)下跨式交易適合標的物大漲或大跌
(C)買進一個買權與賣出一個賣權可以組合而成合成空頭期貨 (D)買進一個
期貨合約與賣出一個買權可以組合而成合成空頭賣權

( ) 18. 下列敘述何者有誤？
(A)空頭賣權價差是屬於借方價差 (B)兀鷹價差交易要有3種不同履約價
(C)多頭賣權價差是屬於貸方價差 (D)買進一個期貨合約與買進一個賣權可
以組合而成合成多頭買權

( ) 19. 下列敘述何者正確？
(A)上跨式交易適合標的物大漲或大跌 (B)多頭賣權價差是屬於借方價差
(C)選擇權價差委託，期初就有權利金淨支出稱為借方價差 (D)蝶式價差交
易要有4種不同履約價

( ) 20. 下列敘述何者正確？
(A)多頭買權價差是屬於借方價差 (B)空頭賣權價差是屬於借方價差
(C)多頭賣權價差是屬於貸方價差 (D)以上皆正確

全華圖書（版權所有，翻印必究）

得　分

期貨與選擇權
學後評量
CH14 異形選擇權

班級：＿＿＿＿＿＿＿
學號：＿＿＿＿＿＿＿
姓名：＿＿＿＿＿＿＿

一、選擇題

（　　）1. 下列哪種選擇權是不採取到期時標的物的價格，當作結算價格，而是採取到
期日前一段期間內標的物的平均價格，作為計算損益的依據？
(A)平均價格　(B)平均履約價格　(C)回顧式　(D)階梯式

（　　）2. 下列哪種選擇權是採取標的物到期日前，某一段時間內的平均價格，來當作
履約價格，所以其損益即是該平均履約價與到期時標的物價格之間的差值？
(A)平均價格　(B)平均履約價格　(C)回顧式　(D)階梯式

（　　）3. 下列哪種選擇權的履約價格設定是投資人可以選擇在契約期間內，最有利的
價格，來當作履約價格？
(A)平均價格　(B)平均履約價格　(C)回顧式　(D)階梯式

（　　）4. 下列哪種選擇權的交易雙方，對於履約價格的重新設定並非依照預定的條
件，而是取決於買方的認可，買方在作交易前不必事先決定履約價，只要在
契約期間內，標的物的市價對買方有利，他便可以喊價，將當時的市價當作
履約價格？　(A)平均價格　(B)平均履約價格　(C)回顧式　(D)喊價式

（　　）5. 通常階梯式選擇權的交易雙方，在期初約定履約價格後，並預設未來當價格
觸及「一組階梯式價格」時，便重新設定什麼，以便計算損益？
(A)履約價格　(B)到期日　(C)買賣權方向　(D)以上皆非

（　　）6. 現行國內權證市場所發行的上下限型權證與牛熊證，皆有設定上下限制價
格，此乃哪種選擇權的運用？　(A)喊價式　(B)障礙式　(C)回顧式　(D)齒輪式

（　　）7. 下列何者非路徑相依選擇權？　(A)喊價式　(B)障礙式　(C)回顧式　(D)抉擇式

（　　）8. 下列哪一種選擇權的交易雙方，在期初約定履約價格後，並預設在未來一組
特定時間，可以重新設定履約價格，使履約價格等於當時標的物的市價？
(A)喊價式　(B)障礙式　(C)回顧式　(D)齒輪式

（請沿虛線撕下）

( ) 9. 下列哪種選擇權持有者可在契約期間內，某些預先約定的日期，再決定要從事買權或賣權的交易？ (A)喊價式 (B)抉擇式 (C)回顧式 (D)齒輪式

( ) 10.下列何者非時間相依選擇權？

(A)遠期生效式 (B)抉擇式 (C)回顧式 (D)齒輪式

( ) 11.下列何者為多因子選擇權？ (A)彩虹 (B)一籃子 (C)雙重因子 (D)以上皆是

( ) 12.下列何者為非多因子選擇權？

(A)彩虹 (B)一籃子 (C)或有型 (D)雙重因子

( ) 13.通常指數類的選擇權是哪種選擇權的應用？

(A)彩虹 (B)一籃子 (C)或有型 (D)雙重因子

( ) 14.下列哪種選擇權的買方在到期時，選擇權處於價內的情況，才須繳交權利金；若在契約期間內一直處於價外，則買方將不須支付任何權利金給賣方？

(A)或有型 (B)抉擇式 (C)回顧式 (D)齒輪式

( ) 15.下列哪種選擇權的買方權利金可以到期再支付？

(A)或有型 (B)抉擇式 (C)回顧式 (D)延遲型

( ) 16.下列哪種選擇權的權利金會介於歐式與美式之間？

(A)複合式 (B)百慕達式 (C)回顧式 (D)齒輪式

( ) 17.下列哪種選擇權的買方在支付一筆權利金後，若選擇權到期時，只要處於價內情況，不管價內的獲利金額多寡，買方有權獲得一筆事先議定的定額收益？

(A)或有型 (B)抉擇式 (C)回顧式 (D)定額式

( ) 18.下列哪種選擇權是一種選擇權的選擇權？

(A)或有型 (B)複合式 (C)回顧式 (D)定額式

( ) 19.下列敘述何者有誤？

(A)平均價格選擇權又稱亞洲式選擇權 (B)百慕達式選擇權權利金會高於美式選擇權 (C)障礙式選擇權屬於路徑相依選擇權 (D)齒輪式選擇權是屬於時間相依選擇權

( ) 20.下列敘述何者正確？

(A)階梯式選擇權屬於路徑相依選擇權 (B)或有型選擇權是一種選擇權的選擇權 (C)抉擇式選擇權是多因子選擇權 (D)歐式選擇權的權利金介於百慕達式與美式之間

23671 新北市土城區忠義路21號

全華圖書股份有限公司

行銷企劃部　收

廣　告　回　信
板橋郵局登記證
板橋廣字第540號

歡迎加入 全華會員

● 會員獨享

會員享購書折扣、紅利積點、生日禮金、不定期優惠活動⋯等。

● 如何加入會員

掃QRcode或填妥讀者回函卡直接傳真(02) 2262-0900或寄回，將由專人協助登入會員資料，待收到E-MAIL通知後即可成為會員。

如何購買 全華書籍

1. 網路購書

全華網路書店「http://www.opentech.com.tw」，加入會員購書更便利，並享有紅利積點回饋等各式優惠。

2. 實體門市

歡迎至全華門市（新北市土城區忠義路21號）或各大書局選購。

3. 來電訂購

(1) 訂購專線：(02) 2262-5666 轉 321-324
(2) 傳真專線：(02) 6637-3696
(3) 郵局劃撥（帳號：0100836-1　戶名：全華圖書股份有限公司）
※ 購書未滿 990 元者，酌收運費 80 元。

OpenTech .com.tw 全華網路書店

全華網路書店 www.opentech.com.tw
E-mail: service@chwa.com.tw

※ 本會員制如有變更則以最新修訂制度為準，造成不便請見諒。

讀者回函卡

掃 QRcode 線上填寫 ▶▶▶

姓名：　　　　　　　生日：西元　　　　年　　　月　　　日　性別：□男 □女

電話：(　　　)　　　　　　　　手機：

e-mail：(必填)

註：數字零，請用 Ф 表示，數字 1 與英文 L 請另註明並書寫端正，謝謝。

通訊處：□□□□□

學歷：□高中・職　□專科　□大學　□碩士　□博士

職業：□工程師　□教師　□學生　□軍・公　□其他

學校/公司：　　　　　　　　　　科系/部門：

· 需求書類：

□ A. 電子 □ B. 電機 □ C. 資訊 □ D. 機械 □ E. 汽車 □ F. 工管 □ G. 土木 □ H. 化工 □ I. 設計
□ J. 商管 □ K. 日文 □ L. 美容 □ M. 休閒 □ N. 餐飲 □ O. 其他

· 本次購買圖書為：　　　　　　　　　　　　　　　　書號：

· 您對本書的評價：

封面設計：□非常滿意　□滿意　□尚可　□需改善，請說明
內容表達：□非常滿意　□滿意　□尚可　□需改善，請說明
版面編排：□非常滿意　□滿意　□尚可　□需改善，請說明
印刷品質：□非常滿意　□滿意　□尚可　□需改善，請說明
書籍定價：□非常滿意　□滿意　□尚可　□需改善，請說明
整體評價：請說明

· 您在何處購買本書？

□書局　□網路書店　□書展　□團購　□其他

· 您購買本書的原因？(可複選)

□個人需要　□公司採購　□親友推薦　□老師指定用書　□其他

· 您希望全華以何種方式提供出版訊息及特惠活動？

□電子報　□ DM　□廣告 (媒體名稱　　　　　　　　　　　　)

· 您是否上過全華網路書店？(www.opentech.com.tw)

□是　□否　您的建議

· 您希望全華出版哪方面書籍？

· 您希望全華加強哪些服務？

感謝您提供寶貴意見，全華將秉持服務的熱忱，出版更多好書，以饗讀者。

填寫日期：　　/　　/

2020.09 修訂

親愛的讀者：

感謝您對全華圖書的支持與愛護，雖然我們很慎重的處理每一本書，但恐仍有疏漏之
處，若您發現本書有任何錯誤，請填寫於勘誤表內寄回，我們將於再版時修正，您的批評
與指教是我們進步的原動力，謝謝！

全華圖書　敬上

勘 誤 表

書　號			
頁　數	行　數	書　名	作　者
		錯誤或不當之詞句	建議修改之詞句

我有話要說：(其它之批評與建議，如封面、編排、內容、印刷品質等⋯⋯)